제3판

비즈니스 커뮤니케이션 실무론

홍순이 · 최유성 공저

도서출판 대영문화사

제3판을 내면서

필자는 다년 간 국내·외 기업에서 근무하면서 효율적이고 효과적인 커뮤니케이션의 중요성을 절감했기에 20여 년 전 비서교육에 종사하게 되면서부터 곧바로 선도적으로 '커뮤니케이션론'을 교과 과정으로 수립하였다. 당시 국내에는 비즈니스 커뮤니케이션에 관한 마땅한 교재가 드물었기에 부족하나마 저서를 집필하게 되었다.

외국에서는 이미 오래 전부터 비즈니스 현장에서 커뮤니케이션의 중요성을 인식해 거의 모든 구인 광고에 '탁월한 커뮤니케이션 능력'을 필수 요건으로 제시해왔다. 이제 우리나라의 조직에서도 커뮤니케이션 능력의 중요성을 인식하게 됨에 따라 커뮤니케이션 교육이 날로 확산되고 있다. 더욱이 범국가적으로 NCS(국가직무능력표준)에서 직업기초능력으로 제정되어 커다란 보람이 아닐 수 없다. 전문직업 교육 분야에서 실무 위주의 커뮤니케이션 교육의 중요성은 아무리 강조해도 지나치지 않는다.

이번 제3판에서는 좀 더 전문성을 강화하고자 노력하였다.

특히 정보통신기술의 발전과 제4차 산업혁명 등을 바탕으로 전 세계가 하나가 되어 비즈니스뿐만 아니라 일상 생활까지도 기존의 경계가 허물어지는 현실에서 미래지향적인 소통 능력을 함양하기 위해 문화 간 커뮤니케이션, 글로벌화, 프레젠테이션 실무 부문을 보강하였다.

이 책은 모두 4부로 구성되었다.

제1부에서는 커뮤니케이션에 대한 전반적인 이해를 목적으로 비즈니스 커뮤니케이션의 기본 이론을 설명했으며, 제2부에서는 조직에서의 커뮤니케이션, 문화 간 커뮤니케이션, 커뮤니케이션의 글로벌화에 대해 살펴보았다. 제3부에서는 실질적인 비즈니스 커뮤니케이션 기술 향상을 위해 청취, 대화, 지시 및 보고, 조화와 이해, 그리고 어느 분야를 막론하고 그 중요성이 더 부각되는 고객과의 커뮤니케이션에 대해 구체적으로 다루었다. 제4부에서는 프레젠테이션에 관해 그 형태, 필수 점검 사항, 구성, 설득 차원 등에 대해 살펴보았다.

비즈니스 실무 현장에서의 활용도를 높이고자 준비했기에 취업하고자 하는 학생들과 사회생활을 하는 분들에게 전문성과 경쟁력을 갖추는 데 조금이나마 도움이 되기를 바란다. 그동안 비즈니스 커뮤니케이션 교육을 위해 헌신적으로 기여해주신 여러 교수님들께 감사드리면서 더 나은 교육 방향, 제안 등을 부탁드린다. 늘 한결같이 좋은 교재를 발간하고자 오랜 시간 기다리며 격려해 주신 대영문화사 임춘환 사장님과 정확하고 빈틈없이 편집을 해 주신 여러분께 진심으로 감사드리는 바이다.

2018년 1월

저자 씀

차 례

제 2 부 조직 · 문화 간 커뮤니케이션

제 3 부 비즈니스 커뮤니케이션 기술 향상

제 1 부

총 론

제 1 장

비즈니스 커뮤니케이션 기초

1.1 커뮤니케이션의 중요성

커뮤니케이션(communication)이란 '의사 소통'으로 가장 간단하게 정의할 수 있다. 이것은 한 인간이 인간답게 생활을 영위해 나가는 데 공기만큼이나 중요한 요소이다.

세상과의 첫 커뮤니케이션은 탄생을 알리는 힘찬 울음소리가 될 것이다. 처음 시작되는 울음, 웃음 등 본능적인 요소로 주위 사람들과 커뮤니케이션을 이루지만 점차 성장하면서 그 사회에서 사용하는 특수한 언어와 행동을 습득하게 된다. 누구든지 그 사회에 적응하기 위해 커뮤니케이션이 필요하다.

최근 다양한 기술 문명 발달에 따라 커뮤니케이션은 특정한 한 문화권에서 다른 문화권으로 이전 가능하고 시간·공간을 초월해서 상호 간에 커뮤니케이션이 가능하다.

커뮤니케이션에 관한 정의는 범위에 따라 광의적 차원과 협의적 차원으로 분류될 수 있다. 광의적 차원에서 커뮤니케이션은 사람과 기계, 기

계 간의 정보 이전도 포함하지만 협의적 차원에서는 사람과 사람 간의 정보, 의사, 감정 교환으로 정의한다. 광의적 차원에서의 커뮤니케이션 역시 사람에 기초하여 발달된 점을 고려해서 이 책에서는 협의적 차원의 정의를 바탕으로 사람 상호 간에 이루어지는 커뮤니케이션을 파악하고자 한다. 다시 말해, 인간을 주체로 조직 생활을 효율적으로 영위해 나가는 데 필요한 커뮤니케이션의 중요성에 대해 이해하고자 한다.

■ 사업 성공을 위한 기본 요소

한 연구에 의하면, 사업 성공 비결 중 85%는 효과적인 커뮤니케이션을 계획하고 실천하는 데 있다고 한다. 경영자는 제품과 서비스를 판매하기 전에 고객으로부터 그 제품과 서비스의 필요성을 파악하고, 홍보하고, 고객의 충고를 고맙게 여겨야 한다. 고객을 위한 기업의 커뮤니케이션의 핵심은 고객에서 시작해 고객을 위해 존재하도록 전략을 수립하고 실천해야 한다.

다시 말해, 경영자는 제품 및 서비스를 소비할 목표 고객에 대한 정보를 수시로 수집하기 위해 끊임없이 고객들과 커뮤니케이션을 해야 하며, 더 많은 수익을 고객에게 환원시켜 주고자 하는 기업의 자세가 필요하다.

고객으로부터 접수되는 불만, 개선 조치 사항에 대한 창구를 마련하는 등 고객과의 지속적인 커뮤니케이션을 실천하는 것만이 사업 성공을 보장받을 수 있는 가장 기본적이면서 중요한 요소이다.

성공적인 기업은 대부분 일관성 있는 지시 체계를 갖추고 있다. 최고 경영자에서 직접 업무를 수행하는 직원에 이르기까지 전체 커뮤니케이션 과정이 일목요연하게 체계가 정립되어야 성공적으로 기업을 운영할 수 있고, 고객 만족을 위한 기업 목표를 실천할 수 있다.

다시 말해, 지속적으로 성장하는 기업은 대부분 경영자와 모든 직원이 참여하고 여러 차례의 토의 과정을 거쳐 기업 경영 목표를 수립한다. 수립된 목표는 다시 경영자에서 중간 관리자를 거쳐 직접 수행할 담당자에게까지 정확하게 내용이 전달되는 커뮤니케이션 체계상 일관성을 갖춘 기업이다. 경영자는 여러 종류의 커뮤니케이션을 하면서 대부분의 업무 시간을 소요한다. 즉, 경영자는 다른 경영자들, 고객들, 의뢰인들, 거래처 사장들과 커뮤니케이션을 할 뿐만 아니라 실제 업무를 담당, 운영하고 있는 사무 관리 직원, 생산 현장 직원, 판매 및 서비스 현장 직원과도 수시로 커뮤니케이션을 수행하고 있다. 성공적인 기업 운영을 위해서 현장 직원들과의 커뮤니케이션은 우수한 품질의 제품과 서비스를 생산 관리하는 데 필수적인 요소이다.

만약 변화하는 시장에 경쟁력을 갖추기 위해 마케팅 담당자가 고객이 원하는 제품의 시장 조사 결과를 파악했어도 제품 개발 및 관련 부서원들과 커뮤니케이션이 제대로 이루어지지 않는다면 실제 고객이 원하는 제품을 개발, 생산, 판매하기 어렵다. 결국 고객이 원하지 않는 제품과 서비스에 대한 비용 수반으로 경쟁력이 떨어지게 된다.

이와 같이 지속적으로 성공하는 기업이 되기 위해서는 고객 만족을 목표로 경영자와 모든 직원의 원활한 커뮤니케이션이 실천되어야 한다. 고객을 위해 단순하게 제품과 관련된 서비스만을 제공하는 것이 아니라 변화하는 고객 개개인을 감동시킬 수 있도록 세심한 배려와 아울러 고객을 위한 원활한 커뮤니케이션이 이루어지는 기업 분위기가 형성되어야 한다. 고객을 위해 마련된 다양한 커뮤니케이션 방법과 경로를 통해 고객이 요청하기 전에 그 욕구를 충족시켜 주는 기업은 늘 고객 곁에 있을 수 있다. 항상 고객을 위한 성공적인 기업을 경영하기 위해 커뮤니케이션이 무엇보다도 중요하며 경영자뿐 아니라 조직 구성원들은 더욱 자유롭게, 더욱 정확하게 내부·외부 고객과의 커뮤니케이션을 수행할 수 있는 능력을 갖추기 위해 항상 노력해야 한다.

1.2 커뮤니케이션의 실천 과정

조직 구성원들이 성공적으로 커뮤니케이션을 기획하기 위해서는 계획과 준비 과정을 다음 4단계에 따라 실천하는 것이 효과적이다([그림 1-1] 참조).

그림 1-1 다양한 커뮤니케이션 기획

(1) 차이점을 인정하고 이해한다

- 배경
- 성격
- 관점
- 의견 등

↓

(2) 커뮤니케이션하기 위해 적당한 메시지를 만든다

- 목표
- 목적
- 내용 등

↓

(3) 메시지를 보낸다

- 형태와 방법 선정
- 장·단점 파악

↓

(4) 피드백을 가진다

- 정확성 체크
- 적절한 시기

(1) 차이점을 인정하고 이해한다

커뮤니케이션은 상호 작용을 통해 이루어지는 것으로 누군가와 함께 커뮤니케이션을 해야 한다는 사실을 인식해야 한다.

참여한 구성원들의 성격이나 출신 배경은 어떠한지, 그들이 경험했던 것이 무엇이었고 구성원들의 관점들, 의견들, 그리고 편견들이 어떻게 구체화되는지를 파악하는 것이 대화를 시작하는 데 필요한 것으로 첫 번째 단계로 제시한다.

서로 간에 솔직한 대화를 통해 차이점을 줄여 나갈 수 있고 서로를 이해하게 되고, 서로에 대해 우호적인 견해를 갖게 되는 것이다. 결국 차이점을 인정한다는 것이 서로의 견해를 그대로 고수하기보다는 개인의 존엄성을 인정하면서 서로 간의 의견 차이를 상호 대화를 통해

공감대를 형성해 가면서 대화가 진행되도록 유도해 간다는 것이다.

(2) 커뮤니케이션하기 위해 적당한 메시지를 만든다

전달할 메시지의 내용과 목표, 목적을 명확하게 해야 한다. 무엇을 전달하기 위한 것인지, 요구하기 위해 질문하는 것인지, 주제를 명확하게 할 것인지, 문제 해결 차원인지 등 커뮤니케이션 목적에 따라 메시지를 어떻게 구성해야 할지 여부를 판단해야 한다. 또한 메시지 수준은 참석자에 따라 차이를 둘 것인지 여부를 결정하는 단계이다. 메시지를 직접 혹은 간접적으로 표현할지 여부를 사전에 염두에 두고 메시지를 구성해야 효과적으로 상대와 커뮤니케이션이 가능하다.

(3) 메시지를 보낸다

메시지는 서신, 전화, 회의, 전자우편(e-mail) 또는 직접 일대일 대면식(face to face) 커뮤니케이션 등 여러 방법을 통해 전달될 수 있다. 여러 커뮤니케이션 형태들은 장점과 단점들이 있으므로 메시지의 내용과 효과를 고려해 상대에게 최고의 효과를 줄 수 있는 것을 선택해서 보내는 것을 결정하는 단계이다. 상대에 관해 몇몇 주요한 특성을 사전에 파악, 이해하는 것이 효과적인 메시지 전달 형태를 결정하는 데 도움이 된다. 상대방이 가장 쉽게 이해할 수 있고 상대 입장에서 가장 편리한 방법

을 선택해야 한다.

(4) 피드백을 가진다

메시지가 정확하게 전달되었는지에 대해 명확히 하고 제대로 이해했는지의 여부를 확인하는 단계이다. 피드백은 수신자가 메시지를 전달받아 의도한 반응을 나타내었는지 여부를 전달자가 파악할 수 있도록 수신자의 반응을 전달자에게 전달하는 통로·연결고리를 말한다. 효과적인 피드백을 위해 특정 행동을 지목하고, 피드백을 업무에 한정시키며, 목표에 관한 것이어야 하며, 피드백은 적절한 시기에 해야 한다는 등 특성을 고려해서 피드백을 가진다. 결국 피드백은 상대가 정확히 이해하고 있는지를 확인하는 것이지 동의를 구하는 것은 아니다.

1.3 커뮤니케이션의 필수 요소

일반 사람들보다 커뮤니케이션이 힘든 사람들과 능수능란하게 의사 소통을 잘하는 사람들을 주위에서 볼 수 있다. 타인과의 커뮤니케이션 능력은 타고난 천성이 아니다. 특정한 상황에 효과적으로 커뮤니케이션을 하는 데 일반 사람보다 자신이 의도한 대로 대화를 유도해 나갈 수 있는 커뮤니케이션 능력은 상대에 대한 연구와 반복된 연습 과정을 통해 이루어진다.

예를 들면, 일상을 벗어나서 답답한 기분을 전환하기 위해 교외로 자동차 드라이브를 할 경우가 있을 것이다. 운전 경력이 오래된 사람일수록 자유자재로 자신이 가고 싶은 곳을 갈 수 있지만 처음 운전을 배울 때를 한 번쯤 회상해 보자. 우선 운전에 필요한 법규·상식·기계 관련 기본 지식을 익혔다고 멋진 자동차가 마련되어도 기본 지식만으로는 차를 직접 운전하기는 어렵다. 기본 지식을 바탕으로 실제 자동차 운전을 위해서는 전문가나 운전 경력자에게 자동차 시동 거는 방법부터 한 코스 한 코스를 직접 실습하고, 스스로 반복 연습하지 않는다면 제대로 자동차를 운전할 수 없다. 다소 개인적으로 차이는 있겠지만 자동차를 직접 운전하기 원한다면 어느 누구나 이 과정을 거쳐야 된다. 자동차 면허를 취득한 후에 반복된 운전 연습으로 능숙하게 운전할 때쯤 되면 초행길도 도로 지도만 있다면 스스로 잘할 수 있다는 확신을 갖고 직접 자동차 운전에 임할 것이다. 운전을 할 때 운전 기술이 노련해졌다 해서 운전 중에 주의를 늦출 수 없듯이 항상 주의를 하고 안전 운전에 임해야 한다. 타인과 커뮤니케이션할 때도 자동차 운전처럼 사고가 생명과 직결되는 것은 아니라 해도 생명만큼 중요하게 한 개인이 사회 생활을 하는 데 치명적인 영향을 미칠 수 있다.

이와 같이 능숙한 커뮤니케이션을 실시하는 데 다음의 요소를 고려한다면 좀 더 효과적으로 커뮤니케이션을 실천할 수 있다.

1 제1 요소: 의지

아기들이 태어나서 몇 개월이 지나면 "맘마", "빠빠" 등의 의성어를 시작하면서 불과 몇 개월 후에는 몇몇 개의 단어를 시작해서 자연스럽게 구두 커뮤니케이션을 할 수 있다. 하지만 이 과정이 그저 아이가 성장하면서 무조건적으로 나타나는 것은 아니다. 태어나기 전부터 무수히 많은 소리를 아기는 듣게 되고 특히 자신을 돌봐 주는 주위 사람들과 특정한 '언어'로는 표현하지 못하지만 끊임없이 커뮤니케이션을 주고받는다. 그 과정 속에서 아이가 소속한 사회의 언어를 청취하고 성장 과정에 따라 뭔가를 언어로써 표현하려는 의지가 바탕이 되어 소속된 사회의 언어로써 비로소 주위 사람들과 커뮤니케이션이 가능하게 된다. 이와 같이 특정한 언어를 배우려는 아이의 의지가 필요한 것이다. 아이는 주위 사람들과 커뮤니케이션을 강력히 원하므로 자신을 키워 주는 사람의 언어를 가장 쉽게 모방하고 배우게 된다. 만약 외국어를 효과적으로 배우려는 의지가 있다면 단순하게 외국어 관련 서적을 보거나 테이프를 통해 익히기보다는 그 외국어를 사용하는 문화권 사람과 교우 관계를 형성하거나 그 문

화에 대해 정보를 수집하고 흥미를 가지려고 노력하는 것이 효과적으로 외국어를 배울 수 있다. 단순한 외국 언어 학습 차원을 넘어서 그 문화에의 친밀감을 통해 좀 더 수월하게 그 외국어에 몰입하게 되고 학습하게 될 것이다.

이와 같이 외국어를 배우기 위해서나 새로운 기술을 연마하기 위해 일단 그것을 학습하려는 간절한 바람과 의지가 있다면 이것이 없을 때보다 훨씬 더 적극적인 자세로 학습하게 되며 효과도 높을 것이다. 이처럼 누군가와 커뮤니케이션을 원활하게 수행하고 싶은 간절한 의지와 바람이 있다면 좀 더 적극적으로 상대를 설득하고 이해시키려고 노력하게 된다. 결국 다른 사람들에 비해 간절한 의지가 있을 때에 주어진 시간을 더욱 효과적으로 활용할 수 있다.

2 제2 요소: 과정 이해

커뮤니케이션에 필요한 몇몇 기술만으로 상대를 충분히 이해한다는 것은 역부족이다. 효과적으로 상대를 정확하게 이해하기 위해서는 전후 커뮤니케이션 상황과 아울러 그 과정에 대한 이해가 필요하다.

주로 사용하는 커뮤니케이션 수단 중 하나가 구두나 문서로 표현할 수 있는 언어이다. 언어는 한 개인의 사고와 아이디어를 단순하게 표현한 것으로 하나의 상징성을 지니므로 추상 수준에 따라 실재를 달리 표현할 수도 있다. 이와 같이 언어만으로는 커뮤니케이션하려는 내용을 모두 표현할 수 없을 뿐만 아니라 상대가 모두 이해할 수도 없다. 그래서 상대편의 이미지나 행동, 평소 그가 잘 사용하는 표현이나 습관, 특징을 사전에 파악해 두어야 한다. 또한 단편적인 한 계기나 순간, 결과만으로 상대편을 평가하는 것은 자칫 잘못하면 오류를 범할 수 있다. 상대를 평가하는 커뮤니케이션에 참여했다면 상대와의 진솔한 커뮤니케이션을 하고 전후 상황과 과정을 고려해서 상대를 이해하려는 노력이 필요하다.

3 제3 요소: 기술 습득

자동차 운전에 필요한 상식, 법규, 자동차 정비 관련 지식을 파악했지만 실제 자동차를 운전할 수 없다면 멋진 자동차가 있어도 직접 드라이브는 불가능할 것이다.

이와 같이 커뮤니케이션의 중요성을 알고 있지만 적절하게 사용, 실천할 기술을 체험하고 학습하지 않았다면 상대와 효과적인 커뮤니케이션을 실천할 수 없다.

주로 커뮤니케이션을 할 때 언어를 많이 사용한다. 커뮤니케이션을 위해 언어를 선택했다면 상대가 이해하기 편한 언어를 선택하고, 그 상황을 적합하게 표현할 줄 아는 어휘 구사력이 필요하다.

특히 직장 생활에서는 대인과의 일상적인 커뮤니케이션에 관한 기술 습득뿐 아니라 그 업무에 필요한 전문 용어, 전문적인 표현 방법을 익혀야 한다. 때로는 직접적인 대화나 일대일 대면 차원에서 커뮤니케이션을 하기도 하고 전화, 컴퓨터, 화상 회의 등 각종 기기를 이용해서 커뮤니케이션을 할 때도 있다. 이러한 경우에 주로 사용하는 커뮤니케이션 기기나 도구에 대해 그 사용법을 익히거나 사전에 문의할 곳을 파악해 둔다면 실전에 당면했을 때 좀 더 능숙하게 대처해 나갈 수 있을 것이다.

4 제4 요소: 반복 연습

능수능란하게 상대와의 커뮤니케이션을 실현하고 영향력을 행사하기 위해서는 자기 관리 차원에서 반복된 사전 연습 과정이 필요하다. 모든 커뮤니케이션에 연습 과정이 반드시 필요한 것은 아니지만 자신이 생각한 것을 주어진 시간 내에 상대에게 정확하게 표현하고 전달해야 하는 중요한 상황을 준비해야 한다면 스스로를 단련하는 반복된 연습 과정이 필요하다. 간혹 반복된 연습 과정을 거쳤어도 처음 상대와 시도하는 커뮤니케이션은 어색하고 낯설어서 그 상황을 회피하고 싶을 때도 있다. 하물며 충분한 연습 과정 없이 그 상황에 도전한다는 것은 무모한 행위이다.

특별한 프레젠테이션을 해야 할 경우에는 최종 리허설을 통해 혼자만의 연습 과정에서 미처 파악하지 못한 발성법, 어휘력, 표현력 등 문제점을 사전에 상대로부터 지적받아 개선하는 과정이 필요하다. 실전에서 실수로 투자한 연습 과정을 헛되게 하는 것보다 사전 리허설에서 지적받아 수정 보완하는 과정을 거쳐 실전에서는 반복된 실수를 범하지 않도록 한다. 충분하게 반복된 연습을 거쳤다면 처음은 어색하지만 연습으로 단련된 내용으로 쉽게 상대에게 메시지를 전달할 수 있다. 대인 공포증이나 사전에 특별한 개인 사정이 있다면 그 상황에 대해 참석자들에게 미리 양해를 구하는 자세도 때때로 필요하다.

상대는 한 번의 커뮤니케이션 경험이나 상황으로 전달자를 평가하기 쉽다. 첫인상 효과처럼 대체로 자신이 내린 평가는 좀처럼 바꾸려고 하지 않기에 충분한 연습 과정이 필요하다. 특히 특정 기업이나 조직에 소속된 구성원이라면 그 결과가 개인 차원을 넘어서 기업과 관련된 이미지와 신뢰도에 영향을 미칠 수 있기 때문이다.

5 제5 요소: 인내

대체로 자동차 초보 운전 때에는 다소 서툴지만 최대한 주의를 갖고서 운전에 임한다. 하지만 자동차 운전에 조금 자신감이 생기면 대체로 초보의 마음 자세를 잊어버리기 쉽다. 특히 초행길을 갈 때에는 지도를 확인하고 주의력을 높이지만 자주 가는 길이나 익숙한 길은 주의를 소홀히 할 경우가 많아 사고가 자주 발생한다는 연구 결과도 있다.

처음 대면해야 할 사람과의 커뮤니케이션을 위해서는 사전에 그에 대한 정보를 수집하고, 효과를 높이기 위해 자료 준비, 반복 연습 등 여러 노력을 시도한다. 하지만 어느 정도 친숙해지거나 상대를 잘 알게 되면 상대방보다 말하는 사람인 자신의 편의대로 커뮤니케이션을 진행하게 되는 경우가 종종 있다. 때때로 자신의 판단이 상대방의 판단인 것처럼 착각할 경지에 이를 수도 있다. 주의할 것은 커뮤니케이션할 상대를 충분히 알고 있고, 어느 정도 능숙하게 커뮤니케이션을 처리할 수 있는 능력이 생겼다 해도 매번 처음 상대를 대하듯이 주의하고 세심한 배려를 잊지 않도록 스스로 인내하고 극복해야 한다.

인간은 세심한 감각을 지녔기에 상대의 태도가 변하는 것을 쉽게 느낄 수 있다. 상대와의 커뮤니케이션을 성공적으로 이루어 내기 위해서는 한

시라도 상대를 배려하는 마음이 소홀해지려는 마음을 참고 인내해야 한다. 이 세상에 변하지 않는 것은 없듯이 상대방도 수시로 변하고 있기에 항상 새로운 마음으로 세심한 주의를 갖고 커뮤니케이션 과정에 임하는 자세가 필요하다.

연습 문제

1. 커뮤니케이션이 기업 성공 요소에 미칠 수 있는 중요성에 대해 특정 산업에 속한 기업의 사례를 들어 팀별로 토의한 후 발표하시오.

2. 다양한 커뮤니케이션 기획 과정을 실천할 수 있는 특정한 사례와 주제를 선정해, 실천 과정을 직접 만들어 팀별로 발표하고 개선점을 서로 지적하면서 토론하시오.

3. 커뮤니케이션의 필수 요소 중에서 가장 중요하다고 생각되는 요소를 바탕으로 방심했을 때 발생할 수 있는 사례를 팀별로 만들고 그 사례와 개선 방법을 발표하시오.

제 2 장

비즈니스 커뮤니케이션 주체

2.1 커뮤니케이션의 주체

모든 커뮤니케이션의 주체는 사람이다. 커뮤니케이션을 하는 과정에서 개개인의 특성이 반영되어 상호 작용을 통해 의견을 주고받는다. 연설자나 방송인들, 극작가 등 대중을 위한 전문적인 커뮤니케이션 담당자들이 각 개인들의 생각이나 감정을 제대로 이해하지 못하고 내용을 구성한다

면 시청자나 청취자에게 외면받게 될 것이다. 결국 메시지 전달자는 메시지를 받는 사람과 관련된 개인적인 특성이나 관심 내용에 대해 사전에 파악해 두어야 효과적인 커뮤니케이션을 할 수 있게 된다.

이와 같이 상대의 개인적 특성이나 경험, 관심을 이해할 수 있는 진정한 대화를 실천하는 데 필요한 사항을 다음에서 설명한다.

2.2 일대일 커뮤니케이션

커뮤니케이션에서의 주체는 사람이며 개인 간의 일대일 상호 작용을 통한 대면식 커뮤니케이션 형태가 가장 기본이 된다. 한 개인이 소속된 가족이나 직장에서 구성원 간에 전달할 내용에 따라 일대일 커뮤니케이션은 대화를 하거나 전화, 인터넷을 통해 상호 간의 의견을 교환하는 것이다.

일대일 커뮤니케이션은 주로 쌍방향적인 커뮤니케이션 형태로 서로 간의 대화를 통해 상호 간의 반응을 즉시 파악할 수 있고 피드백을 주고받을 수 있기에 주어진 시간 내에 가장 정확하게 의사 소통을 할 수 있다. 하지만 일대일 커뮤니케이션이 다른 커뮤니케이션 형태보다 '정확성'에서만 중요성이 강조되는 것은 아니다.

대부분 커뮤니케이션의 목적은 자신이 말하고자 하는 내용에 따라 상

대편의 행동과 태도에 '영향력'을 행사하는 것이다. 상대편에게 가장 직접적으로 영향력을 미칠 수 있는 커뮤니케이션이 바로 일대일 커뮤니케이션 형태이기에 그 중요성이 강조된다.

1 커뮤니케이션 모형

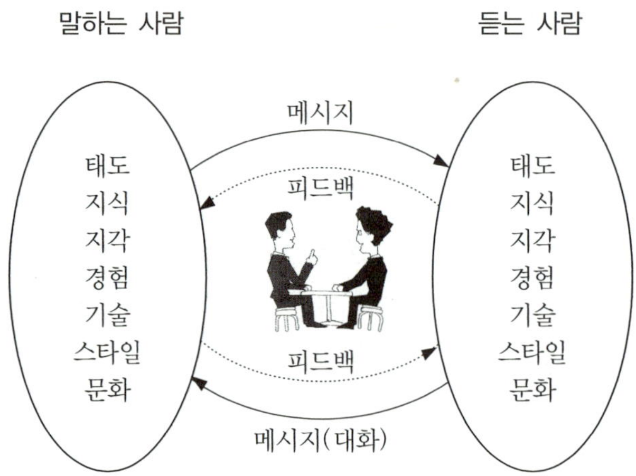

① 말하는 사람(전달자)은 형식적인 메시지를 구성(형성)하고,
② 듣는 사람(수신자)에 의해 전달자의 내용이 평가, 이해되도록 수신자에게 메시지를 보낸다.
③ 그때 수신자는 메시지를 받으며,
④ 수신자는 그 메시지에 대해 피드백한다.

대부분 개인 간의 일대일 대면식 커뮤니케이션은 얼굴 표정, 행동 등을 확인하면서 대화하므로 전화 또는 문서 작성보다도 메시지 전달면에서 효과적이라 할 수 있다. 또한 커뮤니케이션은 하나의 과정으로 메시지는 전달자의 태도, 지각, 경험, 기술, 스타일, 문화에 따라 영향을 받으며, 수신자 역시 태도, 지각, 경험, 기술, 스타일, 문화에 따라 메시지를 이해한다. 이와 같이 일대일 대면식 커뮤니케이션은 다양한 요소에 의해 영향을 받는 메시지와 아울러 얼굴 표정과 몸짓 언어 등과 같이 중요한 요인들을 직접적으로 의사 소통할 수 있기 때문에 내용 전달면에서 효과적으로 진행될 수 있다.

2 커뮤니케이션 과정

일대일 커뮤니케이션을 정확하고 효과적으로 실시하기 위해 기본적으로 다음 4단계를 기초로 한 구성 및 점검이 필요하다(〈표 2-1〉 참조).

표 2-1 커뮤니케이션 과정

단 계	과 정	주의점
1단계	메시지 전달	• 사전에 상대편의 개인 특성, 상황에 대한 정보를 파악해 둔다. • 전달자 입장보다 상대편(수신자) 입장에서 가장 쉽고, 간단하게 이해할 수 있는 커뮤니케이션 형태를 선택한다. • 간단 명료하게 뜻을 전달할 수 있는 단어나 문장을 선택한다.
2단계	메시지 접수	• 말하는 사람으로부터 전달된 메시지가 수신자에게 제대로 접수되고 이해되었는지 여부를 확인한다. • 메시지 접수 여부를 위해 질문, 관찰 등을 통해 내용의 여과나 왜곡 여부를 확인해 정확성을 기한다.
3단계	피드백	• 피드백은 수신자가 메시지를 전달받아 의도한 반응을 나타내었는지의 여부를 전달자가 파악할 수 있도록 수신자의 반응을 전달자에게 전달하는 것을 말한다. • 효과적인 피드백을 위해서는 특정 행동과 업무에 한정, 목표에 관한 것, 적절한 시기 선정과 개선할 수 있는 행동에 대한 것이어야 한다.
4단계	메시지별 이해 확인	• 여러 메시지가 동시에 전달될 때 각각 내용별로 제대로 수신자에게 이해 · 파악되었는지 여부를 확인한다. • 여러 메시지가 전달될 때의 환경적인 요소(주의 산만, 혼란, 혼동, 불안), 메시지 내용의 과다 여부, 시간 압박 등 방해 요인을 체크, 효율적으로 통제 · 조정한다. • 전달한 메시지가 여러 개일 때 가장 중요한 것은 처음과 끝으로 순서를 배정하고 요약 정리해서 재강조한다.

① 1단계: 말하고자 하는 메시지가 전달되어야 한다.
② 2단계: 그 메시지가 수신자에게 접수되어야 한다.
③ 3단계: 반응, 피드백이 있어야 한다.
④ 4단계: 각각 메시지별로 정확하게 이해하고 파악되어야 한다.

3 커뮤니케이션 기술

일대일 커뮤니케이션을 실시할 때 가장 단순하지만 상대를 효과적으로 이해시키고 설득하는 데 필요한 여섯 가지를 설명하면 다음과 같다.

(1) 전달할 내용을 정리한다

전달자가 자신이 의도한 것이나 전달할 내용을 제대로 정리하지 않고 대화에 참여할 경우가 있다면 부담 없는 일상적인 대화를 제외하고는 준비 없는 참여는 하지 않는 편이 낫다. 표현할 메시지를 정확하게 정리하고, 재구성하는 연습 과정이 필요하다. 이 과정은 메시지의 신뢰성 여부에도 영향을 미치므로 매우 중요하다.

(2) 의도한 것을 정확하게 말한다

의도한 것은 정확한 목소리로 상대가 이해하기 쉽게 또박또박 끊어서 말한다.

(3) 중요한 요점을 재차 강조한다

요점을 강조하기 위해 반복 설명하거나 메모지 등에 정리·작성해 준비한다.

(4) 간결하게 표현한다

여러 문장이나 단어를 사용해서 상대에게 혼동을 주지 않게 가장 간단하면서 가장 친숙하고 익숙한 표현으로 이해가 용이하도록 한다.

(5) 진실을 말한다

사실을 왜곡, 과장, 비방하지 않고 사실 그대로를 전달하고 표현하도록 노력해야 하고 진실을 말해야 한다.

(6) 비유해서 말한다

몇몇 단어만으로는 메시지를 제대로 표현할 수 없을 때는 속담, 격언, 사례 등을 비유해서 이해 수준을 높인다. 이때 서로 공감할 수 있는 비유를 선택하는 것이 중요하다.

일대일 커뮤니케이션이 효과적으로 실천되기 위해서는 메시지가 단순하고, 명료하며, 단언적일 때 가장 효과적일 수 있다. 전달자가 수신자에게 메시지를 전달하기 전에 수신자의 개인적인 특성과 환경에 대해 사전에 파악해 두고, 전달자 입장보다 수신자를 우선 배려하는 마음이 일대일 커뮤니케이션에서는 무엇보다도 중요하다.

4 사전 점검 사항

어떤 상황에서는 전달자로부터 받은 메시지만으로는 수신자가 그 상황을 제대로 이해할 수 없다. 대화할 때 특정 메시지만으로 전달자를 이해할 수 없을 때에는 전후 상황에 대한 이해뿐 아니라 대화 상대의 영향력 수준을 파악해야 한다. 대화는 상호 작용의 교환 과정이지만 대화를 하기 전에 이미 형성된 상대의 영향력 정도에 따라 영향을 받기 때문이다. 상대가 지닌 지위나 권력 등의 영향력이 상대에 비해 우세한지 열세한지, 동등한지 여부에 대한 사전 이해가 있다면 메시지 이외의 요소 등 관련 내용을 좀 더 효과적으로 이해할 수 있다.

다음은 대화 상대의 영향력에 대해 상호 작용 차원에서 나타나는 세 가지 유형이다.

(1) 상대적으로 우세한 입장

상대의 영향력은 여러 요소에 따라 구분할 수 있지만 대표적인 예로는 직급과 직위, 정보 보유 정도, 전문성의 소유 여부에 따라 구별될 수 있다. 대개 상사와 부하, 사장과 종업원, 고용자와 피고용자 등으로 형성될 때 상사, 사장, 고용자의 경우가 상대적으로 우세한 입장에서 커뮤니케이션을 유도할 수 있다.

상대적으로 우세한 영향력을 지닌 입장이라 해도 커뮤니케이션에 참여한 상대가 그 영향력을 인정하고 존경심을 지닐 때 그 영향력이 효력을 발휘할 수 있다.

그러나 주의할 것은 자신의 영향력을 의식하고 상대를 인격적으로 비판하거나 막무가내로 상대를 몰아붙이는 대화 진행은 삼가야 한다. 마음의 문을 열고 상대의 의견을 적극적으로 청취하려는 자세가 중요하다. 다시 말해, 상대적으로 우세한 영향력을 지녔지만 상대에 대한 세심한 주의와 배려가 바탕이 되어야 지속적으로 바람직한 대화가 가능하기 때문이다.

(2) 상대적으로 열세한 입장

이 경우의 사람들은 막연하게 자신들이 알고 있는 것보다 상대편이 더 많이 알고 있을 거라는 두려움으로 자신의 의견을 정확하게 표현하지 못하는 사람이다. 대체로 상대의 영향력을 지나치게 의식하거나 자신감이 결여된 데에서 비롯될 수 있다. 대개는 커뮤니케이션 상황에서 주도권을 포기해 버리고 수동적인 자세로 대화에 참여한다. 주의할 것은 지나치게 수동적인 자세로 보일 수 있고 상대에게 불쾌감과 아울러 불신감을 줄 수 있다는 것이다.

개인의 소심한 성격뿐 아니라 상황에 따라 누구나 한 번쯤은 열등감을 가지게 될 수도 있기에 주위 사람들의 배려가 필요하다. 아울러 자신에 대한 확신과 자신감을 향상시킬 수 있는 방법을 스스로 모색해야 한다.

(3) 동등한 관계

가장 정확하고 효과적인 커뮤니케이션을 실시할 수 있는 것은 상대와 동등한 관계에서 대화하는 것이다. 동등한 관계라 해서 무조건 직급, 직위, 정보의 보유 여부, 전문성 소유 수준이 같아야 한다는 것은 아니다. 서로에 대한 존경심과 정직성을 바탕으로 서로를 인정해 주는 분위기에서 이루어지는 대화가 진정한 동등 관계라고 지칭할 수 있다.

이와 같이 여러 사람들과 의사 소통, 즉 커뮤니케이션을 실시할 때에는 단편적인 메시지뿐 아니라 상대에 대한 영향력 정도를 사전에 파악해 둔다면 효과적으로 상대를 이해하고 대응할 수 있다. 다시 말해, 상대의 영향력을 인정하고 상호 간에 형성된 분위기, 관계 여부를 고려해서 메시지를 파악한다면 효과적으로 커뮤니케이션을 할 수 있을 것이다.

5 장애 및 개선책

대화로써 커뮤니케이션을 하는 데에 장애가 되는 요인은 개인적·조직적 차원으로 나눌 수 있다. 개인적인 특성 차원에서 선입견, 성급한 판단, 지나친 기대, 예의를 무시하는 행동들을 들 수 있다. 조직적인 차원에서는 지위, 시간과 공간상의 차이, 정보 소유 정도에 따라 대화의 방해 요인을 찾을 수 있다. 대체로 조직적인 차원의 방해 요인도 개인적인 특성 차이에서 비롯된 것이기에 개인적으로 개선하려는 의지가 중요하다.

대부분의 사람들은 자기 위주로 자신의 경험이나 판단에 따라 상대를 이해하려는 오류를 범할 수 있다. 상대와의 진솔한 커뮤니케이션을 통해서 판단하기보다 성급하게 결론을 내릴 때도 있다.

때때로 상대에 대한 기대가 너무 컸기에 상대를 쉽게 오해하고 서운한 점도 많이 생긴다. 친숙한 관계일수록 "서로 예의를 갖추고 대하라"는 말처럼 서로에게 공손하고 친절하게 예의를 갖춘 행동과 마음 씀씀이가 서로에게 지속적으로 바람직한 커뮤니케이션을 가능하게 해 준다.

다양한 상황에서 다양한 성격의 소유자들과 커뮤니케이션을 효과적으로 유도하고 실시하기 위해서는 다음의 요소들을 고려해야 한다.

① 결과보다 과정을 중시한다.
② 지시, 감독하기보다 격려한다.
③ 존경심을 표현한다.
④ 공동체 의식을 느끼게 한다.
⑤ 동료 의식을 갖는다.
⑥ 서로의 중요성을 재인식한다.
⑦ 적당한 반응을 표현한다.

이상의 요소를 고려해서 직장 상사와 동료, 부하 직원과 대화를 시도

한다면 더욱 원활한 커뮤니케이션을 진행할 수 있을 것이다.

연습 문제

1. 커뮤니케이션을 실시할 경우 상대의 영향력에 따라 세 가지 유형 중 하나를 선택하여 사례를 만들고, 그 사례를 바탕으로 주의 사항에 대해 팀별로 토의한 뒤 발표하시오.

2. 특정한 사례를 만들어 다음 사항에 따라 내용을 정리해 팀별로 발표하시오.

① 아래 리스트를 사용해서 커뮤니케이션해야 할 사람들의 특성을 정리해 둔다.

- 참여자의 연령대:
- 성별 차이 여부:
- 대화 내용의 이해 수준:
- 출신 지역의 다양성 여부:
- 교육 수준의 차이:
- 경제적 지위 차이:
- 라이프 스타일(생활 양식)의 다양성 여부:
  - 생활 수준, 사회・경제적 지위, 취미, 관심 사항 등
- 다른 차이점을 추가적으로 정리한다.

② 위의 ①번 내용을 바탕으로 직무 수행 과정에서 경험할 수 있는 커뮤니케이션 문제의 종류를 정리해 보시오.

③ 주위 여건을 고려해서 위의 ②번에 관해 그 문제점의 극복 방법에 대해 정리한 후에 팀별로 발표하시오. 즉, 다른 참석자들에게 대화로써 전달해 보시오.

제 3 장

비즈니스 커뮤니케이션 형태

3.1 커뮤니케이션의 형태 분류

커뮤니케이션이란 사람들이나 집단들이 메시지를 통해 서로 의미 있는 정보를 교환하는 것을 말한다. 비즈니스 커뮤니케이션은 조직이 복잡한 내·외적 환경에서 수행하는 모든 커뮤니케이션 형태를 포함한다. 문서를 작성하고, 교섭을 하며, 연설을 하고, 토론을 하는 모든 것이 이에 해당되며 다양한 기준에 따라 형태를 분류할 수 있다.

커뮤니케이션 형태는 여러 기준에 따라 달리 분류할 수 있지만 일반적으로 많이 사용하는 전달자와 수신자 메시지 전달 방향 및 방법에 따라 여기에서는 다음과 같이 분류한다.

첫째, 공식 관계에 따른 공식적·비공식적 커뮤니케이션으로 구분한다.

둘째, 방향을 중심으로 일방적·쌍방적 커뮤니케이션으로 구분한다.

셋째, 방법을 중심으로 언어적·비언어적 커뮤니케이션으로 구분한다.

1 공식 관계에 따른 커뮤니케이션

조직에는 공식 커뮤니케이션 채널을 통한 공식적 커뮤니케이션과 비공식 채널을 통한 비공식적 커뮤니케이션이 있다. 공식 채널에는 권한, 책임, 의무가 규정된 것으로 편지, 보고서, 메모, 제안, 연설, 구두(口頭) 제안 등이 있다.

비공식 채널은 표면적으로 나타나기보다 소문 경로와 같은 채널 등이 사용되는 것으로, 구성원 개인의 욕구에 바탕을 둔 개인 간의 접촉, 상호작용을 비공식적 커뮤니케이션이라 지칭한다.

(1) 공식적 커뮤니케이션

공식적 커뮤니케이션 채널에는 여러 종류의 흐름이 존재한다. 상사에서 부하로 명령, 작업 지시, 정책과 절차 등 관리가 강조되는 하향식 커뮤니케이션, 부하로부터 상사에게로 이어지는, 다시 말해 하급자가 상급

공식적 커뮤니케이션의 종류

■ 하향식 커뮤니케이션

조직 커뮤니케이션의 대표적 형태로 새로운 프로젝트를 놓고 관리자가 권한 이양을 위한 메모 전달, 영업 관리자가 영업 사원에게 새로운 영업 전략에 대한 구두 지시 등이 해당된다.

■ 상향식 커뮤니케이션

지위적 차이 때문에 하향식보다 어렵다. 커뮤니케이션을 시도하려는 사람이 위계상 낮을 뿐 아니라 적절치 못한 제안에 대한 상사의 반응을 사전에 염두에 두기 때문에 다른 종류에 비해 낮은 비율로 이루어진다.

■ 수평적 커뮤니케이션

기업 규모가 커지고 복잡해지며 부서 간 협력이 중요함에 따라 그 중요성이 높아진다. 팀제의 활성화 및 업무의 원활한 수행을 위해 부서원 간, 다른 부서원과의 커뮤니케이션이 중요하며 많이 이루어진다.

자에게 의사를 전달하는 것으로 고충 처리, 제안, 보고, 불평등 인간적인 면이 바탕이 된 상향식 커뮤니케이션과 조직 내 같은 직급 수준에서 이루어지는 수평적 커뮤니케이션이 있다.

(2) 비공식적 커뮤니케이션

공식적 커뮤니케이션이 공식적 계층, 조직 구조의 위계 사다리를 따라 흐르는 반면, 공식적 권한, 과업 요구와 관계 없이 흐르는 커뮤니케이션이 비공식적 커뮤니케이션이다.

비공식적 커뮤니케이션 채널로는 비공식 내부 커뮤니케이션과 비공식 외부 커뮤니케이션이 있다.

비공식적 커뮤니케이션의 종류

■ 비공식 내부 커뮤니케이션

조직의 비공식적, 독립적인 원천으로부터 정보를 얻어 사람의 입과 귀를 통해 전해지는 것이 대부분이다.

대표적인 것으로 소문 경로(grapevines)가 있다. 소문 경로에 의한 정보는 상당히 정확하고 빠르며, 근무 시간 및 작업장에서 주로 이루어지고, 어느 정도 비밀이 유지된다.

소문 경로에 의한 정보가 부정확할 경우 메모나 회합을 통해 사실을 밝힐 필요도 있다.

특히 경영자는 소문 경로를 통한 정보는 직장 분위기나 구성원의 사기 문제와 관련될 수도 있으므로 무시하기보다 근원 추적 및 조치를 취해야 한다.

■ 비공식 외부 커뮤니케이션

회사 밖에서 일어나지만 기업에 영향을 줄 수 있는 비공식적 소문이다.

대표적인 것으로 루머(rumors)가 있다.

잘못된 루머는 한 기업의 이미지뿐 아니라 위상을 해칠 수 있다.

기업은 잘못된 루머가 확산되지 않는지 주의하고, 루머를 평가하며 대응책을 세워야 한다.

2 방향에 따른 커뮤니케이션

상호 간의 진정한 커뮤니케이션이 이루어지기 위해 전달자에게 경청한 내용이나 수신된 문서에 대해 반응, 즉 피드백을 해 주어야 원활한 커뮤니케이션이 지속적으로 진행된다. 커뮤니케이션이 진행되는 동안 피드백의 유무에 따라 피드백이 없이 한쪽 방향으로 흐르는 일방적 커뮤니케이션과 수신자의 적절한 피드백이 있어 원활한 진행이 이어지는 쌍방적 커뮤니케이션으로 분류한다.

(1) 일방적 커뮤니케이션

일방적이란 일방 통행 도로와 같은 흐름을 말한다. 특정한 개인이 다수의 사람들을 상대로 일방적으로 자신의 의견을 전달하는 것이다. 강의, 연설, 프레젠테이션, 설교 등이 있다. 대개 일방적 커뮤니케이션은 진행자가 사전에 정해진 주제에 따라 적합한 내용을 작성한 것으로, 발표할 때 참석자들의 반응을 파악하면서 진행자의 판단에 따라 진행하는 것이 효과적이다.

기존에는 TV, 라디오 등 대중 매체에서 주로 일방적 커뮤니케이션을 진행했지만 최근에는 대중 매체 모니터, 네티즌 참여 등으로 여론의 참여가 높아지고 있다.

(2) 쌍방적 커뮤니케이션

쌍방적이란 피드백, 상호 관계를 가진 커뮤니케이션이다. 개인 간의 대화, 인사, 소개, 상담, 면담 등이다. 일방적 커뮤니케이션에 비해 쌍방적 커뮤니케이션이 효과적으로 이루어지기 위해 전달자와 수신자 상호 간의 역할이 중요하다.

우선 상대방의 의견을 적극적으로 청취하며, 청취한 내용에 대해 피드백을 하는 것이 중요하다.

적극적인 청취 자세

- 눈을 마주친다
- 고개를 끄덕여 긍정적인 표현을 하고 표정을 짓는다.
- 딴전을 피우지 않는다.
- 질문을 한다.
- 말을 중단하거나 가로막지 않는다.

효과적인 피드백

- 구체적으로 특정 행동을 지목한다.
- 개인적인 감정은 배제하고 업무에 한정한다.
- 정해진 목표에 관한 것이어야 한다.
- 적절한 시기에 해야 한다.
- 상대방이 이해하기 쉽게 표현한다.

3 방법에 따른 커뮤니케이션

커뮤니케이션에 관련된 다양한 기기가 개발되고 보급됨에 따라 메시지는 전보다 더 빠르게, 그리고 더 효율적으로 전달되며 언어적인 표현뿐 아니라 인간적인 면을 강조하는 비언어적인 표현들도 다양하게 변모하고 있다. 언어적 표현 중 특정한 언어는 특성상 정적이나 실제는 동적이고, 추상 수준에 따라 달리 표현 가능하다. 인간의 능력에 따라 한정적으로 표현되며, 커뮤니케이션하려는 모든 수준을 언어로 표현하기는 불충분할 수 있다.

결국 가장 중요한 커뮤니케이션은 언어만으로는 완벽한 표현이 불가능하고 비언어적인 요소를 가미해서 표현하는 것이 효과적이다. 방법에 따라 문서와 구두로 분류되는 언어적 커뮤니케이션과 비언어적 커뮤니케이션으로 구분된다.

(1) 언어적 커뮤니케이션

언어적 커뮤니케이션은 구두, 서신을 이용해서 상호 간에 의사 소통을 하는 것으로 가장 기본적인 요소는 단어이다. 고객이 구매 의사 결정을 위해 영업 사원에게 자문을 구할 때 만약 고객에게 구매와 관련된 제품과 상관 없는 설명, 즉 적합하지 않은 단어를 계속 나열한다면 고객을 제대로 설득할 수 없다. 탁월한 커뮤니케이션 능력을 소유한 영업 사원이라면 제한된 시간에 특정 고객이 신뢰할 수 있고, 이해가 쉬운 단어를 선택해 설명함으로써 그의 설명에 만족한 고객이 구매를 결정하도록 유도할 것이다. 결국은 언어적 커뮤니케이션에서 선택한 단어가 중요한 요인이다.

① 단어 가치

한 기업에서 생산된 제품과 서비스를 고객에게 소개할 때 주로 언어적 표현을 사용한다. 기업에서 선택한 언어적 표현에 따라 고객으로부터 호응을 받을 수도 있고 외면당할 수도 있다. 다시 말해, 기업은 우수한 제품과 서비스의 품질을 적절하게 나타내는 단어를 선정하고 전달한다. 그 가치에 따라 이미지 수준을 표현할 수 있다. 구매에 영향을 미칠 수 있는 적합한 단어 가치에 따라 효과적인 홍보뿐 아니라 고객 설득 여부에도 영향을 미치기 때문에 중요하다.

② 단어 선택

단어를 선택할 때에는 표준어를 선택하고 특성상 제품이나 서비스를 표현할 때에는 정확성, 신뢰성, 용이성을 바탕으로 선택해야 한다. 전문적인 단어를 사용할 때에는 상대 수준을 고려해서 선택해야 한다. 여러 의미를 복합적으로 나타내는 단어를 선택할 때에는 전후 문맥을 고려하고 때로는 부연 설명을 하는 것이 이해를 쉽게 한다. 상대의 관심을 유발하고 시대성을 고려해서 유행어를 사용할 때에는 신뢰도에 영향을 미칠 수 있기에 지나치게 많이 사용하는 것은 자제해야 한다.

다음에는 언어적 커뮤니케이션의 대표적인 형태인 구두(oral)와 문서(written) 커뮤니케이션에 대해 설명한다.

③ 구두 커뮤니케이션

서로 간의 의사 전달이나 감정 전달에 사용하는 가장 익숙한 커뮤니케이션 방법이다. 문서 커뮤니케이션과 달리 시간이 지나면 소멸되는 특징을 가지고 있기 때문에 준비 과정에서 더 많은 주의를 필요로 한다. 장점으로는 강조되는 부분을 특히 반복 강조해서 효과적으로 의사를 전달할 수 있고 상대방의 반응과 말하기가 동시에 나타나기에 상대방의 반응을 살피면서 말하기를 조절하고, 서로 모습을 확인할 수 있기에 신뢰감을 형성할 수 있다.

가장 많이 사용되는 말하기의 중요성을 알고, 효과적으로 말하기 방법을 터득함으로써 더욱 전략적으로 말할 수 있도록 노력해야 한다.

특히 어떤 목적을 이루기 위해 말할 때는 좀 더 계획적이고 전략적인 방법을 사용해 상대방으로부터 자신이 원하는 것을 얻을 수 있도록 한다.

최근 전자 통신기술의 발달은 구두 커뮤니케이션에도 영향을 주고 있다. 특히 음성 메일, 전자 회의 등 대화와 회의를 한층 생산적으로 할 수 있게 되었다.

구두 커뮤니케이션 도구

■ 음성 메일(voice mail)

컴퓨터를 이용해 들어오고 나가는 전화 메시지를 취급하는 기구이다.

음성 메일은 메일 박스(mail box)에 녹음된 메시지를 남겨 원하는 사람에게 들을 수 있게 할 뿐 아니라 동시에 여러 사람에게 보낼 수 있다.

음성 메일은 자동응답 전화 역할을 하기도 하며, 어떤 전화든지 놓치지 않고 기록을 남길 수 있지만 사용 방법이 복잡한 단점을 갖고 있다.

■ 전자 회의(electronic meetings)

전화나 비디오를 통한 전자 회의는 과거 회의를 하기 위해 별도 공간으로 자리를 이동하는 번거로움, 시간, 경비를 절약하는 장점이 있다.

전자 회의는 전화 회의(teleconferences) 또는 회의 전화라 불리기도 한다. 이것은 일반 전화선에 서로 다른 곳에 있는 사람들을 한 회선으로 모아 함께 회의를 갖는 것을 말하며, 상대편의 모습이 보이지 않기에 목소리로 판단하는 등 신중한 자세로 임해야 한다.

■ 화상 회의(videoconferences)

지역적으로 떨어져 있는 사람들이 전화선으로 송신된 이미지를 텔레비전 모니터에 나타나게 해 서로 보고 들으며 회의를 하는 것을 말한다.

이 방식은 집합 커뮤니케이션에서 중요한 도구가 되고 있다. 화상 회의를 실시하기 위해 장비 시설이 갖추어져 있어야 하며, 여러 지역에 있는 사람들과 연결되는 회의이기 때문에 효과적으로 커뮤니케이션할 수 있는 기술이 필요하다.

■ 이동 전화기(cellular phones)

음성과 데이터를 무선으로 송신하는 전화이다. 이동 특히 여행 시간을 생산적인 시간으로 전환시키는 장점이 있지만 일반 전화 요금보다 비용이 높으므로 가능한 용건만 간단히 말하도록 한다.

④ 문서 커뮤니케이션

문서 작성은 효과적인 커뮤니케이션을 위해 구두 커뮤니케이션과 함께 사용되는 중요한 활동에 속한다. 문서는 시간적인 제약 없이 반드시 남겨 두어야 할 때, 미래에 참조할 사안일 때, 메시지가 명확하며, 공식적인 자료일 때 등에 효과적이다. 하지만 구두와 문서 어느 하나의 방법만 사용하기보다 대개는 병행해서 커뮤니케이션을 하는 것이 바람직하다. 비즈니스 문서로는 보고서, 설득 메모지, 요청서 등이 해당되며, 최근에는 문서 커뮤니케이션을 효과적으로 작성할 수 있도록 다양한 도구가 많이 발달되어 있다.

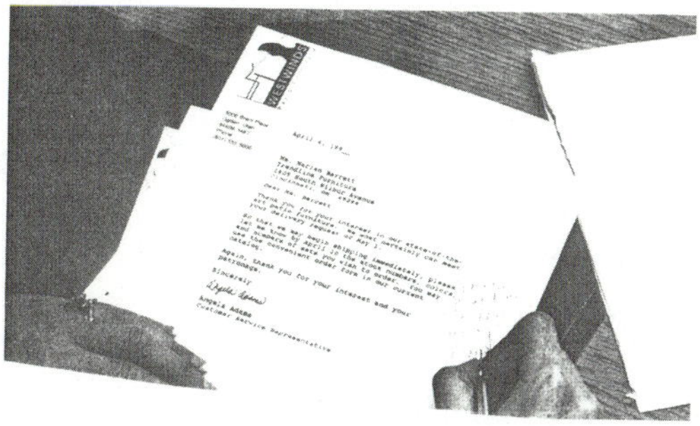

문서 커뮤니케이션 도구

■ 컴퓨터

데이터의 저장, 복구, 편집, 전시, 인쇄, 송신 등 여섯 가지 기능

■ 워드프로세싱 소프트웨어

서류 작성, 데이터 관리, 워드프로세싱, 텔레커뮤니케이션 등 모든 종류의 서류를 조직화하고 기안하며, 수정·편집, 교정하고 포맷하는 여러 기능 수행

■ 전자 우편

컴퓨터화된 우편 서비스로 일반적으로 이메일(e-mail)이라 지칭하며, 이는 전화나 데이터라인을 통해 한 컴퓨터에서 세계 어느 곳에 있는 다른 컴퓨터로도 즉시 메시지와 서류를 송신 가능

■ 전자 게시판(electronic bulletin board)

컴퓨터망에 접속하는 사람들과 정보를 공유하는 기능

■ 데이터베이스(database) 관리

논리적으로 관련된 정보를 컴퓨터 파일로 목적에 따라 접속할 수 있게 만든 것으로 업무에 활용

온라인 데이터베이스는 접속 시간에 따라 요금을 내는 것으로 기업 운영에 필요한 정보를 종래의 방법보다는 빠르고 효율적으로 얻을 수 있어 많이 사용

■ 오피스 슈트(office suite)

기업에서 사용하는 워드프로세싱, 데이터베이스, 프레젠테이션 그래픽스, 커뮤니케이션 메일, 스프레드 시트를 개별이 아닌 업무 효율화를 위해 주요 기능을 통합된 방식의 소프트웨어를 사용

■ 컴퓨터 프린터(computer printer)

컴퓨터 스크린의 단어나 이미지를 인쇄하는 기계로 편지, 메모, 보고서, 제안서(proposal), 워드프로세싱 소프트웨어에서 만들어 낸 모든 서류들을 인쇄

■ 복사기(photocopier)

원본을 복사해 내는 것으로 흑백, 컬러 복사기

■ 팩스 머신(facsimile machine)

전화선을 통해 원본 즉시 송신

■ 스캐너(scanner)

인쇄물을 컴퓨터가 읽고 저장하며 복구할 수 있는 디지털 자료로 변환

■ 통합 오피스 제품(all-in-one office products)

프린트, 복사기, 팩스 머신, 스캐너 기능을 하나로 통합

(2) 비언어적 커뮤니케이션

대화를 시작하기 전에 상대의 외형적인 요소로 상대를 쉽게 평가하는 경우가 종종 있다. 다시 말해, 자신의 사회적·경제적 지위, 경험을 바탕으로 때로는 상대의 체격, 외모와 행동, 목소리 톤, 차림새 등 비언어적 커뮤니케이션 요소를 통해 상대를 평가하게 된다.

대부분 사람들은 언어적 커뮤니케이션을 통해 사고와 판단을 배우게 되고, 비언어적 커뮤니케이션을 통해 느낌을 익히게 된다. 하지만 상대를 평가할 때 커뮤니케이션 내용보다도 비언어적 요소에 의해 서로를 판단

하는 경우가 많다.

비언어적 커뮤니케이션 수단으로 널리 사용되는 종류 및 특징에 대해 설명하면 다음과 같다.

① 목소리 톤(어조)

한 연구에서 목소리 톤에 따라 전달하려는 의미의 38%는 파악된다는 연구 결과가 발표된 바 있다. 목소리 톤, 즉 어조는 듣는 이에게 긍정적 또는 부정적 어감을 전달할 수 있다. 말하는 이의 어조에 따라서 그 사람의 감정 상태, 태도, 느낌 등을 전달받을 수 있으므로 준(準)언어라고도 한다. 준언어에는 목소리 톤뿐 아니라 미소, 울음, 흐느낌, 투덜댐 등 언어로는 표현하지 않았지만 상대에게 메시지를 간접적으로 전달할 수 있는 것을 말한다.

말하는 내용과 어울리지 않는 목소리 톤은 상대방에게 오해를 일으킬 수도 있다. 일반적으로 사람들은 내용과 목소리 톤이 일치하지 않는 말을 듣게 되면, 내용보다는 목소리 톤에 따라 민감하게 반응하게 된다. 왜냐하면 대화를 할 때 상대와의 갈등이나 오해를 피하기 위해 자신의 감정을 억제하지만 말하는 사람의 감정은 목소리 톤을 통해 나타나는 경우가 종종 있기 때문이다. 말하는 사람 스스로가 목소리 톤을 조절함으로써 커뮤니케이션하려는 내용을 분명히 할수록 불필요한 오해를 방지할 수 있다.

② 신체 언어(몸짓)

신체 언어는 몸, 머리, 팔, 다리 또는 발 등의 신체 움직임을 지칭하며 언어적 요소만큼이나 커뮤니케이션에서 중요한 역할을 한다. 신체 언어를 사용할 때나 이해할 때는 상대가 소속된 문화권에 대한 이해와 개인적 특성을 사전에 파악해 두는 과정이 필요하다.

적당한 신체적 언어를 사용하기 위해 상대와 대화하기에 적합한 공간이 확보되어야 하고 일정한 거리를 유지할 수 있는 편한 분위기가 형성되어 있어야 한다. 전달하려는 내용을 강조하기 위해 상대나 청취자들이 주의를 집중하도록 눈맞춤, 팔과 손동작 등 신체 언어를 적절하게 사용하는 것이 효과적이다.

③ 얼굴 표정

얼굴 표정은 언어, 말보다 때로는 더 정확한 커뮤니케이션 수단이 될 수 있다. 얼굴은 전달하려는 내용을 표현하는 하나의 시스템으로서 눈, 코, 입, 턱 등이 개별적으로 의미를 나타낼 수는 없으나 집합적으로 뭔가를 표현할 수 있기 때문이다.

얼굴 표정은 행복감, 두려움, 놀람, 슬픔, 노여움, 관심 등 하나의 정보원으로 자신의 감정이 얼굴에 표현되어 상대방에게 뭔가 전달하고 상대의 얼굴 표정을 통해 이해할 수도 있다. 따라서 커뮤니케이션에 적절한 표정을 관리할 줄 알아야 한다. 특히 자신의 불쾌한 감정을 직접적으로 얼굴 표정에 표현하는 행위는 자제해야 한다.

④ 옷과 차림새

상대에 대한 정보가 부족할 경우 대체로 표면적 정보, 즉 외적인 요인을 통해 상대를 평가하는 경우가 종종 있다. 상대를 평가하는 데 외모뿐 아니라 옷과 차림새에 따라 지적 수준, 사회 경제적 수준, 기호, 문화, 연령, 성 등을 파악할 수 있기 때문이다.

직장인들은 조직 분위기와 지위 등에 따라 옷과 차림새에 차이가 나타날 수 있다. 특정 조직의 구성원으로서 업무를 수행 중이라면 소속된 조직에 적합한 차림새를 갖추어야 한다. 항상 고객과 여러 사람에게 신뢰를 줄 수 있는 차림새를 갖추는 것이 중요하다.

사례

글로벌 컨설팅회사에 입사한 K씨는 첫 출근을 위해 흰 셔츠와 검정 바지 수트를 구입하였다. 컨설팅회사에서는 특히 고객들을 만날때에는 전문성을 부각시키는 차원에서 'Man in Black'이라는 dress code를 채택하고 있었던 것이므로 K씨는 이 지침을 따르기 위하여 새로이 복장을 구입하였던 것이다.

⑤ 공간 및 거리

비즈니스에서는 적당한 공간과 개인 거리를 유지하는 것이 중요하다. 아무리 중요한 건의일지라도 복잡한 공간이나 너무 먼 거리에서 말을 한다면 제대로 커뮤니케이션을 할 수 없게 된다. 공간과 거리에 따라 긴장을 초래할 수도, 편안한 마음으로 커뮤니케이션에 임할 수도 있기 때문이다.

⑥ 타이밍

적절한 시간을 사용하는 것과 타이밍(timing)은 커뮤니케이션에서 중요한 요인이다. 칭찬이나 피드백을 할 때에는 일이 발생한 직후에 하는 것이 효과적이며, 상대가 너무 급한 업무를 진행 중일 때는 기회를 봐서 적합할 때 재차 시도하는 것이 낫다.

⑦ 준언어

준(準)언어(paralinguistic)란 상대방이 사용하는 언어 이외에 기호, 단음조, 큰 목소리, 짜증 섞인 투덜댐 등 커뮤니케이션 내용을 이해하는 데 중요한 단서가 되는 모든 것을 말한다. 말을 하면서 더듬거리거나, 뭔가 말하려다 말고 망설이거나, 심하게 떤다든가, 기어들어가는 듯한 목소리로 진행한다면 사람들은 그가 어떤 잘못을 했거나 뭔가 숨기고 있다고 의심을 가지게 되고, 메시지를 신뢰하지 못하게 된다.

결국 커뮤니케이션을 할 때 메시지를 효과적으로 전달하기 위해 언어적 · 비언어적 요소를 상황에 적절하면서 조화롭게 사용하는 자세가 가장 필요하다.

3.2 직무상 형태

최근 기술 문명의 발달에 따라 다양하게 커뮤니케이션을 수행하는 도구가 대량 생산되어 활용되고 있다. 기술적인 향상에 따라 다른 문화권 간에도 신속 정확하게 커뮤니케이션 수단을 실시할 수 있기 때문에 세계가 하나의 공동체를 형성하게 되었다. 세계화에 적합한 커뮤니케이션을

표 3-1 각 커뮤니케이션 형태의 장 · 단점

종 류	장 점	단 점
문서 작성	• 정확하게 같은 내용의 메시지를 받을 수 있다. • 다른 언어권의 사람들 또는 구두 커뮤니케이션이 안정적이지 않은 경우 글로써 표현하는 것이 효과적일 수 있다.	• 읽는 사람 수준에 따라 다르게 이해할 수 있다. • 문화에 따라 표현 방법에 차이가 나타날 수 있다.
단체 회의	• 서로 질문을 요청하고 구하는 기회를 가질 수 있다. • 잠재적인 커뮤니케이션 문제들을 방어할 수 있다.	• 다른 배경의 문화권을 지닌 경우 이해도에 차이가 있을 수 있다.
개인 면접 (회의)	• 개인 고유의 스타일로 개성에 따라 커뮤니케이션할 수 있다. • 개인들은 그룹 체계에 영향받지 않고 자신들의 주제를 효과적으로 표현할 수 있다.	• 개인적 특성은 다양하고 이해하기 어렵다. • 개인적 생활 양식에 따라 표현 방법이 다양하다.
텔레 커뮤니케이션 기기	• 공간적 제한 없이 신속, 정확, 편리하게 커뮤니케이션이 가능하다. • 상대방의 반응을 직접 확인할 수 있다.	• 기기 종류에 따라 비언어적인 요소 전달에 차이가 있다. • 사용 언어, 문화가 다를 경우 정확하게 이해하기 힘들다.

선택하고 직무를 수행하는 것이 필수적이다. 직무상 주로 사용하는 커뮤니케이션 형태는 문서 작성, 단체 회의, 개인 면접, 텔레커뮤니케이션 기기를 사용하는 것으로 분류할 수 있다.

그림 3-1 매체 선택 기준

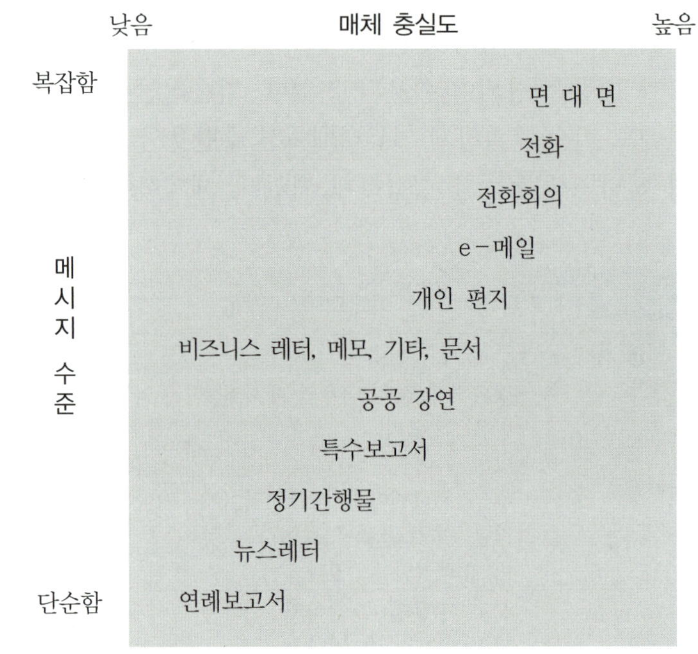

3.3 텔레커뮤니케이션과 소셜미디어

텔레커뮤니케이션은 라디오, TV, 전신, 전화, 컴퓨터 등 원거리 통신 수단을 이용해서 커뮤니케이션하는 것을 지칭한다. 특히 초고속, 광대역 인터넷 통신이 광범위하게 보급됨에 따라, 대부분의 사람들이 시간과 공간의 제약을 초월하여 커뮤니케이션하는 것이 가능해졌다. 또한 스마트 기기의 광범위한 보급과 'n-screen'이라고 일컬어지는 복수의 스마트 기기들의 동시 활용이 가능해짐에 따라, 이동 중에서도 실시간 동시 커뮤니케이션이 가능한 사회적, 기술적 환경이 구현되고 있다.

한편 급속한 텔레커뮤니케이션 기술의 발전은 소셜미디어(social media)라고 하는 새로운 사회적 커뮤니케이션 수단을 탄생시켰는 바, 위키피디아에 따르면 소셜미디어는 '웹 기반과 모바일 기술을 활용하여 커뮤니케이션을 상호 대화형으로 바꾸는 것'이라고 정의된다. 즉, 소셜미디어라고 하는 강력한 커뮤니케이션 수단의 출현에 따라, 종전 일방형 커뮤니케이션이 쌍방형 커뮤니케이션 또는 다수 참여형 커뮤니케이션으로 바뀌었음을 알 수 있다. 또 이러한 소셜미디어는 글자나 단어들, 사진이나 영상 등 어떠한 형태의 메시지 형태도 수용이 가능하며, 심지어는 '좋아요', '싫어요', '추천', '비추천' 등과 같은 정서적 메시지까지도 전달할 수 있는 체제를 제공해 준다. 즉, 오늘날의 텔레커뮤니케이션은 단순한 정보 전달(push message)이 아니라 '공유와 참여(sharing and conversation)'라는 새로운 유형의 커뮤니케이션으로 확장되고 있다.

따라서 텔레커뮤니케이션 수단들의 다양화와 관련 기술의 급속한 발전, 사회적 환경의 변화 등을 반영하여, 커뮤니케이션하고자 하는 목적에 가장 적합한 수단을 잘 선택하고 적절한 방법으로 사용하는 것이 진정한 커뮤니케이션 효과를 거두는 데 중요한 관건이 되고 있다.

다음에서는 다양한 텔레커뮤니케이션 수단을 선택하고 사용하기 전 인간 상호 작용의 교환 과정을 실천하는 커뮤니케이션 차원에서 몇 가지 사항을 정리한다.

(1) 학습 분위기 조성

경영 활동상의 효율성, 경쟁력 확보 등을 위하여 변화하는 환경 여건에 적합한 커뮤니케이션 기기 선택 및 활용이 중요하다. 조직 구성원들이 변화하는 커뮤니케이션 기기 사용 방법에 당황하지 않고 쉽게 파악, 적응할 수 있도록 사전에 텔레커뮤니케이션과 소셜미디어에 대해 예비 지식을 갖추도록 하고 평소에 교육하는 학습 분위기를 조성한다. 또한 새로운 기법의 출현 주기가 지속적으로 짧아짐에 따라 늘 새로운 기기나 소프트

웨어 사용법을 배우려는 자세를 가지는 것이 필요하다.

(2) 기기의 양면성

텔레커뮤니케이션 기기의 발달이 비즈니스 세계에 혁신을 가져다 준 사실을 부정할 사람은 거의 없을 것이다. 하지만 장점에 비해 단점도 있다. 한 영업사원이 고객과의 물품 계약 후 현장에서 바로 주문 생산에 대해 모바일 단말기 등을 이용해 발주할 경우 업무 시간과 비용이 감소하며 효과적으로 처리할 수 있는 장점도 있지만 목표 실적 증대, 동료 직원들과의 협력이나 소통의 부재, 통신 불량으로 인한 장애나 사용법 연수 등 변화에 적응하려는 노력이 필요하다.

또한 어느 곳에서나 사용 가능한 이동 통신 전화는 편리한 동시에 개인 사생활을 침해받을 수 있다. 인터넷을 통한 정보 교환, 전자 결재, 은행 업무 처리 등 개인에게 편리성과 아울러 내재된 정보 보안성 등은 아직 해결되어야 할 문제이다. 이와 같이 기기의 긍정적인 면과 부정적인 면을 제대로 이해하고 현명하게 사용하려는 자세가 중요하다.

(3) 인간적인 면의 보완

텔레커뮤니케이션 기술과 관련 기기의 발전, 그리고 다양한 소셜미디어 수단들의 광범위한 확산은 이제 실시간으로 전 세계 어디서나 생생한 정보 전달과 공유, 그리고 그에 대한 의견 표시가 가능하다. 따라서 그만큼 커뮤니케이션 쌍방의 입장과 상황에 대한 이해가 선행되어야 할 것이다. 아울러 커뮤니케이션 쌍방 모두가 커뮤니케이션에서의 윤리를 지키는 것이 중요하다. 서로 상대방에 대한 배려와 예의, 그리고 정확한 의사표현과 공감대 형성 등의 과정이 비록 면 대 면(in-person)이 아닌 원거리 텔레커뮤니케이션이라 하더라도 반드시 중요하다는 점을 인식해야 한다.

또 텔레커뮤니케이션과 소셜미디어를 통한 커뮤니케이션에는 반드시 흔적이 남는다는 점도 유의해야 할 부분이다. 본인에게 유리, 또는 불리한 어떠한 커뮤니케이션들도 텔레커뮤니케이션과 소셜미디어상에서는 기록되고 보관되며 또 다른 사람들과 쉽게 공유될 수 있다는 점을 항상 염두에 두고 커뮤니케이션하여야 한다. 반대로 주기적으로 불필요한 과거의 텔레커뮤니케이션 흔적들을 정리하는 것 또한 중요한 일의 하나이다. 이메일 수신용량 포화 상태와 같은 텔레커뮤니케이션 수단의 과부하를 막고 전혀 예기치 못했던 불필요한 오해 유발 등을 사전에 차단하기 위하여는 반드시 정기적으로 텔레커뮤니케이션 현장을 정비하여, 보존할 것은 기한을 설정해 보관하고, 삭제할 것은 엄정한 절차를 거쳐 삭제하는 것이 필요하다.

(4) 효율적인 사용법 파악

다양하고 급속하게 변화하고 있는 각종 텔레커뮤니케이션 수단들의 사용법을 적절히 익히고 또 단축 사용과 같이 효율적인 방법들의 적극적인 활용 방법을 강구하는 것은 효과적인 커뮤니케이션과 효율적인 시간 활용이라는 측면에서 매우 중요하다.

또한 텔레커뮤니케이션 수단이나 소셜미디어 수단들의 특징을 잘 이해해서 커뮤니케이션의 내용과 방법, 사용 환경 등을 고려할 때 최적의 커뮤니케이션 방법이 무엇인지를 찾는 것도 매우 중요하다. 예를 들어, 글로벌 커뮤니케이션의 경우, 상대방이 선호하거나 사용하고 있는 텔레커뮤니케이션 수단이나 소셜미디어 수단을 골라 적절히 커뮤니케이션한다면 커뮤니케이션의 목적 달성에 한걸음 가까워지는 것은 물론이다.

(5) 전달자의 입장 이해

전화를 할 때에나 텔레커뮤니케이션을 통해 대화할 때에는 전달자의 입장에서는 원격 거리에 있는 수신자(듣는 사람)들이 전달자의 의견을 청취하고 의도한 내용을 정확하게 이해하기를 바란다. 또한 수신자에게 영향력, 즉 전달받은 내용을 실현해 보이기 바라며 수신자를 가능한 한 정확하게 파악하도록 한다.

다양한 텔레커뮤니케이션 기기를 이용해서 커뮤니케이션을 할 때 위의 내용을 주의해야 한다. 상대편의 입장을 이해하고 사전에 대화할 내용을 정리해서 준비한 후에 커뮤니케이션을 실시한다면 효과를 더 높일 수 있을 것이다.

(6) 수신자가 대화 결말을 유도

다양한 텔레커뮤니케이션 중 특히 업무상 걸려온 전화 통화 중에 전달자가 뭔가 시간을 지체하고 있다면 무작정 가만히 있기보다는 수신자가 신속하게 몇몇 질문을 통해 말하는 사람(전달자)의 용건이나 목적을 파악할 수 있다. 이와 같이 때로는 수신자가 토의된 내용이나 전달하고자 한 내용을 정리 요약함으로써 대화 결말을 유도할 수도 있다.

주의할 것은 대화 결말을 유도한 후에 "제게는 유익한 시간이었으며 다름에 또 전화 주십시오"라는 감사 멘트를 함으로써 우호적인 이미지를 남긴다.

각종 다양한 텔레커뮤니케이션 기술과 기기, 소셜미디어 수단들이 사람들이 시간과 거리의 장벽을 넘어 커뮤니케이션을 하는 데 지속적으로 기여한다는 것은 의심할 여지가 없다. 또한 오늘날에는 공유와 공감의 중요한 수단이 되고 있다. 따라서 가장 중요한 것은 커뮤니케이션의 주체는 인간으로 인간이 중심이 된 커뮤니케이션이 실천되도록 서로에 대한 배려하는 마음을 기억해야 한다.

연습 문제

1. 커뮤니케이션의 분류 형태 중 비언어적 형태에 관련해서 오해가 발생한 경우에 대해 개선점 위주로 하나의 사례를 팀별로 만들어 발표하시오. 특히 다른 팀원들의 개선점에 대해 의견을 교환하면서 보완하시오.

2. 최근에 발달된 텔레커뮤니케이션 기기 중 한 종목을 선택해서 커뮤니케이션 실시상의 장점과 단점에 대해 팀별로 토의한 후 발표하시오.

제 2 부

조직 · 문화 간 커뮤니케이션

제 4 장

조직 커뮤니케이션

최근 조사에 따르면 근로자들에게 임금 인상이나 금전적인 보상은 더 이상 직무 만족을 이끌지 않는다고 한다. 대신에 개방된 의사 소통, 업무의 질, 만족된 가정 생활 등이 직무와 조직에의 만족을 낳는다고 한다. 자기 자신을 표현할 수 있고, 의사 소통이 자유롭게 이루어지는 것이 업무를 즐길 수 있는 필요 조건이 되고 있다.

이 장에서는 조직이 어떻게 정보의 흐름과 질을 조정할 수 있는지 살펴보고자 한다. 커뮤니케이션 방식과 관련된 조직의 계층, 관리 스타일과 문화, 메시지의 흐름(상향, 하향, 수평형) 및 조직에서 상호 커뮤니케이션에 따른 장애물 등을 알아보고자 한다.

오늘날, 조직이 직면하고 있는 많은 문제들은 조직 구성의 변화에 기인한다. 조직이 가지고 있던 특성이 인수 합병, 구조 조정으로 인해 변화하게 되었다. 고용자의 변화는 노사 간 협상을 하는 데 많은 시사점을 남기게 되었는데, 예를 들면 육아 문제, 휴가, 건강 보험, 퇴직, 컴퓨터 네트워킹과 국제화 등이 있다. 경영의 가치관과 스타일에도 많은 변화가 생겼는데, 기술의 발전과 팀제도의 확산으로 중간 관리자 급에 대한 수요가 줄어들게 된 것이 그 예이다.

반대로 커뮤니케이션의 발전이 변화의 원인이 되기도 한다. 커뮤니케이션은 세계를 점점 좁게 만들고 있다. 한 지역의 조직에서의 변화가 다른 지역에도 영향을 준다. 왜냐하면 정보 통합이 커뮤니케이션을 더 빠르고 빈번하고 저렴하게 해 주기 때문이다. 인터넷, TV, 소셜미디어는 이러한 변화의 선봉에 있다. 즉, 이러한 미디어 자체가 변화를 일으킬 수 있다. 예를 들어, 미디어가 증권 사기, 부도 등 불법·비윤리적인 거래를 보도했고, 이로 인해 기업들이 '기업 윤리'를 강조하기에 이르렀다. 많은 기업들이 종업원 훈련을 위해 매우 비싼 돈을 치르고 '기업 윤리 전문가'를 고용하고 있다.

조직 내 커뮤니케이션 방식은 조직의 주요한 격변이나 재난 등을 통해 변화한다. 기업이 응급 상황에 처하게 되면 임원진은 응급 상황을 타개하기 위한 새로운 커뮤니케이션 방식을 마련하게 된다. 위기 상황에서의 조직의 커뮤니케이션은 좀 더 비공식적이다. 조직적이던 의사 소통 체계는 비공식적인 대화들로 대체되고 직원들은 사무실과 전화를 공유해야 한다. 나중에 커뮤니케이션이 정상 체제로 돌아와도 이러한 방식은 남게 된다. 직원도 관리자도 비공식적이고 덜 딱딱한 커뮤니케이션의 장점을 깨달은 것이다. 즉, 커뮤니케이션의 공식적인 채널이 비공식적이고 덜 조직적인 직원 상호 간의 커뮤니케이션을 대체할 수 없음을 알 수 있다.

4.1 조직의 커뮤니케이션 흐름과 질에 영향을 주는 요인들

조직의 커뮤니케이션은 조직 내 구성원들 간의 메시지 교환의 과정이다. 조직의 환경이 바뀔 때마다 의사 소통의 문맥 또한 바뀌게 된다. 직장을 바꿔 본 사람들은 기업마다 커뮤니케이션 방식과 수단이 달라짐을 느꼈을 것이다. 따라서 조직에서 커뮤니케이션의 흐름과 질을 결정하는(즉, 구성원들이 어떻게 의사 소통하는지) 세 가지 주요 요인들을 살펴보고자 한다. 이 요소들은 계층 구조, 경영 방식, 기업 문화이다. 어떤 조직은 매우 엄격한 계층 구조 안에서 조직원을 감시하고 통제하는 반면,

다른 조직은 창조성과 혁신을 장려하기 위해 방임 정책을 쓰기도 한다.

1 계층 구조

조직이 어떻게 의사 소통하는가를 이해하기 위한 한 가지 방법은 조직의 계층 구조를 이해하는 것이다. 조직의 계층 구조는 주로 수직 조직과 수평 조직으로 표현된다. 수직 조직은 경영층이 여러 계층으로 구성된 것이다. 보험, 은행, 통신 산업의 기업들이 종종 이런 수직 조직의 형태를 갖는다. 이런 조직은 이사회가 가장 위, 다음에 CEO나 사장, COO, CFO, 수석 부사장, 부사장, 전무, 상무 등의 계층으로 구성된다. 의사 소통 체계는 새로운 기안을 가진 직원이 바로 상급자에게 보고하고, 그 사람이 또 위의 상급자, 그 상급자가 또 자신의 위의 상사에게 보고하는 방식이다.

반면, 수평 조직에는 상하 계급이 거의 없다. 대신 많은 조직원이 한 계층에 속한다. 수평 조직에서는 계층이 거의 없으므로 의사 소통이 더

그림 4-1 조직 구조의 변화

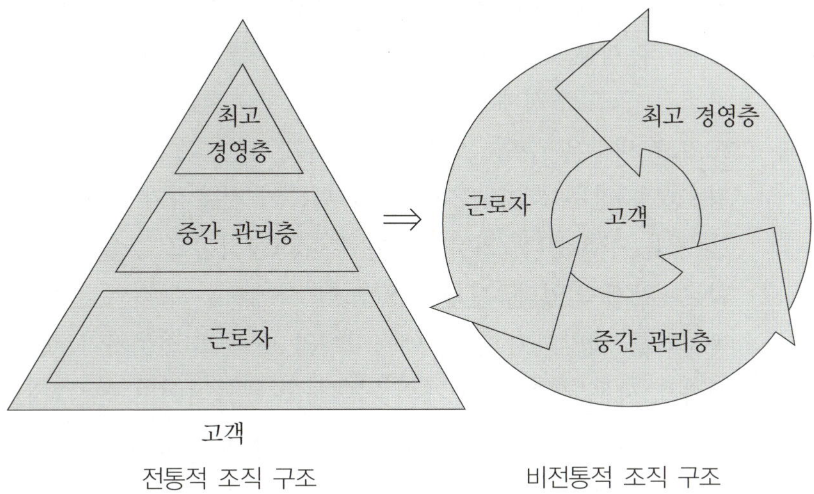

신속하게 이루어진다.

많은 조직 전문가들은 성공 기업들의 대부분이 덜 계층화된 조직을 갖고 있으며, 더욱 자유로운 커뮤니케이션이 이루어진다고 주장한다. 최근 수년 간 많은 기업들이 중간 관리자층을 없앰으로써 구조 조정을 행하고 있다. 기업은 '최소의 인원으로 최대의 효과'를 성취하기 위해, 진보된 기술력과 팀워크에 의존하고 있다. 구조 조정의 원래 목적은 중간 관리자의 봉급을 줄이기 위해서였지만 조직 내 의사 소통을 원활하게 하는 추가적인 이점 또한 생겼다. 수평 조직에서는 조직원들이 더욱 신속하게 동시적으로, 비공식적으로 의사 소통할 수 있다. 식당이나 식품업, 소매업, 전자제품 수선업 등이 수평 조직의 이점을 잘 활용하고 있다.

■ 조직 구조 조정

수직 조직을 가진 기업들은 가장 중요한 자원인 시간과 커뮤니케이션이 낭비되고 있음을 알게 된다. 경영진이 많은 계층을 가지고 있을 때 의사 소통은 느리며, 각각의 명령 체계에 속한 사람들이 자기 자신의 의견을 반영하기 때문에 메시지가 각색되기도 한다. 게다가 각각의 부서가 마케팅, 연구 개발, 경영 지원, 생산, 영업 등으로 나뉘어 있으면 각 부서 안의 수직 계층으로 인해 메시지는 더욱 느리게 움직인다.

조직 구조 조정에 대해 살펴보자. 1990년대 초 이후로 기존의 틀을 깨뜨리고 새로운 수평 조직이 생겨나게 되었다. 구조 조정된 조직은 마케팅, 경영, 연구, 회계, 생산 등 각 부문의 전문가가 모여서 계층 조직을 없앤 팀을 구성했다. 커뮤니케이션은 직접적이고 효율적이며 시간을 절약할 수 있게 되었다. 제록스(Xerox) 사에서는 고객의 관심을 끄는 신제품 복사기를 개발하기 위해 엔지니어와 마케팅 전문가가 협력해서 일한다. 제록스 사는 기존의 네 개의 거대하고 관료적이며 특성화된 부서제를 폐지하고, 고객의 요구에 중점을 둔 아홉 개의 상품별 팀제를 신설했다.

이러한 움직임은 제록스 사의 관심을 관료 제도에서 고객이 원하는 상품을 생산하는 것으로 이끌었다. 이러한 새로운 조직이 당면한 과제는 유능한 커뮤니케이션 능력을 가지고 의사 소통해 나가는 것이었다.

2 경영 방식

모든 조직이 특유의 계층 구조를 가지고 있는 것처럼 각각의 조직은 다른 경영 방식을 행사한다. 조직 경영 방식은 직원들이 업무를 할 때 어떻게 행동해야 하는지에 대한 일련의 공식 또는 비공식적인 지침과 규율을 따른다. 때때로 조직 경영 방식은 회사가 창립되던 시점부터 형성되어 온 전통에 근거를 둔다. 또한 조직 경영 방식은 경영의 위기나 커다란 변화에 의해 진화하기도 하고, 조직 차원에서 새로운 경향을 따라가고자 일부러 변화시키기도 한다. 아직도 많은 조직에서 채택하고 있는 두 가지 전통적인 조직 경영 방식은 '전통적 방식'과 '인간적 방식'이다.

(1) 전통적 방식

전통적 방식을 따르는 조직은 엄격하고 공식적인 규율, 과학적인 직원 훈련과 개발에 중점을 둔다. 이러한 경영 철학의 목적은 조직이 최대 효율을 내는 것이다. 전통적 방식은 과학적이고 합리적인 원칙을 강조하고 직무 규율을 준수할 것을 장려한다. 이들은 조직 전체와 협동을 개인주의보다 신뢰하며, 각각의 직원들이 최대 효율을 달성하는 것을 추구한다.

전통적 방식을 따르는 조직은 목표를 달성하기 위해 엄격한 관료 체계를 강조한다. 이러한 조직에서는 권한은 상부 계층에 한정되고, 상명하달의 의사 소통과 명령 전달 체계를 가진다. 기존의 공식적인 의사 전달 체계를 벗어나는 커뮤니케이션은 지양된다. 예를 들어, 한 직원이 사장에게 전달하고 싶은 메시지가 있다면 바로 차상위자에게 전달하고, 그 다음 상급자, 그 다음 상급자 순으로 전달해야 한다. 군대가 바로 이러한 방식의 대표적 예이다. 전형적으로 상명하달의 방식인 것이다. 이러한 조직의 대부분이 수직 구조를 갖는다.

전통적 방식을 따르는 조직은 아래의 조건들이 만족되었을 때 가장 잘 운영된다.

- 수행해야 하는 직무가 단순하고 반복적일 때
- 조직 환경과 매출 상태가 안정적일 때
- 같은 상품이 매번 똑같은 방식으로 생산될 때
- 정확성이 가장 중요하게 요구될 때
- 직원이 규율에 순종적이고, 명령을 받아야 움직일 때

효과적인 전통적 조직의 예로서는 병원에서의 수술 업무, 금융권, 회계 조직 등이 있다. 항공사나 전자 제품 생산 회사와 같이 변화가 많은 조직이나 홍보 대행사, 광고 회사, 마케팅 회사와 같이 창조성이 최우선으로 요구되는 조직에서는 전통적 방식이 잘 운영되지 않는다.

(2) 인간적 방식

종업원의 태도는 기술적 자원만큼이나 생산성에 영향을 준다. 인간적 방식은 직원이 '어떻게' 업무를 수행하는가에 초점을 맞춘다. 이 방식은 직원을 발전시켜야 할 자산으로 보며 통제해야 할 부채로 여기지 않는다. 인간적 방식을 채택한 조직의 주된 관심사는 비공식 조직이나 네트워크를 육성하는 것이다. 비공식 커뮤니케이션 조직은 공식적인 조직만큼이나 조직 내에 존재한다. 피드백, 지시, 명령이나 사기 진작과 같은 커뮤니케이션의 많은 양이 비공식 조직을 통해서 행해진다. 앞으로 살펴볼 포도넝쿨 조직(grapevine)의 강점이 조직 구성원들이 어떻게 비공식적으로 의사 소통하는지의 주요한 예이다.

인간적 조직은 효과적인 생산을 위해서는 직원들이 세심하게 감독받아야 함을 부인한다. 사실 이러한 조직들은 올바른 커뮤니케이션 방식을 통해서 직원이 성실할 뿐 아니라 창조적이 된다고 믿는다.

(3) X이론과 Y이론

맥그리거(Douglas McGregor)는 1960년에 『기업의 인간적 측면(*The Human Side of Enterprise*)』이라는 매우 영향력 있는 저서에서 인간 행동을 X이론과 Y이론으로 나누어 비교했다. X이론에 따르면, 근로자는 비생산적이며 동기부여되지 않은 존재이므로 업무 수행을 강요해야 한다. 직접적인 감독이 없으면 직원은 일하지 않는다고 했다. 반면에, Y이론은 근로자란 창조적이고 동기부여된 존재라서 직접적인 감독과 강요가 거의 필요하지 않다고 한다. 기회만 부여되면 직원은 열심히 일할 것이라고 했다.

새로운 조직 행동 이론이 생겨나고 있지만 아직 많은 경영자들이 직원들을 동기부여하기 위해 X이론과 Y이론을 적용한다. 우리는 조직 구조와 경영 스타일이 커뮤니케이션 방식을 정하는 중요한 요소임을 많은 조직에서 살펴보았다. 그렇지만 조직 문화 역시 커뮤니케이션의 질에 영향을 끼친다.

3 조직 문화

기업 스스로 정하거나 직원들에 의해 정해진 조직 문화 역시 커뮤니케이션에 영향을 준다. 여러분이 속한 어떤 조직을 생각해 보자. 그 조직의 가치관이 조직의 커뮤니케이션을 어떻게 규정짓고 통제하는가? 조직의 리더의 권한이 큰 조직에서는 그 리더가 커뮤니케이션을 주도하는 위치에 있을 것이다. 조직의 권한이 공유되는 조직에서는 커뮤니케이션이 좀 더 조직원들 간의 협의에 의해 행해질 것이다.

(1) 조직 문화의 요소

조직 문화를 이해하기 위해서는 그 조직이 어떻게 설립되었는가를 먼저 살펴봐야 한다. 문화의 요소는 조직 구성원이 공유하는 가치관을 포함하는데, 이러한 생각과 개념이 조직원들에게 깊게 뿌리박혀 있고 중요하며, 큰 가치를 지닌다. 공유된 가치가 개개인의 행동을 평가하는 데 가이드라인이 된다. 이러한 가치관이 '우리의 임무'로 문서화되어 조직원들에게 게시된다. 아래의 문장들이 조직 가치관의 예이다.

- 고객 만족이 기업 성공의 필요 조건이다.
- 우리의 헌신은 여러분의 성공이다.
- 우리는 최고의 직장을 만든다.
- 팀이 개인보다 좋은 성과를 낸다.
- 우리는 계속적으로 품질을 개선해야 한다.
- 최선의 노력은 반드시 보상을 받는다.

카뎃 유니폼 서비스(Cadet Uniform Services) 사는 캐나다에서 세 번째로 큰 유니폼 생산업체이다. 이 회사의 문화는 '최상의 직원과 최상의 서비스'인데, 카뎃 유니폼 서비스 사의 성공을 이끈 기업 가치관은 아래와 같다.

1. 여러분이 동료로부터 받고 싶은 그대로 동료를 대우하라. 동료는 고객과 거래처를 포함한다.
2. 처음부터 매번 제대로 일하라. 행해져야 하는 그대로 일해야 한다. 나중에 고치지 말라.
3. 지금 당장 하라. 해야 할 일을 지금 하라. 왜 미루는가?

조직의 가치를 이해하고 받아들인다면 조직원들에게 알맞은 메시지를 만들 수 있을 것이다. 많은 기업이 '우리의 임무'와 함께 기업의 가치를 인쇄해 두거나 명함의 뒤쪽에 명시해 둔다. 조직의 문화를 알아내는 다른 방법은 직원들에게 물어보거나 기업의 역사를 조사하는 것이다. 조직이 어떻게 생겨났고 변화해 왔는지를 통해 기업의 독특한 문화를 이해할 수 있다.

문화의 다른 요소로는 외적으로 보이는 것들이 있다. 예를 들어, 조직이 어떻게 운영되는지 힌트를 주는 은어나 언어들이다. 컴퓨터 소프트웨어 개발자는 매우 기술적인 용어들을 써서 특수한 문화에서 일하는 것을 알려 준다. 회사 빌딩이나 레터 헤드에 나타난 로고, 드레스 코드나 유니폼, 사무실 레이아웃이 조직 문화를 반영하기도 한다. 이스트먼 코닥(Eastman Kodak) 사는 수평 조직으로 구조 조정 이후 흑백 필름 생산 조직의 상징으로 얼룩말을 택했다. 'Team Zebra'라는 이름을 통해 한 팀이라는 일체감과 흑백 필름을 생산한다는 이미지를 나타냈다. Zebra(얼룩말)가 나타내는 다른 특성들을 팀 특성에 대응한 것은 다음과 같다.

- 얼룩말은 멸종 위기이다. (흑백 필름 분야 또한 그러하다.)
- 얼룩말은 함께 뭉침으로써 생존한다. (Kodak도 그래야 한다.)
- 각각의 얼룩말의 무늬는 다르다. (Kodak의 팀 구성원들도 문제 해결을 위해 각자 독특한 해결 방식을 제시할 수 있다.)

때로는 어떤 의례나 의식(儀式)이 조직 문화를 반영하기도 한다. 어떤 대학에서는 교수들이 학생들 앞에서 서로를 부를 때 매우 공식적인 호칭을 쓴다(예를 들어, ○○○ 교수님 같이). 어떤 기업에서는 할당량을 초과한 직원들을 위해 시상식을 거행하기도 한다. 어떤 대학에서는 좋은 학생과 교수를 지니고 있음을 자랑하기 위해 이러한 시상식을 대대적으로 홍보한다. 어떤 기업은 신입 사원들에게 회사를 알리는 비디오를 보여 주기도 한다. 신입 직원을 회사의 기존 문화에 최대한 빨리 적응시키기 위해서이다.

조직 문화는 조직이 가치를 두는 행동, 개념, 동기, 커뮤니케이션, 철학 등에 대한 자화상을 제시한다. 문화는 타인과의 커뮤니케이션을 원활히 하기도 하고 제한하기도 한다. 문화 내에서 지켜지는 특정 절차를 아는 것, 기업의 가치관을 이해하는 것, 조직의 특별한 의례나 의식을 인식하는 것, 커뮤니케이션 환경에 적응하는 것 등은 적절한 메시지를 구성하는 것을 도와 준다. 팀의 새로운 비서가 와서 복리후생과 관련된 메모를 인사부에 보내야 할 때 기업 문화를 이해하고 있다면 문서를 작성하는 것을 쉽게 만들어 준다. 많은 조직에서 문서를 작성할 때 그것을 직접 수신하는 사람뿐만 아니라, 수신자의 상급자와 자신의 상급자에게도 동시에 보내야 할 경우가 많다. 어떤 조직에서는 자신의 직속 상관을 거치지 않고 상급자의 상급자에게 직접 전달하는 것은 금지되어 있는데 명령 전달 체계를 이해해야만 그런 실수를 피할 수 있다. 언론기관의 기자와 비공식적으로 자신의 기업에 소속된 공장의 정리해고 계획에 대해 이야기하는 것은 금기시될 수도 있다. 매체 인터뷰에 대한 소속 조직의 규칙을 이해하는 것은 최악의 사태를 방지한다.

다른 조직의 문화를 이해하는 것 역시 중요하다. 계약 조건이 까다롭기로 유명한 거래처와 5년 계약을 체결하려고 할 때 상대 조직의 문화를 아는 것은 매우 유익할 것이다. 거래하고 있는 주식 중개인, 홍보 대행사, 과거의 고객과 구매처 등을 떠올려 본다면 그 조직의 문화가 그들이 제공하는 서비스의 하나임을 느낄 수 있을 것이다.

조직의 커뮤니케이션의 흐름과 질에 영향을 주는 요소들은 공생 관계이다. 한 요소는 다른 두 요소들에 영향을 주고 또 영향을 받는다. 이러한 요소들은 각각 메시지의 형성과 전달에 영향을 끼친다. 또한 메시지가 이 요소들에게 영향을 주기도 한다. 다음 두 절(4.2, 4.3)에서는 이 공생 관계가 조직에서의 메시지 교환에 어떤 영향을 미치는지와 조직의 커뮤니케이션 담당자가 접하게 되는 네 가지 대표적 장애물에 대해 살펴보기로 하겠다.

4.2 조직에서의 메시지 교환

조직의 계층 구조, 경영 방식과 조직 문화는 메시지 흐름의 방향에 영향을 준다. 메시지는 하향, 상향과 수평의 세 가지 방향으로 흐를 수 있다.

1 하향 커뮤니케이션

하향 커뮤니케이션(downward communication)은 상급자로부터 하급자에게 전달되는 메시지 형태이다. 다섯 가지 형태의 하향 커뮤니케이션이 있다.

① 업무 지시 메시지는 해당 직무 수행 방식을 명확히 지시한다. 새로운 고객에게 제품 가격 변경에 대해 알리라고 요청하는 이메일 메시지를 예로 들 수 있다.

② 업무 타당성 메시지는 해당 업무가 왜 수행되어야 하며 이 업무가 조직의 다른 일들과 어떠한 관계가 있는지를 설명한다. 많은 경우에 업무에 대해 동기부여되지 못한 직원들이 업무 타당성이나 이유를 알고 나면 납득하기도 한다. 어떤 서류가 세 부 필요할 때 왜냐하면 한 부는 고객에게, 한 부는 본사에, 또 한 부는 법률 사무소에 주어야 한다고 설명하는 것이 업무 타당성 메시지의 예이다.

③ 업무 절차와 원칙 메시지는 조직원들에게 그들의 책임과 의무, 권리에 대해 알릴 때 사용된다. 이러한 메시지의 예로는 전 직원에게 복리후생에 대해 알리는 공고문과 출장 시에는 할인 계약이 된 특정 항공사만을 이용해야 한다는 메모 등이 있다.

④ 피드백 메시지는 조직이 성과에 대해 구성원들에게 알릴 때 쓰인다. 지난 달의 매출액을 초과한 것을 축하하는 CEO의 편지 또는 고객 서비스 개선을 치하하는 연회 개최 등이 있다.

⑤ 교화 메시지는 조직의 임무, 목적, 목표 등을 전달한다. 조직의 새로운 임무에 기반한 3분기 목표액을 달성하라는 메모나 이메일 등이 있다.

하향 커뮤니케이션에 영향을 주는 몇 가지 요소들이 있다. 메시지는 계층을 따라 하향해 감에 따라 왜곡되거나 선별 전달될 수도 있다. 예를 들어, 추가 시간 근무 자원자를 모집하는 메모는 전달됨에 따라 축약되거나 삭제되어서 강제적으로 추가 근무를 해야 하는 것으로 잘못 전달될 수도 있다. 상급자들은 서로 모순되거나 충돌하는 메시지를 보내서 하급자들을 혼란스럽게 만들기도 한다. 한 상급자는 새로운 광고 캠페인을 배경 음악 없이 만들자고 주장하지만 또 다른 사람은 음악을 넣어야 한다고 주장한다. 하향 메시지는 종종 불명확하고 모호한데 이는 대충 만들어진 메시지이기 때문이다. '최근의 거래량'이나 '최고 매출액'이 모호한 커뮤니케이션의 대표적인 예이다. 많은 하향 메시지들이 하급자의 입장을 고려하지 않고 생성된다. 때때로 경영진은 그 동료나 하급자 앞에서 중간 관리자의 잘못을 지적하기도 한다. 하향식 커뮤니케이션이 너무 많이 이루어지면 메시지 과부하 상태에 이르게 된다. 예를 들어, 기술적인 용어로 가득 찬 100페이지짜리 매뉴얼은 메시지 과부하를 야기한다. 정보 과부하는 스트레스, 근심 걱정이나 낮은 생산성을 야기하는 것으로 알려져 있다.

하향식 커뮤니케이션의 중요 요소는 적절한 메시지를 적절한 사람에게, 적절한 내용으로 적시에 전달하는 능력을 포함한다. 너무 많은 정보는 과부하되어 정보 처리의 문제를 일으키지만 반대로 너무 적은 정보는 의사 결정에 악영향을 주고 심지어 사기를 저하시키기도 한다. 조직원들이 정보 무중력 상태에 이르면 그들은 경영진에 대해 긴장하고 위협받는다고 생각하고, 울분을 느끼기도 한다. 그래서 너무 적은 하향식 메시지로 인한 정보 갭(information gap)을 채우고자 소문과 같은 잘못된 정보를 창조하고 그에 의지하기도 한다.

2 상향 커뮤니케이션

상향 커뮤니케이션(upward communication)은 하급자로부터 상급자로의 메시지 전달을 의미한다. 조직 내에서 일하다 보면 상급자들에게 많은 메시지를 전달하게 된다. 상향 커뮤니케이션은 아래의 다섯 가지 항목으로 요약될 수 있다.

① 상급자의 질문에 대한 답변을 제공하는 메시지: 새로운 제품의 대리점 분포도에 대한 설명 등이 있다.
② 목표 달성과 관계된 행동과 임무를 보고하는 메시지: 프로젝트의 조기 달성을 보고할 때 쓰인다.
③ 조직의 행동과 정책에 대한 이해와 태도를 전달하는 메시지: 새로운 보험 프로그램에 대한 찬사 등이다.
④ 동료 직원에 관한 정보를 제공하는 메시지: 같이 일할 동료 직원을 추천할 때
⑤ 직원 행동과 작업 문제에 관한 메시지: 월급 인상 요구 등이 있다.

상향 커뮤니케이션은 몇 가지 장점을 가지고 있다. 예를 들면, 상향 커뮤니케이션은 자신의 상급자에게 그들의 생각, 계획, 정책을 이해하고 받아들일 것인지에 대한 표현을 한다. 또한 상급자들이 간과할 문제에 대해 경각심을 줄 수 있다. 또한 상향 커뮤니케이션은 직원의 요구와 의견을 조직 사회에서 가치 있게 만들어 준다. 상급자와 상의하는 것은 일과 관련된 당신의 긴장과 스트레스를 이완시켜 준다. 궁극적으로 상향 커뮤니케이션은 의사 결정에 하급자가 참여할 수 있는 기회를 제공한다.

■ 상향과 하향 커뮤니케이션의 비교

상향과 하향 커뮤니케이션은 그 목적이 서로 다를 뿐만 아니라 메시지를 받는 사람들의 능력에 차이가 있다. 하급자들은 상급자가 하향 메시지를 전달하는 것에 비해 상향 메시지를 전달하는 능력이 부족하다. 게다가 경영인들은 현재의 정책과 과정에 도움이 되는 좋은 상향 메시지에 더 귀를 기울인다. 그러나 불행하게도 우리는 조직의 뜻과 반대되는 부정적인 메시지를 전달해야 할 때가 있다 예를 들어, 회사의 불법성과 동료의 부정 행위에 대해서도 보고해야만 한다.

조직 사회는 어떻게 상향 커뮤니케이션을 장려할 것인가? 대부분의 조

직은 전통적으로 의견 제안함을 이용해 직원들의 의견을 수렴한다. 좋은 의견을 낸 직원에게 포상하는 제도를 잘 활용해도 여러 가지 의견이 취합될 수 있다. 예를 들어, 미국의 RLI 보험(RLI Insurance) 사는 직원들이 제안한 의견의 선택 여부에 관계 없이 제안을 한 모든 직원들에게 2달러를 지급한다고 한다. 제안된 의견이 채택되었을 경우 50달러에서 100달러 범위에서 포상을 한다. 그 결과 RLI는 질 높은 제안이 증가되는 것을 경험했다고 한다.

미국의 피크 일렉트로닉스(Peak Electronics) 사는 다음과 같이 직원 건의 제도를 더욱 발전시켰다.

- 한 달에 한 가지 의견을 제안하도록 권장했다.
- 좋은 의견을 제출한 두 명에게 '그 달의 제안자'라고 명하고 좋은 자리에 위치한 주차 공간을 제공했다.
- 경영자는 제안된 의견이 실현될 수 있게 도와 주었다.
- 비밀 보장을 위해서 제안함은 화장실에 설치했다.

3 수평 커뮤니케이션

수평 커뮤니케이션(horizontal communication)은 조직 사회에서 같은 계급에 있는 사람들 간의 의견 교환을 의미한다. 측면 커뮤니케이션이라고도 불리며, 문제 해결, 정보 공유, 부서 간 업무 조율, 사기 증진, 분쟁 해결의 역할을 한다. 예를 들어, 정보시스템부는 회계 프로그램을 만들기 전에 회계부와 상의하고 고객관리부는 고객의 불평을 해결하기 위해 영업부와 협의하는 것들을 말한다.

어떤 조직에서는 고전적인 관념으로(X이론) 메모, 편지 이외의 잦은 수평 커뮤니케이션을 권장하지 않는다. 어떤 다른 조직은 목적 달성을 위해 측면 커뮤니케이션을 활용한다. 문제 해결을 위해서 팀 역할이 중요한 회사에 해당되는 이야기이다.

많은 조직 사회에서 수평 커뮤니케이션은 일을 성취하기 위한 가장 좋은 방법이다. 같은 계급 간에는 좀 더 생산적인 방향으로 의견을 교환한다. 예를 들어, 고객들은 레스토랑에서 종이 냅킨보다 천 냅킨을 더 좋아한다는 사실을 안 뒤에 마케팅 직원들은 명령 체계를 거치지 않고 서비스 직원들과 직접 커뮤니케이션할 수 있다. 직원들은 경영자의 의견에 반대되는 의견들을 서로 이야기하기도 한다. 수평 커뮤니케이션은 상향이나 하향 커뮤니케이션에 비해 직접적이고 빠르며 덜 공식적이다.

조직 사회는 여러 가지 방법으로 수평 커뮤니케이션을 이용한다.

첫째, 최고 경영진은 직원들 간에 횡적 의견을 교환하는 열린 공간을 만들 수 있다. 한 소프트웨어 제조업체는 “수평 커뮤니케이션은 직원들이 계층 사회에서는 직접 말하고 정보 교환을 할 수 없었던 이들과 의사소통할 수 있는 지름길을 열어 주었다”고 하며 횡적 의견 교환을 매우 장려한다. 이메일은 직원들이 일하고 있는 프로젝트에 관해 서로 정보를 교환하도록 사용된다.

둘째, 친교 활동은 다른 부서의 사람들을 서로 가깝게 만들 수 있다. 조직 활동과 연관된 모임의 냉담한 분위기를 누그러뜨릴 수 있게 한다.

셋째, 직원 위원회는 여러 부서에서 모여 중요한 이슈, 문제를 이야기할 수 있다.

넷째, 전문가 집단은 회사가 직면한 문제를 논의하기 위해 구성된다. 전문가 집단은 회사 전체에 영향을 줄 수 있는 문제를 다룰 각 분야의 사람들을 모은다. 예를 들어, 보험과 관계된 회사 이익을 위해 회계사, 과업 관리자, 홍보 전문가, 행정 직원이 한 팀을 이룰 수 있다. 크라이슬러(Chrysler) 사는 택시 디자인을 유명하게 만든 교호 기능(cross-functional) 팀을 조직했다. 회사에 의해 수평 커뮤니케이션이 장려되기도 하지만 비공식적인 네트워크를 통해 수평 커뮤니케이션이 생겨나기도 한다.

4 비공식 메시지와 포도넝쿨 조직(grapevine)

비공식 메시지는 복도, 휴게실, 파티, 업무 후 술집과 같은 곳에서 교환되는 메시지이다. 비공식 메시지는 자주 공식적인 경로를 뛰어넘기도 한다.

많은 조직 사회에서 비공식 커뮤니케이션이 활성화되면서 정보 교환 조직이 생성된다. 비공식 커뮤케이션은 구성원들 간에 만들어진 특별한 관계에 의해 발전되고 유지된다. 조언 집단(advice network)은 문제를 풀고 복잡한 난제를 해결하기 위한 정보 교환을 위해 존재한다. 신뢰 집단(trust network)은 직원들이 조직 혹은 그들의 동료에 관한 민감한 정보를 공유하기 위한 사람들로 구성된다. 신뢰 집단의 멤버들은 직장 내 재배치, 해고 등과 같은 위기 상황 동안 서로를 지지하기 위해 상대방을 의존한다. 과업 집단(task network)은 광고 부서에서 영업 사원들에게 새로운 일에 대해 알려 줄 때 직원들이 일과 관련된 정보를 교환하기 위해 사용된다. 사교 집단(social network)은 직원들이 정치, 여가 활동, 스포츠, 점심 시간, 업무 후 잡담 등 흥미를 공유할 때 만들어진다.

포도넝쿨 조직은 정상적인 커뮤니케이션의 바깥 범위에서 일어나는 직원들 간의 정기적 커뮤니케이션 모임이다. 포도넝쿨 조직은 주로 대화를 통해 메시지를 전달한다. 포도넝쿨 조직을 통한 문서 교환은 너무 위험하다고 생각하기 때문이다. 어떤 사람들은 특정 포도넝쿨 조직에 속해 있고 다른 사람들은 속하지 못한다. 포도넝쿨 조직은 조직의 모든 부분, 부서에서 발견할 수 있다. 예를 들어, 사무직에 있는 사람은 생산직의 중간 관리자를 포도넝쿨 조직을 통해 친구로 만날 수 있고, 생산직의 중간 관리자는 포도넝쿨 조직을 통해 배송부에서 일하는 사람과 친구로 만날 수 있다.

포도넝쿨 조직은 종종 개인 사생활의 분출구가 된다. 전화를 걸고 서류를 복사하고 팩스를 보낼 때 누군가에 의해 민감한 정보가 새어 나갈 수 있다. 승진, 월급 인상, 해고, 불륜, 의상 스타일과 같은 개인 사생활에 대한 루머가 포도넝쿨 조직에서는 주요 화제가 된다.

때때로 직원들은 공식적인 채널의 불편함 때문에 포도넝쿨 조직을 이용한다. 과거 몇 년 간의 연구 결과에 의하면 포도넝쿨 조직에 관한 재미있는 특성은 다음과 같다. 포도넝쿨 조직은 빠르고 정확하며 많은 정보가 있고 직원들의 태도와 감정을 알 수 있다. 이는 소문의 근원지이며 여러 가지 방법으로 소문을 낸다. 포도넝쿨 조직은 조직 개편과 같은 불확실한 때에 중요한 정보 제공 역할을 한다. 조직의 관리자들은 다른 방법으로는 알 수 없는 불안, 태도, 직원 사기에 관한 것을 알기 위해 비공식 네트워크를 이용한다. 한 가지 분명한 것은 포도넝쿨 조직은 거의 모든 조직에서 존재하며 중요한 정보 제공 기능을 한다. 포도넝쿨 조직은 필수불가결하며 억눌러져서는 안 된다. 그러나 어떠한 정보들이 돌아다니고 있는지는 점검되어야 한다.

4.3 조직의 커뮤니케이션 담당자가 겪는 장애물들

다음은 조직 내의 특별한 장애물과 이를 이겨내기 위해 필요한 커뮤니케이션 전략에 관한 것이다. 멘토(mentors), 직장 내 성희롱, 개방된 커뮤니케이션 환경, 권한 부여 등에 관해 살펴보고자 한다.

1 멘토(mentors)

조직에서 발견되는 특별한 관계 중 하나가 멘토(선배)와 멘티(후배) 관계이다. 멘토는 경험, 지식이 멘티(mentee)에게 모범이 될 만한 사람이다. 멘토-멘티 관계는 멘티가 빠르게 배울 수 있고 회사를 위해 중요한 기술을 잘 습득할 수 있게 해 주며, 팀워크가 발전할 수 있게 해 주는 이점이 있다. 멘토로부터 많은 도움을 받은 멘티는 많은 지식과 의리를 전수받는다. 멘토에게 주는 이점은 멘티를 도와 주게 되는 만족감, 조직에 가치 있는 기여, 새로운 개념과 생각을 얻을 수 있는 점을 들 수 있다.

(1) 멘토와 멘티의 특성

멘토는 조직 내에서 높은 위치에 있고 오랜 기간 동안 조직을 위해 일해 왔고, 멘티들보다 나이가 많다. 멘티는 조직, 부서, 모임에 신참이며 조직 내에서 발전하는 것에 대해 관심이 많다. 어떤 조직은 이러한 관계를 인위적으로 요구하나 멘토와 멘티의 관계는 자발적으로 형성되는 것이 조직과 개인을 위해서 유익하다.

멘토-멘티 관계는 관련된 사람들의 능력과 성격을 서로 잘 이해하는 것에 달려 있다. 멘토는 지식과 기술을 가지고 있으며, 멘티는 배우려는 의지가 있어야 한다. 멘토는 개인 간 커뮤니케이션에서 신중하고 신뢰감 있게 접근할 수 있는 기술이 있어야 한다. 멘티는 정렬적이고 헌신적이며 마음을 열고 야망이 있어야 한다.

(2) 멘토-멘티 관계

다른 모든 관계처럼, 멘토-멘티 관계는 시간이 지남에 따라 변한다. 네 가지 단계가 있는데 시작, 발전, 분리, 재정립 단계이다.

시작 단계는 관계의 시초 단계로 멘토와 멘티가 서로 알기 시작하는 단계이다. 멘토는 멘티를 가르침에 의해 도움을 주고 멘티는 활기차게 충성심과 지식을 보임으로써 의지를 나타낸다. 멘토-멘티 간의 유대 관계는 발전 단계에서 나타난다. 멘토는 멘티를 보호하고 발전시켜 서로를 점점 존중하게 만든다. 분리 단계에서는 멘토와 멘티가 육체적 · 정신적으로 분리감을 느낀다. 이직, 출장, 승진 등이 멘토로부터의 독립과 같은 일들을 일어나게 만든다.

성공적인 관계 정립 후 멘토-멘티 관계는 재정립 단계에 이르며 그들은 변화된 기준에 맞추어 변화된 역할을 하게 된다. 멘토는 여전히 충고와 칭찬을 해 주며 멘토와 멘티는 점점 동료처럼 서로를 바라보게 되며, 조직 내에서 비슷한 위치에 있게 된다. 서로 완전히 헤어지게 되면 재정립을 할 수 없으므로 모든 멘토-멘티 관계가 재정립 단계를 거치는 것은 아니다.

(3) 멘토 찾기

아직까지 조직에서 여자와 소수 민족은 영향력 있는 위치를 차지하고 있지 못하므로, 멘토-멘티 관계를 형성하는 것이 어려울 경우도 있다. 또한 남녀, 타문화 간 멘토-멘티 관계에 대한 논쟁 가능성은 기회를 제한할 수도 있다. 네트워킹 기회와 멘토-멘티 관계를 제공하는 전문 조직도 있다. 그러나 가장 좋은 멘토-멘티 관계는 자신이 일하고 있는 조직 안에서 형성되어야 한다.

다음은 조직 내에서 좋은 멘토를 찾는 데 유용한 방법이다.

① 공식적인 멘토링 프로그램에 대해 다른 직원 혹은 인적자원부에 자

문을 구한다. 만일 조직이 공식적인 멘토링 프로그램이 없을 경우 이전의 멘토-멘티 관계에 관해 동료에게 물어보고 유능한 멘토의 이름을 물어본다.

② 자신과 비슷한 경력과 전문 분야를 가지고 있는 사람들을 알도록 한다. 그리고 그들이 멘토의 자질이 있는지를 판단한다.

③ 멘토로 적합한 특정인을 잘 사귀어서, 그 사람의 능력에 관심을 가진다. 질문을 하며 배우고자 하는 자신의 열정을 보여 준다. 자신에 대한 정보와 자신의 관심을 말하고 생산성을 향상시킬 수 있는 좋은 충고를 구한다.

④ 능력 있는 멘토와 좋은 유대 관계를 형성한다. 멘토-멘티 관계로 자신을 도와 줄 수 있는지 물어본다. 좋은 멘토로 모시고 싶다고 말하고, 책임을 끝까지 완수할 수 있는 자신의 능력을 설명한다.

2 성희롱

지난 몇 년 간 기업은 성희롱에 대한 중요성을 깨닫게 되었다. 성희롱은 많은 시간 동안 직장 내에서 심각한 문제가 되었으나 최근에 와서 경영자와 직원들은 성희롱의 문제점을 함께 생각하게 되었다.

성희롱은 '성과 관련된 불쾌한 언행'으로 정의된다. 또한 고용 조건, 고용 결정, 업무 능력에 영향을 주는 위협적·적대적·공격적인 언행을 성희롱이라 할 수 있다(The Equal Employment Opportunity Commission).

성희롱에는 두 가지 종류가 있다. 첫 번째는 'quid pro quo'인데 직원이 성적인 활동에 따라 상을 받고 벌을 받는 경우를 말한다. 예를 들어, 상사가 부하 직원에게 "오늘 밤 호텔에서 만나 주면 승진시켜 주겠다"라고 하는 것이다. 두 번째는 직원의 능력에 영향을 줄 수 있는 성적으로 공격적이고 적대적인 직장 분위기를 이야기한다. 예를 들어, 두 남자가 직장 내 여성의 성적 매력에 관해 끊이지 않고 이야기를 계속할 때 성희롱이 일어났다고 볼 수 있다.

성희롱은 다음과 같은 몇 가지 이유 때문에 발생한다.

첫째, 상대방에 대해 매력을 느끼는 어떤 사람이 성적 욕구를 충족시키기 위해 자신의 지위, 권력을 남용하는 경우이다.

둘째, 권력이다. 이러한 경우에 상대방의 행동을 조절하기 위해 권력을 사용한다. 성희롱자는 상대방으로부터 성적 만족감을 얻어낼 때 자신의 권력이 막강하다고 믿는다.

셋째, 커뮤니케이션이다. 남자와 여자는 다른 커뮤니케이션 방식을 가지고 있다. 여자는 개인적인 일을 남자에게 좀 더 알리려 하고, 남자는 이러한 것을 유혹 혹은 성적 관심으로 받아들인다. 여자는 남자에 비해 더 많이 자신에 대해 공개하지만, 행동은 단호하지 못할 때가 많다. 이러한 행동은 남자들에게 성적 관심을 유발한다. 남자가 여자에게 성적 관심을 보일 때 단호하지 못한 여성의 행동은 남자에게는 연애 놀이처럼 느껴지게 된다. 비언어적 커뮤니케이션은 남자와 여자가 커뮤니케이션을 이해하는 방법에 중요한 영향을 준다. 여자는 자주 웃으며 눈을 맞추고 접촉함으로써 남자 혹은 이야기에 관심을 나타내지만, 남자는 이러한 행동을 성적 친밀감을 위해 이용한다.

성희롱을 의미하는 언어, 비언어적 행동

- 불쾌한 언급
- 당황스러운 농담
- 조롱
- 성적 발언
- 외설적 사진과 영상
- 꼬집기, 두드리기, 껴안기
- 접촉과 키스

성희롱의 주된 어려움 중의 하나는 피해자가 성희롱자와 접촉하기를 꺼리는 것이다. 성희롱 사실을 신고하기보다는 직장을 쉬거나, 다른 부서로 이동하거나, 직업을 바꿔서 그러한 상황을 피하고자 한다. 회피하고 싶은 이유 중의 하나는 성희롱자가 지위와 권력이 높고 피해자는 사실이 공개될 경우 나쁜 결과를 초래하게 될 것이라고 생각하기 때문이다.

성희롱은 퇴행적이며 비인간적 행동이다. 만일 직장에서 성희롱을 당한다고 생각하면 문제를 제기하기 위해 몇 가지 행동을 할 수 있다.

- 옳지 못하다고 느낀다면 표현을 하라. 성희롱자의 행동이 불쾌하다고 분명하게 이야기한다.
- 즉시 성희롱 사건을 관리자 혹은 직원 사무실에 보고한다.
- 문서로 성희롱 사건을 작성한다. 사건의 내용, 시간, 관련된 인물, 일어난 행동 등을 기록한다.
- 증인이 있다면 사건에 대해 진술하도록 한다.

만일 관리자로서 소속 부서의 성희롱 사건을 듣는다면 다음과 같은 조치를 취하는 것이 좋다.

- 피해자의 불평을 주의 깊고 세심하게 청취한다.
- 조사를 시행한다. 관련된 인물, 증인, 가해자의 행동, 사건의 빈도에 대해 가능한 많은 정보를 수집한다.
- 객관성을 유지한다. 관리자의 감정, 태도, 편견이 조사에 영향을 주지 않도록 한다. 성희롱 진술은 어려운 일이므로 피해자는 세심한 배려가 필요할 것이다.
- 가해자의 유죄 혹은 결백에 대해 추측하지 않도록 한다. 피해자의 진술이 항상 정확한 것은 아니다. 관리자의 임무는 사실을 수집하는 것이다. 임원 혹은 인적자원부(인사부)와 같은 전문적인 부서가 사건을 평가하는 전문가이다.

3 커뮤니케이션 환경

메시지 흐름과 커뮤니케이션의 질은 조직의 공식, 비공식, 개방, 폐쇄적인 분위기에 따라 자주 영향을 받는다. 만일 커뮤니케이션 문화가 조직의 가치 척도와 철학을 반영한다면, 커뮤니케이션 환경은 직원들이 메시지를 교환할 때 경험하는 조직의 분위기와 느낌이다. 직장 내에서 일어나는 커뮤니케이션은 사회적 환경을 반영한다. 어떤 조직은 명령에 엄격한 커뮤니케이션 체계(공식적인 커뮤니케이션 환경)를 요구하고, 다른 조직은 좀 더 부드럽고 비공개적인 커뮤니케이션을 요구한다.

만일 조직 커뮤니케이션 시스템이 수정된다면, 커뮤니케이션 환경도 시간이 지나면서 변하게 된다. 환경은 일반적으로 변하는 성질이 있지만 조직의 구성원들이 커뮤니케이션 방식에 의존하는 환경은 변하게 된다. 예를 들어, IBM과 같은 공식적 커뮤니케이션 문화는 새로운 관리자에 의해 비공식적 커뮤니케이션 스타일로 변화할 수 있다.

직원들의 생산성과 사기를 증진시키는 커뮤니케이션 환경은 다음과 같은 특징이 있다.

- 정보 정확도와 신뢰성
- 상향, 하향 커뮤니케이션의 질
- 동료의 배려
- 모든 계급에서의 의사 결정
- 믿음, 윤리, 완벽함의 유지
- 자유, 정직, 개방 커뮤니케이션의 증진

커뮤니케이션의 개방성은 커뮤니케이션 환경의 특징이다. 커뮤니케이션 개방성은 진지하고 폐쇄적이지 않은 분위기에서 정보와 생각을 교환하는 것을 의미한다.

개방된 커뮤니케이션의 강력한 장점은 향상된 수행 능력, 증진된 직무 만족감, 업무 책임에 대한 폭넓은 이해, 일에 대한 충분한 정보를 제공해 준다. 만일 자신이 열린 마음을 가진 대화자라고 알려진다면 조직 구성원들로부터 양심적, 열린 마음을 가진 다정하고 혁신적인 사람으로 인정받을 것이다.

커뮤니케이션 환경은 기술 연마를 통해서 성취될 수 있다. 직원들에게 좀 더 개방된 분위기에서 대화하는 방법을 가르쳐 주는 것은 많은 조직의 목표이다. 새턴 사(Saturn Corp.)와 제너럴 모터스(GM) 사의 성공적·혁신적 자동차 공장은 생산성을 증가시키는 방법으로 자유스럽고 효율적인 의사 소통을 강조했다. 직원 교육 시간의 절반은 분쟁 조정, 문제 해결, 발표 방법, 사람들과의 대화 방법에 쓰여지고 있다.

어떤 조직은 물리적 환경을 바꾸는 것이 커뮤니케이션 환경에 깊은 영향을 준다는 것을 발견했다. 벽으로 둘러싸인 사무실에서 열린 공간으로 직원을 이동시킴으로써 대화는 좀 더 개방적이고 자연스러워질 수 있다.

4 권한 부여

직원에의 권한 부여도 커뮤니케이션에 영향을 줄 수 있다. 권한 부여는 조직이 권위, 책임, 권력을 직원에게 전달하는 것을 의미한다. 업무가 직원에게 전달되었을 때 적절한 권한 부여는 불필요한 상부 보고 없이 직원들이 업무를 완수할 수 있는 힘을 주게 된다. 권한 부여의 중요성을 인지해 하위 직원들에게 의사 결정 책임을 부여한 기업들은 직원 간, 관리자와 직원 간의 의사 소통을 통제할 때보다 업무팀을 구성해 스스로 업무 계획을 세우게 하며 필요한 물품을 청구할 수 있게 하고, 문제가 발생되기 전에 문제점을 발견하기 위해 자유스럽게 대화하도록 장려했더니 꾸준한 이익과 30%의 증가된 생산력을 갖게 된 사례가 있다.

권한이 부여된 직원은 향상된 성취감을 느끼게 되어 높은 주인 의식을 가지게 된다. 권한 부여는 자아 고취와 직원의 업무를 향상시킨다. 직원들은 상부 관리자들이 직원들을 강력하고 권위를 부여할 만큼 신뢰한다는 것을 알고 있기 때문에 권한이 부여된 직원들은 좀 더 편안하게 동료와 상급자에게 작업 계획과 아이디어를 제안할 수 있게 된다. 어느 전자제품회사는 직원에게 고객 문제를 해결할 수 있도록 1,000달러씩을 쓸 수 있게 했다. 직원들은 지출 내용을 보고할 의무가 없으며 비용을 얻어내는 절차는 매우 간단했다. 이 회사의 전략은 다음과 같다. 직원들 스스로 문제에 직면해 해결할 수 있게 재원을 제공하자 커뮤니케이션은 비공식적이고, 정보 전달은 자유롭게 이루어지게 되었다.

관리자들은 직원들에게 권한 부여하는 여러 가지 방법을 가지고 있다. 직원들이 모임을 가져 문제 결정에 필요한 것을 요구할 수 있게 하며, 기여자들의 이름을 문서로 제출하게 하고, 업무를 토론할 때 '우리'라는 용어를 쓰게 한다. 공유된 커뮤니케이션은 직원들이 일에 대해서 위기감과 책임감을 동시에 가지게 한다.

권한 부여는 관리자가 직원들과 작업의 문제점에 대해 토론하는 것을 요구한다. 이러한 종류의 비공식적 커뮤니케이션은 상급자와 하급자 간의 좀 더 직접적인 접촉을 장려하게 한다. 권한 부여는 직원들에게 조직을 좋아지게 하는 방법을 묻고, 직원들은 지시하는 대신 협력하는 방법을 찾아 열린 분위기를 장려한다.

많은 전통적 조직은 상급자를 맨 위에, 직원을 맨 밑에, 고객을 맨 바닥에 놓아두는 피라미드 구조를 갖고 있다. 이러한 상황에서 직원들은 상급자와 상급자를 기쁘게 할 일에만 반응한다. 만일 피라미드가 거꾸로 된다면 고객은 피라미드의 맨 위에 위치하고 관리자는 맨 아래에 위치한다. 이러한 상황에서 관리자는 직원들의 의견에 반응하게 될 것이다. 관리자의 일은 직원들이 스스로 처리할 수 없는 일을 도와 주는 것이다. 고객은 조직에서 가장 중요한 위치에 있으므로 좋은 대접을 받게 된다. 직원들이 상급자에게 의사 결정을 허락받는 대신 고객을 직접 접하는 직원들이 자체적으로 의사 결정을 할 수 있게 함으로써 좀 더 만족스러운 고객 관리로 기업의 성과를 올릴 수 있을 것이다.

연습 문제

1. 수평 조직 구조를 지닌 기업과 수직 조직 구조를 지닌 기업을 선정한 뒤 커뮤니케이션 방식을 조사해 각기 장·단점을 비교 분석하시오.

2. 직장에서 바람직한 멘토–멘티 관계에 대해 설명하시오.

제 5 장

문화 간 커뮤니케이션

급변하는 시장 환경에서 국제화된 비즈니스를 실천하고 있는 상황은 이제 더 이상 동일한 문화 안에만 머물러 있는 것이 아니다. 비즈니스뿐만 아니라 일상 생활에서도 주변에서 다양한 문화권의 사람들과 마주치는 경우가 허다하다. 다른 문화권의 사람들과 커뮤니케이션을 실천하기 위해 다른 문화, 다른 언어를 가진 사람들과의 성공적인 커뮤니케이션을 할 수 있는 기반을 마련해야 한다.

상대방 문화에 대한 이해가 없다면 서로에 대한 오해가 싹트기 쉽고,

사례

A교수는 귀갓길에 자신의 아파트 엘리베이터에서 한 백인 여성과 같이 타게 되었다. 나름 외국인이라는 것을 감안하여 다음과 같이 대화하였다.

A교수: "Are you living here?"

상대방: "8층"

A교수: "Do you work here?"

상대방: "마누라"

다문화 사회가 되어가는 우리나라 일상에서 볼 수 있는 광경이다.

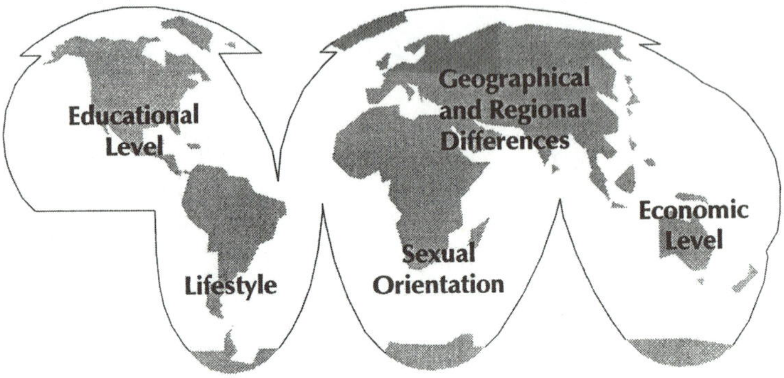

정확한 의사 소통을 하는 데 장애 요인이 될 수 있다. 이 장에서는 다른 문화권과의 커뮤니케이션을 효과적으로 실천하기 위해 다음에 문화 및 비언어적 요소와 언어적 요소를 중심으로 살펴보고자 한다.

5.1 문화 차이

문화에 따라 커뮤니케이션을 할 때 눈에 보이거나 귀로 들을 수 있는 명확한 메시지 자체에 의존하는 문화가 있다. 이에 반해 드러나는 메시지 외에도 그 주변의 여건과 상황에 따라 커뮤니케이션이 이루어지는 문화도 있다. 전자의 경우 실제적인 계약서, 서신, 합의서 등이 거래에 중요한 역할을 하지만 후자의 경우는 언어로 이루어진 커뮤니케이션뿐 아니라 계약 당시의 상황, 대인 관계, 개인의 사회적 지위 및 경제적 수준 등도 중요한 영향을 미친다. 전자에 해당하는 국가는 북미와 북유럽 국가 등이고, 후자에 속하는 국가로는 일본, 한국, 아랍과 같은 아시아 국가 등이 있다.

(1) 대인 관계

커뮤니케이션은 객관적이고 이성적인 판단으로 행해져야 하지만 어떤 문화에서는 사람과 사람 사이의 신뢰를 더욱 중요하게 여기는 경향이 있기 때문에 다소 주관적이고 감정적인 판단이 포함될 때가 있다. 따라서 커뮤니케이션을 할 때에도 일에 관한 정보뿐 아니라 개인적인 정보의 교환이 필요한 경우가 많다.

(2) 시간 약속

커뮤니케이션을 할 때는 대체로 정확히 시간 약속을 지키는 것을 중요하게 여기고 시간 약속을 지키지 않으면 상대를 무시하는 것으로 받아들여 신뢰성을 잃게 되는 경우도 있지만 문화에 따라 그것을 상대적으로 중요하지 않게 생각하는 경우가 많다.

(3) 공식적 정도

어떤 문화에서는 공식적인 것을 중요하게 생각하지 않는 편이지만 반면에 공식적인 것을 중시하며 에티켓을 지키는 것을 기본으로 여기는 문화도 있다.

공식적인 것을 선호하는 문화권에서는 커뮤니케이션에서 개인적이고 주관적인 감정은 배제되는 경우가 대부분이다. 이에 반해 비공식적인 것을 선호하는 문화권에서는 개인적이고 직접적인 의사 소통을 선호한다. 다시 말해, 메시지 자체뿐만 아니라 서로 간의 교감이 의사 소통에 중요한 영향을 끼친다고 여기기 때문이다.

(4) 가치관과 라이프 스타일 패턴

라이프 스타일 패턴은 사람들이 가치를 두는 것을 설명하는 데 도움이 된다. 그것은 우리가 어떻게 생활하는가에 영향을 미치는 경제와 문화의 역할에 관련되어져 있다. 요즈음 다문화적 생활 방식 선택은 우리가 여가 시간을 어떻게 보내고 우리가 지닌 물질을 어떻게 사용하는가 하는 것은 계급을 말해주게 된다. 즉, 라이프 스타일 패턴의 변화로, 스케일 확대, 가격 상승, 패셔너블, 스타벅스 커피, 패스트푸드 가게(태국 음식, 스시 등과 같이) 등은 도심에서 번성하게 되었다. 심지어는 스타벅스 커피점이 입점한 상가 건물에서는 다른 상점들도 비즈니스가 어느 정도 보장된다고 할 정도이다.

대인관계를 발전시키기 위해서는 다양한 라이프 스타일 선호도를 수용하고 인지하고 기대하는 데 있어서 차이를 관리할 필요가 있다.

(5) 정보와 의사 결정

오늘날 글로벌 경제 혁명은 사람들이 정보를 관리하고 의사 결정하는 것에 영향을 미친다. 최근까지 대부분의 서유럽, 북아메리카 기업들은 톱다운 방식이었다. 오늘날 팀제, 기능 중심으로 보다 많은 직원들이 생산직, 판매직을 막론하고 의사 결정에 참여하고 있다. 이러한 팀 기반의 직무 모델은 모든 근로자들이 의사 결정에 기여해야 한다는 일본의 문화에서부터 유래한 것이다. 그것은 문화 간 커뮤니케이션에 의해 도입된 근무 방식의 변화의 한 예이다.

5.2 비언어적 요소

1 눈맞춤

눈을 통한 커뮤니케이션은 긍정적인 감정이나 부정적인 감정을 전달하는 데 중요하다. 특히 이문화권 사람과 커뮤니케이션을 할 때 문제가 발생할 수 있다. 미국인과 유럽인은 아랍인이 뚫어지게 쳐다보는 눈빛을 아주 불편하고 위협적인 것으로 느낄 수 있다. 서구 문화에서는 상호 커뮤니케이션을 할 때 눈 접촉을 갖는 것이 보통이지만 의식적으로 눈을 뚫어지게 쳐다보는 것이나 눈의 접촉을 피하는 것은 무례한 것으로 간주되고 부정적으로 평가된다. 일본에서는 시선을 목덜미에 두는 것이 보통이다. 대부분의 경우 적당한 선에서 상대방의 눈을 바라보며 대화하는 것이 바람직하다.

2 얼굴 표정

얼굴 표정을 이해하는 것도 커뮤니케이션을 원활하게 하는 데 중요하다.

얼굴 표정 중 입 모양은 감정을 표현하는 데 중요한 역할을 한다. 미소는 범문화적으로 긍정적인 감정을 나타내 주는 요소 중의 하나이다. 하지만 아시아인들은 슬픈 감정을 미소 지으면서 표출하기도 하여 서구인들이 종종 오해하는 경우도 있다. 미소의 다양한 변화는 인사할 때, 만남을 가질 때, 누구를 설득할 때 나타난다. 미소는 확신과 약속을 표시할 수 있는 매력적인 미소, 밝은 미소, 유혹적인 미소, 미심쩍어 하는 미소도 있다. 이들을 상황에 적절하게 사용하는 것이 중요하다.

3 신체 접촉

신체 접촉도 비언어적인 차원에서 중요한 커뮤니케이션의 일부이다. 신뢰, 분노, 자비, 연민, 온정, 흥미, 관심 등을 접촉을 통해 표현한다. 특히 신체 접촉은 문화 간에 차이가 크다. 아랍인, 유대인, 동유럽인, 지중해 연안 사람들, 중미인은 접촉 문화를 가진다. 반면에, 아시아인, 영국인, 독일인은 상대적으로 접촉을 꺼려 한다. 따라서 신체 접촉과 관계되는 많

은 금기(禁忌)가 있다는 것도 사전에 알아 두어야 한다.

4 동 작

동작은 문화에 따라 매우 다른 의미로 받아들여질 수 있으므로 주의를 기울여야 한다. 우리나라에서는 사람을 향해 손짓을 하는 것은 무례한 행동으로 여겨지나, 미국에서는 일반적으로 사용된다. 또한 우리가 흔히 사용하는 'OK'를 의미하는 손가락 표현은 브라질에서는 좋지 않은 행동으로 간주된다고 한다. 이 밖에도 여러 표현들이 있으므로 주의를 기울여서 사용해야 한다.

5 거 리

거리를 두는 것, 자신의 영역을 확보하는 것으로 알려진 거리 유지는 신체 접촉과 밀접한 관계가 있다. 공간에서 대화 상대자에 대한 가깝고 멀다는 상대적인 개념의 구체화는 일단 개인적인 조건에 따라 실현되지만 이런 조건은 문화 특유의 기대 규범 틀 안에 있다.

아랍이나 라틴 아메리카에서는 매우 가까운 거리에서 대화하는 것을 당연하게 여기지만 미국에서는 약간의 거리를 두고 이야기하는 것이 일반적이다. 커뮤니케이션 상황에서 개인 간의 물리적 거리를 유지하는 문제는 상대 문화의 차이를 인정하고 서로를 배려함으로써 자연스럽게 해결될 수 있다.

5.3 언어적 요소

이문화(異文化) 간 사람들과 커뮤니케이션할 때 가장 기본이 되는 문화적 이해를 바탕으로 언어적 측면에서의 커뮤니케이션을 한다면 비로소 효과적인 커뮤니케이터가 될 수 있는 능력을 모두 갖추는 것이다.

1 대 화

서로 간의 의사 전달이나 감정 전달에 사용하는 가장 익숙한 방법이다. 이문화권 사람과 커뮤니케이션할 때는 대화할 주제와 목적을 분명히 한 후 내용을 작성해야 한다. 대화를 위해 글을 작성할 때는 대화에 들어가기 위한 도입부, 자신이 말하고자 하는 주 내용, 대화를 마무리하는 부분 이렇게 세 부분으로 나누어 내용을 준비한다. 국내 비즈니스에서의 말하기 준비 과정과 외국인 또는 외국 조직과의 말하기 준비 과정을 비교해 보면 몇 가지 차이점이 있다. 그것은 우선 내용이 다시 외국어로 번역되는 과정을 거친다는 것이다. 이때 전달자가 의도한 내용과는 다른 내용으로 번역될 수 있다. 또한 주의해야 하는 것은 전문적인 용어의 번역이다. 말하는 사람은 각자의 전문 분야의 용어를 번역할 때 정확한 의미를 알고 번역할 수 있어야 한다. 또한 외국인을 대상으로 대화할 경우에는 내용의 구성 자체도 대상 외국인의 정서와 문화를 고려해 조절하는 것이 커뮤니케이션 효과를 높일 수 있는 방법이다.

내용이 잘 구성되어도 그것이 전달되는 통로가 말이라면 이 말하기 자체의 중요성이 크다. 발음이라든지, 적절한 템포, 음성의 크기, 음의 높이 등이 말하기의 중요한 요소에 속한다. 발음에 문제가 있으면 신뢰감을 줄 수 없고 외국어로 이야기할 때에는 특히 발음에 주의해야 한다. 또한 말의 속도가 너무 빠르면 상대에게 불안감을 줄 수 있고 또한 너무 느리면 답답함을 주게 되므로 듣는 상대의 반응을 체크하면서 적절한 속도로 말해야 한다. 그리고 음성의 크기는 듣는 사람의 거리와 강조하는 부분에 따라 그 크기를 달리해야 한다. 외국어로 이야기할 때는 미리 전문가로부터 발음을 교정받고 정확한 언어를 구사해야 말하기의 효과를 높일 수 있다.

2 전화 통화

전화 통화는 상대방을 보지 않고 음성에만 의존하는 말하기 방법이기 때문에 어려움이 있다. 일반적인 전화 응대에서 개인이 업무 중에 받게 되는 회사의 전화는 직·간접적으로 회사의 이미지에 많은 영향을 주게 된다.

외국어 구사가 유창하지 못할 때에는 마주 보고 대화하는 상황에서의 행동이나 주변 상황이 의사 소통에 도움을 줄 수 있지만 전화로 말해야 하는 경우는 오직 말하기 자체의 내용과 감정의 전달에 전적으로 의존하게 되므로 많은 주의가 필요하다. 외국어로 통화하는 경우 흔히 사용되는 관용 어구들을 익혀 사용하는 것이 좋고, 평소 올바른 발음 연습과 대화 연습이 필요하다. 그리고 어떤 사안에 대해 외국어로 통화를 자주 해야 할 경우에는 통화 내용과 관련된 문장을 미리 준비해 두고 전화 통화를 하는 것이 바람직하다.

3 문서 작성

말하기나 문서를 통한 커뮤니케이션은 서로 다른 형태로 행해지지만 효과적인 커뮤니케이션을 위해서 세심한 주의를 기울여야 한다는 공통점을 가지고 있다. 사회가 복잡해지고 국제화되어 감에 따라 한 가지 방법에만 의존하는 커뮤니케이션이 불가능해지고 있다.

5.4 다양성 및 차이 인식

오늘날 우리가 속하게 되는 조직은 남녀, 각종 문화적·인종적 배경의 근로자, 장애인 등을 포함해 매우 다양한 특성을 지닌 구성원들로 이루어져 있다. 문화적 배경, 가치관, 성별, 신체적 여건 등의 차이로부터 비롯되는 다양성을 이해하고 인정하는 가운데 다른 구성원들과 원만한 관계를 유지하며 원활한 커뮤니케이션을 행하는 것이 가능하고 서로 간에 신뢰 관계로 발전될 수 있다. 나아가 조직 발전에 매우 중요한 다양한 고객들을 성공적으로 관리하기 위해, 이러한 상호 신뢰 관계를 육성하고 개발하도록 개인이나 기업 모두 노력해야 한다.

1 성별 차이

지난 수십 년 동안 직장에서의 남녀 구성비에 많은 변화가 있었다. 서양의 경우 1970년부터 1990년 사이에 여성 근로자의 수는 두 배가 되었으며 오늘날 관리직의 약 25%를 여성이 차지하고 있다고 한다. 모든 직업군에서 여성의 수는 거의 50%를 차지하고 있음에도 불구하고, 관리자급에서는 여성의 수가 많지 않다. 우리나라에서도 최근 여성의 사회 진출 기회가 확대되고 여성 인력의 우수성이 입증되고 있으나 아직 서양의 경우에 비해 여성 관리자의 비중은 낮은 현실이다. 이러한 결과는 여성 근로자의 능력이 무시되거나 간과되기 때문이다. 남성 근로자들은 여전히 대부분의 의사 결정권, 인사권, 자금 관련 권한 등을 가지고 있다. 또한 기존의 남성 위주의 구조에서 비롯되는 네트워킹 및 정보력 등 기득권으로 인해 월등히 유리한 입장에 있는 실정이다. 그러나 여성의 능력을 성공적으로 이용하고 싶은 기업이라면 여성 근로자들의 잠재적이고 문화적인 차이점을 인식해야만 할 것이다.

우리는 남성, 그리고 여성들과 일생에 걸쳐 의사 소통을 해 왔다. 남성과 여성의 커뮤니케이션에서의 차이점은 무엇일까? 최근의 발표에 따르면 남성과 여성의 차이점에 대한 정확한 인식이 상호 간의 의사 소통 능력을 향상시킨다고 한다.

(1) 갈등에 대한 대처

남성들은 대부분 갈등을 건전한 것으로 받아들이며, 이를 해결하기 위해 거래, 논리, 분노 등을 사용하는 반면, 여성들은 갈등 상황에서 타인의 감정 상태를 이해하는 데 초점을 맞추는 경향이 있다. 많은 여성들이 갈등을 원하지 않고, 심지어는 상처를 입기도 한다. 갈등을 부정적인 것으로 보기 때문에 많은 여성들이 덜 직접적인 방법으로 갈등의 해결책을 찾으려고 노력한다. 또한 연구에 따르면, 남성들이 여성보다 더 위험성이 있는 방식을 추구하는 경향이 있다고 한다.

(2) 리더십 스타일

겉으로 보기에는 남성과 여성의 리더십 스타일이 유사해 보이지만 리더 자리에 있는 여성이 남성보다 더 부하 직원을 동료로 받아들이고 그들의 참여를 의사 결정에 포함시킨다고 한다. 반면, 남성은 여성에 비해 덜 협동적이고 더 지배적이고 직접적인 스타일을 구사한다. 이들은 더 민주적이고 참여적인 방식을 요구받으면, 불안해 하고 직무 스트레스를 받는다.

(3) 팀워크

팀워크가 성공적으로 이루어지려면 어떻게 의사 소통해야 하는가에 대해 남성과 여성들은 다른 인식을 가지고 있다. 여성은 팀 구성원들의 능력, 상호 존중, 공정성, 각 구성원들의 역할을 중시하고 최고의 결과를 위해 서로 돕는다. 반면, 남성들은 이러한 팀워크의 특성들에 많은 관심을 기울이지 않는다.

2 다양한 문화적 · 인종적 배경

미국은 일찍이 아일랜드, 아프리카, 아랍, 라틴 아메리카, 아시아 등 세계 각지로부터 다양한 인종과 그 가치들을 받아들였고, 최근 많은 기업에서 이러한 다양한 문화들을 주도적인 백인 서구 문화와 조화하는 노력이 이루어지고 있다. 예를 들면, 멕시코 문화는 그 나라 사람들 간의 지속적인 상호 작용과 협력으로 인한 전통적인 가치로 정의된다. 멕시코 문화에서는 집단의 한 구성원이 지붕을 고쳐 주면 다른 사람이 그 집의 아이를 돌봐 주는 것으로 보답한다. 노동력과 물품의 공유는 전통적인 가치관을 가진 문화에서는 흔한 일이다.

반면에, 현대 서구 문화에서는 경쟁 중심적이고 개인의 발전이 강조된다. 전통 문화에서는 겸손이 미덕이지만 현대 문화에서는 평판을 중시한다. 예를 들면, 아시아권에서는 직무를 평가할 때 자신의 성과물(成果物)을 늘어놓는 것을 부끄러워한다. 최근 들어 우리나라의 경우도 이와 같이 여러 국가로부터 다양한 민족들이 유입되어 각종 분야에서 근로 및 생활을 하게 됨에 따라 이들의 문화적 · 인종적 배경, 차이 및 특성에 대한 이해가 필요하게 되었다.

다른 가치들, 그 중 특히 인간 관계와 관련된 것들이 팀워크에 영향을 준다. 인간 관계를 계급과 계층에 관련된 것으로 보는 문화에서는 고도로 조직적인 팀을 선호하지만 인간 관계 자체를 중시하는 문화에서는 팀워크를 선호한다. 업무 환경에서 서로 다른 문화의 전통적인 가치를 중시하는 것은 전문 기술, 좋은 인간 관계, 팀워크 및 시장에서의 경쟁력 등을 강화시켜 준다.

다음은 문화 간 커뮤니케이션의 일반적인 원칙이다.

① 다른 문화는 다른 가치관을 지니고 있다.

② 자신이 속한 문화에서 '일반적'인 행동이 타문화에서도 '일반적'일 거라고 간주하지 않는다.

③ 다른 문화에서는 비언어적인 습관도 다르다는 것을 기억하고 타문화의 적절한 개인적 범위(거리), 눈맞춤, 시간 관리 등을 습득하는 데 시간을 할애하라.

3 장애를 가진 직원

장애인들은 대다수의 정상인들처럼 생각하거나, 움직이거나, 느끼거나, 감정을 통제하지 못하는 사람들이다. 미국의 경우 인구의 17%, 즉 4천만 명의 국민이 장애를 가진 사람들이다. 소수 그룹 중 가장 큰 부분을 차지한다. 이들 장애를 가진 미국인들은 법률(Americans with Disabilities Act)에 의해 그렇지 않은 사람들과 동등한 권리와 특권을 누리는 것이 가능하게 되었다.

우리나라에도 상당수의 장애를 가진 사람들이 존재하며 선천적인 장애뿐 아니라 사고 등으로 인해 후천적으로 장애자가 된 사람들까지 합하면

결코 적지 않은 수의 장애인이 존재한다. 그들이 생계를 꾸려가고 건전한 사회 생활을 할 수 있도록 사회적 여건이 마련되어야 하며, 어느 분야에서건 이들과의 커뮤니케이션은 필연적이다.

장애인 근로자와 커뮤니케이션하는 것은 때때로 민감한 이슈이다. 다음은 장애인들과 대화할 때 유의해야 할 사항들이다.

① 장애가 아닌 사람 자체에 중점을 두도록 한다.

② 장애로 인해 그 사람 자체가 '불구'가 된 것은 아니라는 것을 명심하라.

③ 장애인을 고통받는 사람이나 희생자로 여기지 말아라.

④ 장애로 그 사람을 정의하지 말고, 사람 그 자체로 정의하라.

⑤ 휠체어를 이용한다고 행동 반경에 제한이 있는 것은 아니다.

⑥ 장애인을 묘사할 때 부정적인 단어들을 쓰지 않도록 한다.

⑦ 장애인은 비정상이 아니고, 일반적이지 않은 것일 뿐이다.

4 개인주의 대 집단주의

문화는 개인의 역할을 어떻게 보느냐에 많은 차이가 난다. '개인주의' 문화는 개인의 구별되고 특이한 성격에 가치를 둔다. 구성원들은 개개인의 성과에 의해서 평가된다. 미국은 주로 개인주의적 문화이다. 스포츠에서 '최고의 선수'나 회사에서 '이번 달의 우수 사원', 협회에서 '올해의 회원' 등을 떠올려 보라. 이러한 프로그램들은 모두 개인주의를 증진시킨다. 개인주의적 문화에서 회사는 개인적인 성취를 칭찬, 보너스, 봉급 인상과 승진 등으로 보상한다.

집단 중심, 즉 집단주의 문화에서는 소속된 집단의 목표를 강조한다. 이러한 문화에서는 개개인의 성과를 경시하는데, 이는 개인의 목표가 조직 전체의 목표에 반하는 경향이 있기 때문이다. 하지만 집단주의 문화가 항상 같은 가치만을 강조하는 것은 아니다. 예를 들어, 일본과 남미 문화는 모두 집단주의적이지만, 일본은 기업이나 조직의 중요성을 강조하고 남미 문화는 가족을 중시한다.

개인주의와 집단주의 문화 사이의 격돌의 비극적인 예는 미국 엔지니어들이 남태평양 섬에서 일했을 때 일어났다. 그들은 일하고 있는 지역의 집단주의 규칙을 따르기보다는 개인주의적 행동을 취하는 실수를 범했다.

> 미국에서 파견된 엔지니어들은 미국에서 일반적으로 간주되는 행동을 했다. 남태평양 섬 각지에서 건강한 젊은이들을 모집해서, 팀으로 나누고 각 그룹에서 영리한 사람으로 리더를 뽑고 가장 뛰어난 이들을 관리자로 배치했다. (그들이 생각하기에) 몇 주간은 아무 문제가 없었다. 하지만 어느 날 아침 끔찍한 일이 벌어졌다. 모든 관리자들의 주검이 목이 잘려진 채로 식당에서 발견된 것이다. 미국에서 파견된 엔지니어들은 이 섬의 문화에서는 연장자만이 관리자가 될 수 있다는 사실을 몰랐던 것이다.

비즈니스 커뮤니케이션에서는 반드시 상대 문화에 대해 특별한 관심을 기울여야만 한다. 집단주의 문화에서 종교를 중시하는 집단에게 세일즈 프레젠테이션을 할 때는 해당 종교의 가치에 호소해야 한다. 즉, 조직 전체의 목표를 추구해야 한다. 같은 방식의 접근법은 영국과 같은 개인주의 문화에는 적합하지 않다. 집단주의 문화에서는 인사법과 대화법이 존경을 표현하고 상대방의 지위에 따라 달라지곤 한다. 예를 들어, 많은 동양 문화권에서는 직접적인 눈맞춤(eye-contact)을 불손한 것으로 여긴다. 장기적인 관계를 위한 헌신이나 대접 등이 동양 문화에서는 필요 조건이다. 반면, 개인주의적인 문화에서는 좀 더 비즈니스 중심적이고 개개인의 시간을 절약하는 것을 중시한다.

표 5-1 집단주의자와 개인주의자의 차이

집단주의자(Collectivists)	개인주의자(Individualists)
신뢰 관계를 쌓는 데 중점	신뢰를 쌓는 것은 일부분
전통과 성별 중시	성과와 부(富)에 의한 지위 형성
겸손이 미덕	자기 홍보
감정적인 인간 관계	감정과 비즈니스를 분리
선물, 접대가 비즈니스에서 중요	선물을 뇌물로 간주

5 고배경 문화와 저배경 문화

문화는 커뮤니케이션이 얼마나 직접적으로 행해지느냐에 따라 달라지기도 한다. 고배경 문화(high-context culture)가 주를 이루는 문화에서는 의도가 덜 명확한 메시지들이 전달된다. 그러한 문화에서는 메시지의 진정한 의미 파악에 배경(context)을 중시한다. 앞서 언급한 것처럼 배경이란 대화하는 사람들이 처한 환경, 상황, 사람, 관계 등을 반영하는 것이다. 반면, 저배경 문화(low-context culture)에서는 명확하고 직접적이며 모호하지 않은 언어적 혹은 가끔은 비언어적 표현을 강조한다.

고배경 문화에서는 회의가 잘 진행되었다는 뜻에서 회의 마지막에 '엄지손가락을 치켜 세우는' 행동을 볼 수 있을 것이다. 이러한 제스처는 회의 진행 상황이라는 배경을 통해 해석된다. 고배경 문화에서 개인들은 대화 상대방이 주어진 정보들을 잘 사용할 것으로 믿고, 덜 직접적이면서 모호한 방식을 사용한다. 많은 비언어적 행동들은 그 불명확성 때문에 주로 간접 의사 표현에 속한다.

고배경 문화에서 효과적으로 대화하려면 반드시 신중해야 한다. 왜냐하면 그 문화권에서는 글로 쓰여진 것보다 타인의 말을 중요시하기 때문이다. 예를 들어, 그 문화권의 기업과 제휴하려 할 때 당신이 성문화된 계약서만을 강조한다면, 말, 지위, 인간 관계 등을 중시하는 고배경 문화의 사람들의 기분을 상하게 할 것을 각오해야 한다. 대부분의 아시아와 아랍권 문화는 고배경 문화이다. 이 문화권에서는 직접적인 의사 표현을 부적절하거나 심지어는 공격적인 것으로 받아들인다. 최초로 형성해야 할 것은 그들과의 인간 관계이다.

저배경 문화에서 메시지는 오해의 소지가 없도록 전달된다. 이러한 문화에서는 성문화된 커뮤니케이션에 중점을 두고, 비즈니스에서 개인적인 인간 관계에 별로 관심을 두지 않는다. 서유럽과 북미 문화가 저배경 문화의 성격을 띤다.

■ 인사이더 되기

조직 생활을 해 오는 가운데 자신을 제외한 대부분의 다른 조직원들은 유사한 생각, 태도, 인간 관계 등을 공유하고 있고 자신은 아웃사이더라고 느껴본 적이 있을 것이다. 새로운 동아리, 회사, 종교 단체 등에 들어갔을 때 이러한 경험을 하게 된다. 이때 어떤 기분이 들었으며, 그 단체에 속하도록 어떤 노력을 기울였었는가? 대부분의 사람들이 그렇듯이, 아웃사이더가 되는 것은 피하고 싶은 경험일 것이다.

까다로운 조직에 흡수되기 위해서는 노력, 인내심, 커뮤니케이션 기술이 필요하다. 때로는 인사이더들이 아웃사이더를 조직에 융화시키기 위한 노력이 최선의 해결책이 되기도 한다. 조직의 리더에게 자신의 처한 상황—아웃사이더가 되고 있다는—을 이메일로 알리고 조언을 구하는 것도 생각해 볼 수 있다. 이메일에는 자신이 지금까지 어떤 노력을 기울여 왔는지도 포함하도록 한다.

다음은 고배경 문화와 저배경 문화의 차이점이다.

① 커뮤니케이션 체계

고배경 문화에서는 말하는 사람과 듣는 사람이 문맥상의 의미를 파악하기 위해 협조해야 하는 반면에, 저배경 문화에서는 때때로 일방적인 커뮤니케이션을 선호한다. 예를 들면, 저배경 문화권인 독일이나 스칸디나비아 지역에서는 매우 직접적이고 결론이 명시되어 있는 메모나 메시지가 통용된다. 이런 메시지들은 혼란이나 오해 없이 바로 이해된다. 그러나 한국이나 중국과 같은 고배경 문화권에서는 정중한 어투를 사용하고 결론은 간접적으로 표현되고 가장 나중에 쓰여진다.

② 피드백

고배경 문화에서는 피드백이 커뮤니케이션의 가장 중요한 수단이지만, 저배경 문화에서는 그렇지 않다. 예를 들어, 나이지리아와 같은 저배경 문화에서는 사람들로부터 나온 정보보다는 외부의 정보를 더 신뢰한다.

③ 단어와 문장의 의미

고배경 문화에서는 같은 단어와 문장이 듣는 사람에 따라서 다르게 이해될 수도 있다. 저배경 문화에서는 각각의 단어와 문장은 한 가지의 의미만을 가진다. 예를 들어, 스페인어의 manana와 아랍어의 bukara는 둘 다 고배경 문화의 단어인데, '내일'이란 의미로 해석된다. 하지만 문맥에 따라서 이 단어가 '미래에 언젠가'를 의미할 수도 있다.

표 5-2 저배경 문화와 고배경 문화의 차이

저배경 문화	고배경 문화
일방적인 커뮤니케이션이 가능	말하는 이와 듣는 이가 문맥상의 의미를 파악하기 위해 서로 협조
의미 파악에 피드백이 별로 중요하지 않음	의미 파악에 피드백이 매우 중요
단어와 문장은 하나의 의미를 가짐	단어와 문장은 청취자에 따라서 다르게 해석될 수 있음
커뮤니케이션의 성공 여부는 청취자에 달려 있음	커뮤니케이션이 성공하려면 양쪽의 협조와 협상이 필요

그림 5-1 고배경 문화와 저배경 문화의 특징

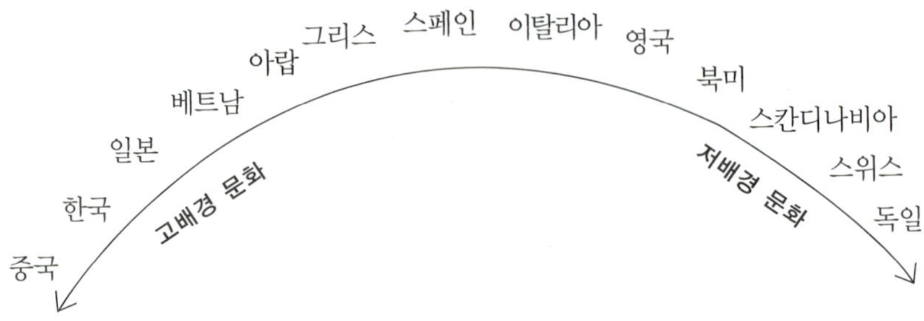

고배경 문화		저배경 문화
-사회적 지위, 신분 중시	↔	-실제 내용 중시
-신용에 의한 인간 관계	↔	-능력, 계산 관계
-의식, 절차, 대면 협상	↔	-법, 규정에 의한 협상
-시간 윤회 사상	↔	-시간은 돈
-고위층 중심	↔	-담당자 중심
-느린 협상	↔	-신속한 협상
-비공식적 거래	↔	-공식적 거래
-개인의 신용 보증	↔	-문서, 계약 보증

출처: M. Munter(1993). "Cross-Cultural Communication for Managers," *Business Horizons*, May-June, 1993, Figure 3, p. 72; W. Keegan & M. Green, *Principles of Global Marketing*, Englewood Cliffs: Prentice-Hall, 1997, p.87 참조.

④ 커뮤니케이션의 성공 여부

고배경 문화에서 커뮤니케이션이 성공하려면 대화자들 사이의 협상이 필요하지만, 저배경 문화는 커뮤니케이션의 성공 여부가 대부분 청취자에게 달려 있다. 저배경 문화에서 청취자들은 직접적인 메시지를 정확히 이해하고, 불명확할 때는 질문을 해서 확실히 이해해야 한다. 그러나 고배경 문화에서는 청취자가 잘 이해하지 못하는 것을 부끄럽게 생각하므로, 말하는 사람이 계속 간접적이고 모호하게 말하도록 놓아둔다. 그러므로, 이러한 문화권에서는 커뮤니케이션의 성공이 듣는 이와 말하는 이 모두의 책임이다.

6 문화 간 커뮤니케이션 능력 향상

다른 문화권 사람들과 소통하는 것을 문화 간 교류라고 한다. 문화적 배경이 다른 사람들이 대화할 때, 사람들은 자기 자신의 문화적 기반에서 대화하거나 상대 문화권에서 온 사람들에 대한 일반적인 이해에 기초한다. 자국의 문화를 중심으로 타문화를 이해하려는 시도는 그다지 바람직하지 않다. 타문화 자체를 이해하려고 하는 것이 더 바람직한 방법이다. 다른 문화에 놓인 사람들 사이의 커뮤니케이션 문제는 대부분이 타문화에 대한 이해 부족에서 기인한다.

적절한 문화 간 교류는 두 가지 방식에 의해 성취된다. 첫 번째로, 조직에서는 모든 조직원들이 개방적이고 정직한 대화를 할 수 있도록 격려해야 한다. 많은 기업들이 잘 짜여진 다문화 이해 프로그램을 운영해서 문화 간 교류를 장려한다. 두 번째로, 유능한 커뮤니케이션을 위해 스스로 타문화 대응 기술을 개발하는 것이다.

(1) 다양한 인종의 동료들과의 커뮤니케이션

미국 기업들의 경우를 보면 단순히 다양한 인력을 채용하고 관리하는 것만으로 만족하지 않는다. 다우 케미컬(Dow Chemical), AT&T, 듀퐁(Dupont), 엑슨(Exxon), 포드(Ford), 제너럴 모터스(General Motors), 휴렛-패커드(Hewlett-Packard), IBM 등의 회사는 고등학교에서 소수 민족을 선발한다. 이렇게 선발된 학생들은 여름방학 동안 연구개발 프로젝트에 투입될 뿐 아니라, 특수 박물관과 연구실을 견학할 수도 있다. 이런 활동을 통해 소수 민족 학생들은 학업을 장려받으며 미래의 취업 계획도 세울 수 있다. 유에스 웨스트(U.S. West)는 직원들에게 다양성의 장점에 대해 교육하고 채용 대행사에게 다양한 민족으로 구성된 지원자 리스트를 만들도록 함으로써 다양성을 장려한다. 코닝(Corning)은 사내 소식지에 다양성의 가치에 대한 이야기와 기사들을 싣고 다양성을 추구하는 종업원을 칭찬한다. 쿠어스 브루잉 사(Coors Brewing Company)

는 급진적이고 성차별이 있는 회사라는 이미지에서 다양성을 추구하는 회사로 이미지 변신을 시도했다. 워크숍과 연수를 통해 쿠어스 사는 동성애자 무도회, 유방암 검진 프로그램, 아프리카 전통 문화 행사, 문맹 퇴치 프로그램 등을 운영했다. 쿠어스 사는 손상된 회사 이미지는 매출에만 영향을 주는 것이 아니라, 소수 인종의 우수한 인재를 채용하는 것 또한 어렵게 만든다는 사실을 깨달았다.

조직 내의 문화적 다양성을 증진하기 위해서 기업이 추진할 수 있는 방법들은 다음과 같다.

① 다양한 문화의 직원들이 함께 어울릴 수 있도록 장려한다.
② 문화적으로 다양한 직원들이 함께 지식과 기술을 연마하도록 한다.
③ 인종이나 지위가 아닌 업무 능력에 기초를 둔 객관적인 직무 평가가 이루어지도록 한다.
④ 문화의 다양성이 주는 이점에 중점을 둔 업무 분위기를 창출한다.

개개인들은 문화 간 교류 능력을 개발하기 위한 첫 번째 단계로서 문화적 다양성을 수용해야만 한다. 문화적 다양성을 수용함과 더불어, 동기부여, 고정 관념 타파, 차이점에서 배우기의 세 단계를 통해 문화 간 교류 능력을 배양해야 한다.

① 동기부여

유능한 문화 간 교류 전문가가 되려면 동기가 수반되어야 한다. 이러한 형태의 동기는 적절하고 효과적인 방법으로 대화하고자 하는 매우 진지한 흥미를 이끌어 낸다. 동기부여가 되지 않은 사람은 이해심과 대화 기술을 개발하기 쉽지 않다. 조직은 다양성 확보를 위한 여러 활동을 통해 동기를 부여할 수 있다. 많은 기업들은 다양성과 성희롱 관련 정책들을 공지하고 이에 관한 대화를 유도한다. 특별히 다양성을 장려하는 조직들로는 여성과 소수 인종을 우대하는 미국의 딜로이트 & 터치(Deloitte & Touche)와 AT&T와 같은 회사를 들 수 있다. 또 다수의 기업들이 장애인을 위한 비영리 조직을 후원한다. 이러한 기업들은 다양성을 장려하고 직원들이 유능한 문화 간 교류가가 되도록 동기를 부여한다.

다음과 같은 방법으로 문화적 민감성을 개발한다면 가치 있는 조직원이 될 수 있을 것이다.

첫째, 문화적 다양성을 위한 기업의 계획에 대해 최선을 다해 공부하라. 기업이 장려하는 계획과 정책에 대해 질문하고 꼼꼼하게 읽어 본다.

둘째, 문화적 민감성을 잘 실현하고 있는 역할 모델을 찾는다. 그 사람에게 효과적인 문화 간 교류의 보상에 대해 물어 본다. 이 잠재적 보상들을 좀 더 문화적으로 민감해질 수 있는 동기부여의 수단으로 활용한다.

셋째, 스스로의 동기부여 시스템을 파악한다. 자신은 외부 보상에 의해 동기부여되는가? 그렇다면 문화적 다양성이 부여하는 유형의 이득(보상, 인정, 승진)에 대해 생각해 보라. 내부 보상에 더 민감하다면, 다양성을 자신의 가치관과 신념(옳은 일을 한다는 만족, 이타주의)을 추구하는 수단으로 여기도록 한다.

② 고정 관념 타파

고정 관념이란 사람이나 집단의 특성을 그들의 태도, 행동, 능력, 윤리관, 습관 등을 일반화해서 정의하는 것을 말한다. 고정 관념은 우리가 다른 사람을 인식할 때 강력한 영향을 미친다. 다른 문화의 어떤 한 사람과의 관계에서 어려움을 겪었다면, 고정 관념은 그 문화 집단의 모든 사람이 그러할 것이라고 믿게 만든다. 예를 들어, 이탈리아인 직장 동료와 매우 격한 토론을 했다면, 그것을 그 사람의 성격이라고 생각하기보다는 이탈리아 문화 자체를 '다혈질'이라고 일반화할지도 모른다. 고정 관념이 한

번 형성되면 고치거나 완화하기가 매우 힘들다.

고정 관념의 우선적인 문제점은 '자기 최면'에 빠질 수 있다는 것이다. 어떤 문화의 사람은 어떻게 행동할 것이라는 고정 관념을 갖고 있다면, 실제로서 그렇게 된다는 것이다. 남미인과 팀을 이루어 일할 때, 모든 남미인은 게으르고 목표 의식이 없다는 선입견을 가진다면, 당신의 대화와 태도 속에 그러한 고정 관념이 드러난다. 즉, 그 남미인에게 필수적이거나 자세한 정보를 가르쳐 주지 않을 수도 있고, 의도적으로 그 사람을 따돌릴지도 모른다. 자신의 고정 관념 자체가 그 사람에게 해당되지 않더라도 제멋대로 그 사람의 행동을 게으른 것으로 간주할 것이다. 남미인이 게으르다고는 할 수 없다. 부정확한 고정 관념들이 문화간 교류에 악영향을 주고 있다.

유능한 커뮤니케이션은 특정 집단에 대한 부정적이거나 비판적인 고정 관념을 바꿀 수 있다. 이는 물론 쉬운 일은 아니다. 그러나 부정적인 고정 관념을 최소화할 수 있는 검증된 방법들이 있다. 커뮤니케이션은 기존의 고정 관념을 바꾸고 희석시키고 수정하도록 변화시킨다. 고정 관념의 변화는 자신이 직접 특정 문화의 긍정적인 면을 경험했을 때 쉽게 이루어진다. 여성이 남성에 비해 비언어적인 표현에 더 민감하다거나, 일본인은 매우 상냥하다는 등의 긍정적인 이미지가 기존의 부정적인 고정 관념을 변화시킨다. 시간이 지날수록, 특정 문화에서 긍정적인 측면이 얼마나 많은지 깨닫게 될 것이다.

특정 문화 집단에는 단 한 개의 집단이 아닌 수많은 하위 집단이 존재한다는 것을 깨달음으로써 고정 관념을 제거할 수 있다. 어떤 문화 집단의 모든 구성원이 공통의 특성을 지닌다는 것은 비현실적이다. 고정 관념을 없애고, 구성원이 더 작고 특정한 집단에 속했음을 인식해야 한다.

마지막으로, 문화의 구성원을 개개인으로 인식함으로써 고정 관념을 분해해야 한다. 즉, 고정 관념 자체를 없애야 한다. 왜냐하면 인간이란 어떤 집단에 속했느냐에 상관없이 스스로 생각하고 행동하고 대화하는 인격체이기 때문이다.

고정 관념을 분해하려면 개인적으로 알고 있는 특정 문화 집단의 구성원의 독특한 가치를 깨닫고 주목하고 강조해야 한다. 다음의 예는 개개인이 얼마나 독특한가를 나타낸다. 회사의 직원 식당에서 몇 명이 점심을 먹고 있다. 한 사람이 "다들 K의원 형제 알지? 완전히 전형적인 정치인이야. 그들은 일할 때는 얌전하지만, 놀 때는 열정적이더군"이라고 말하자, 다른 사람들이 반박했다. "무슨 소리 하는 거야? 형은 항상 외향적이고, 동생은 어디에 있거나 내성적인데 말이야……." 또 다른 사람은 이렇게 말했다. "심지어 동생은 술도 마시지 않던데……." 이 이야기에서 알 수 있듯이, 고정 관념은 다른 사람들의 객관적이고 개인에 중점을 둔 평가로 인해 소멸될 수 있다.

③ 차이점에서 배우기

어느 문화도 항상 옳은 것은 아니다. 아랍, 라틴 아메리카, 아프리카, 슬라브, 아시아, 백인 문화 모두 그들만의 본질적 가치를 가지고 있다. 문화적 다양성을 융합하는 것은 도전적이고 창조적인 일로서, 더 나은 결정을 내리게 하여 대화자로 하여금 뛰어난 행동을 할 수 있게 하는 좋은 기회가 된다. 문화적 다양성을 부담이 아닌 기회로 여길 경우 커뮤니케이션 능력은 놀라울 정도로 신장된다.

더욱이 비즈니스가 처한 모든 문제들이 자국인의 관점으로만 해결될 수는 없다. 남성, 여성, 장애인, 여러 나라 인종들, 다양한 연령층 등 모든 이의 입장을 고려해야 한다.

문화적 다양성이 작업 환경에서만 존재한다면 풍부하고 다양한 배경과 경험은 쓸모가 없게 된다. 문화적으로 다양한 직원들이 그들의 다양성을 이용해 기발한 해결책을 발전시키려면 한 가지 정답만을 인식하는 것으로는 불가능하다. 창조성은 다양성을 인정하는 데서 극대화될 수 있다. 어느 연구에 의하면 다양한 인종으로 구성된 그룹이 단일 인종으로 구성된 그룹보다 능력이 더 뛰어났다고 한다.

문화적으로 다양한 직원을 채용해 성공한 사례가 미국의 〈USA 투데이(*USA Today*)〉이다. 가넷 뉴스 미디어(Garnett News Media)의 사장인 우드헐(Nancy Woodhull)은 매일의 신문 모임에서 문화적으로 다양한 사람들의 도움을 받아 문화적 창조성, 풍부한 다양성으로 신문의 성공적 판매를 이루었다. 다양성의 또 다른 이점은 상품의 마케팅이다. 문화적으로 다양한 고객의 의견을 마케팅에 반영하는 것이다. 다양한 문화 그룹을 대표하는 사람들은 소비자의 필요와 욕구를 좀 더 잘 파악할 것이다.

(2) 문화 간 커뮤니케이션 기술 개발

유능한 문화 간 교류는 동기부여시키고, 고정 관념을 변화시키며, 다양한 문화의 동료들로부터 배울 것을 필요로 한다. 이러한 과정은 문화적으로 다른 사람들과 대화하는 기술을 발전시키고 이용하는 기초를 제공할 것이다. 다음은 유능한 커뮤니케이션 전문가가 되는 데 도움이 되는 방법이다.

① 대화의 틀을 이용하라

효과적인 대화는 피드백을 통해 보내고 받은 메시지를 이용한 연속적 과정에 의해 이루어지는 것을 기억하라. 감각적 문제, 편견과 같은 경우를 피하기 위해서 당신과 다른 문화에 있는 대화자와 의미 교환을 하기 위해 열린 대화와 피드백을 사용하라.

② 자신을 정의하라

자신의 문화 정체성은 무엇인가? 자신의 성, 민족, 배경의 고정 관념에 자신은 적합한가? 자신의 사회적 지위, 교육 배경이 사람들이 보는 관점에 부합되는가? 다른 사람들이 자신을 바라보는 관점에 만족한가? 만일 그렇지 않다면 다른 사람들의 고정 관념을 깨기 위해 무엇을 할 것인가? 자신의 인격과 자신이 어떻게 보이는가를 아는 것이 문화적으로 다른 사람들과 대화하는 첫걸음이다.

③ 대화에 책임을 져라

다른 사람들이 효과적인 대화를 위해 노력하고 있다고 추정하지 말자. 사실 그들은 문화적 근시를 경험하고 있다고 보는 것이 안전하다. 상황마다 지도자로 행동할 동기를 부여하며 의미 있는 메시지 교환을 할 수 있는 전략을 세우도록 한다. 예를 들면, 다른 사람 혹은 그들의 직업에 관심을 보이는 질문을 미리 준비하는 것이다.

④ 타인의 긍정적인 면을 찾아보라

타인의 문화적 특성을 잠시 잊어버리고, 그 사람의 장점에 관심을 가지자. 자신의 친구 혹은 가족에게서 자신이 고마워하고 있는 특징을 생각하라. 다른 사람의 긍정적인 요소를 발견하는 데 이러한 점을 이용하라. 다른 사람의 장점에 관심을 기울이는 것은 문화 간 교류의 시작이다. 다른 사람의 장점을 칭찬하는 데 다른 사람의 개성(유머 감각, 섬세함, 자상함), 지성, 행동(선행, 업적)을 이용할 수 있다.

⑤ 감정적 의미에 주의를 기울여라

사람들은 당신에게 그들의 생각, 느낌을 말로 하지 않고도 많은 것을 말할 수 있다. 그 사람의 목소리, 몸동작, 심지어 자세까지 감정적 의미를 제공한다. 감정적 의미와 함께 말을 할 경우 가장 잘 전달된다. 감정적 의미를 들음으로써 다른 사람의 동기와 의도를 잘 이해하여 같은 문화의 사람보다도 다른 문화의 사람과 더 나은 대화를 할 수 있다.

⑥ 불명확할 경우 질문하라

다른 사람이 말한 의미를 잘 이해하지 못했다는 것을 인정하는 것은 수치스러운 일이 아니다. 오히려 몇 가지 면에서 이것은 좋은 반응이다. 명료함을 요구하는 것은 다른 사람이 의미하는 것을 잘 이해한다는 것이고 당신이 의미를 잘 이해하기 위해 관심을 기울이는 것이다. 예의 바르게, 효과적으로 명료함을 요구할 수 있다. “미안합니다. 당신이 말한 것을 잘 이해하지 못했어요”, “실례합니다. 이것이 당신이 말한 내용입니까?”, “그러면, 화요일은 보고하기에 너무 늦나요?”

⑦ 인내심을 가져라

문화 간 교류는 시행착오의 과정이다. 다른 사람이 의미하는 것을 이해하기 위해 몇 가지 단계가 필요하다. 당신의 대화 상대자도 당신이 그러는 것처럼, 대화할 때 아마도 좌절할 것이라는 것을 기억하라. 대화를 천천히 하라. 문제를 회피하고 싶은 유혹을 피하라. 일단 당신이 특정의 대화 문제를 해결한다면, 다시는 같은 종류의 대화 문제에 대해 걱정할 필요가 없어질 것이다.

⑧ 문화적으로 다른 사람들을 당신의 사회적·업무적 집단에 포함시켜라

대화 기술은 사용되고 연습할수록 발전된다. 다른 문화의 사람들을 당신의 그룹에 초대하는 것은 그들과 당신에게 문화적 차이를 극복할 다리를 놓아줄 기회를 주는 것이다. 사교적 기회는 근무 시간뿐만 아니라 근무 외 시간에도 존재한다. 어떤 사람과 함께 커피를 마시는 것은 그 사람의 일 혹은 인간성에 대해 흥미 있는 면을 볼 수 있게 해 준다. 다른 문화의 사람과 점심을 같이 먹는 것은 당신의 문화적 시야를 열게 해 준다.

⑨ 추측할 때는 융통성 있게 하라

다른 문화의 사람을 만날 때 이미 그 문화에 대한 특정한 가정을 가지고 있는 것은 매우 위험한 일이다. 다른 문화에 대한 추측의 대부분은 정확하지 않을 수 있다는 것을 명심하라. 다른 문화에 대한 융통성 있는 추측은 그 문화의 사람에 대한 열린 마음을 가질 수 있게 한다.

7 보다 나은 문화 간 커뮤니케이션 단계

글로벌 시장에서 효과적으로 대화하는 것은 다른 회사의 문화가 이해되고 존중받아야 한다는 것을 전제로 한다. 이는 다양한 문화 집단 사람들과의 적절하고 효과적인 대화에 도움을 주는 이해와 지식을 발전시키는 과정이다. 이해의 과정은 다른 문화와의 커뮤니케이션을 발전시키는 문화 간 기술의 발전이다. 이제까지는 문화를 배우고, 언어를 공부하고, 언어학적인 도전을 인식하는 것과 같은 세계적 커뮤니케이션에 대한 일반적 원칙을 살펴보았다. 다음은 언어적, 비언어적, 문서화된 대화 기술을 비롯하여, 적절한 전달 수단을 결정하는 방법을 살펴보고자 한다.

글로벌 비즈니스 환경에서 주의해야 할 것은 "언어 자민족 중심주의"이다. 한 언어가 다른 언어보다 우월하다고 믿는 것이다. 어떤 문화들은 언어에 그 뿌리를 두고 있으므로, 그 나라들에서는 언어를 보호하려 하고, 다른 나라 말을 배우는 것을 꺼려 한다. 반면에, 어떤 문화들은 문화와 전통에서 언어에 의존하는 비중이 높지 않다. 해결책은 어떤 문화가 언어적인 자민족 중심주의를 가지고 있는지 파악해서 그러한 언어적 자긍심의 배경을 이해하도록 노력하는 것이다. 특정 언어의 단어, 문장, 은유, 심지어는 일화의 배경을 이해한다면 해당 언어와 전통 문화에 대한 관심을 상대에게 보여줄 수 있다.

언어적으로 폐쇄적이지 않은 문화에서 조차, 문화와 커뮤니케이션은 따로 분리하여 생각할 수 없다. 문화는 항상 언어적이고 비언어적인 메시지에 반영된다. 그러므로 비즈니스를 펼치고자 하는 나라와 신뢰를 쌓으려면 그 나라의 문화를 이해하는 것은 필수적이다. 처음에는 다른 언어를 사용하는 것이 글로벌 비즈니스에서 가장 큰 언어상의 장애 같지만, 같은 언어를 사용하는 경우에도 언어의 사용법, 억양의 차이 등도 문제점을 야기한다. 많은 사람들이 일반 영어 사용자와 다른 억양이나 발음을 가진 사람들을 지적이지 않은 것으로 착각한다. 그러나 억양이나 발음은 지성의 척도가 아니다. 일본인들은 때때로 l과 r발음을 어려워 한다. 아랍인들은 g와 j발음을, 한국인과 필리핀인들은 b와 v를 발음하는 데 어려움을 겪는다. 영어권 사람들은 스페인어의 r과 j를, 불어의 r과 e, 독어의 억양을 습득하는 것을 어려워한다.

■ 적절한 경로 선정하기

메시지를 보내기 전에 어떠한 방법이 가장 효과적인지 결정하는 것이 좋다. 고려해야 할 통신 수단이 기술적으로 가능한 것인지 알아보는 것이다. 컴퓨터, 전자메일, 팩스와 같은 진보적인 기술은 커뮤니케이션을 용이하게 만들어 주었지만, 다른 문화권에서는 이러한 통신 기술이 가능한지와 적합한지를 파악하여야 한다. 어떤 메시지는 다른 메시지에 비해 특정한 미디어를 통해 전달될 때 더 효과적이다. 이러한 사실은 다른 문화와 교류할 때 매우 중요하다. 어떤 문화는 문어(文語)보다는 구어(口語)에 더 잘 반응한다. 인간 관계와 신용을 중시하는 고배경 문화는 구어를 중요시하며, 저배경 문화는 문어를 중요시한다. 고배경 문화에서는 문어가 공격적으로 느껴질 수도 있다. 예를 들면, 포드(Ford) 자동차 회사는 이탈리아의 페라리(Ferrari)와 협력하여 미국에서 페라리 이름을 사용한 자동차를 생산하기로 했다. 계약은 악수로써 성사가 되었다. 포드는 바로 변호사를 이탈리아로 보냈다. 페라리는 악수로써는 부족했다는 것에 대해 모욕을 느꼈고, 계약은 실패로 돌아갔다.

(1) 언어적 커뮤니케이션 기술

언어적 표현은 문화, 사람, 청중의 지식을 반영하여야 한다. 이 점은 리코(Ricoh) 회사에 값진 교훈을 남겼다. 리코는 리코 복사기를 구매할 수 있는 직장인들에게 인기가 있는 광고 시리즈를 시작하였다. 어느 광고에서 젊은 남자가 입술과 볼에 립스틱 자국이 나 있고(여성으로부터 키스를 받았다는 뜻), 다른 광고에선 여자가 그녀의 사무실에서 장미를 받는 광고였다. 두 광고에서 리코 복사기를 구입한 보상으로 이런 대접을 받는 것을 보여준 것이다. 리코는 이 광고를 스페인어, 불어, 독어로 번역하여, 유럽 전역에서 광고를 했다. 이 광고는 영국, 덴마크 사람들에게 불쾌감을 주어 리코는 여성주의자들에게 비난을 받게 되었다고 한다.

언어적 표현은 직접/간접, 공식/비공식 성향을 이해한 상태에서 만들어져야 한다. 고배경 문화는 직접적인 것을 부적절하게 여기고 점진적으로 진행시켜 결론으로 이끈다. 반대로 저배경 문화는 직접성을 개방, 정직으로 간주하여 결론을 먼저 이끌어 낸다. 종종 이러한 경향은 서열과 지위를 반영한다. 예를 들어, 한국에서 직급 서열은 분명하고 존중되어야 하는 것으로, 상급자의 명령을 거스르는 것은 용납되지 못한다. 남미에서는 가족을 가장 중요한 단위로 생각하므로, 바람직한 가족을 구성하지 않고서는 사업을 수행하기 어렵다.

언어적 표현은 또한 분명하고, 이해할 수 있으며, 문화에 부합하여야 한다. 정확한 단어와 문장으로 말해야 한다. 다음과 같이하면 분명한 의미를 전달하는 데 도움이 될 것이다.

① 집중할 수 있도록 할 것

소음을 줄이고 대화로 이끌 수 있는 장소를 찾아라. 자동차 소음, 잡담과 같은 물리적인 소음과 집 생각 같은 마음의 소음이 모두 포함된다.

② 표준 언어를 사용할 것

속어, 특정 문화에만 속하는 은유적 표현은 잘못된 인상을 줄 것이다. 번역가조차도 이러한 것을 정확하게 표현하기가 어려울 것이다.

③ 단순, 분명하게 묘사할 것

이해하기 쉬운 단어, 문장을 사용하라. 정확한 묘사를 위해서 당신의 생각을 바꾸도록 노력하라. 명확성을 위해 자문을 구해보라. 어떤 문화권에서는 의미를 잘못 전달하는 것을 허용하지 않으므로 의미가 잘 전달될 수 있게 자문을 구하라. 이해가 잘 되지 않을 경우 질문하는 것이 바람직하다.

④ 사람과 회사의 이름을 정확히 말할 것

우리의 이름은 우리의 실체이며, 다른 사람들이 정확하게 알기를 바랄 것이다. 상대방 이름을 정확하게 발음하여 자동적으로 말할 수 있을 때까지 연습하라. 회사 이름도 마찬가지이다. 타인의 성을 함부로 부르는 것은 바람직하지 않다.

⑤ 요약할 것

당신의 의미와 의도를 요약하거나, 다른 방법으로 말하는 두 가지 방법이 있다.

(2) 비언어적 커뮤니케이션 기술

비언어적 행동은 문화마다 다르며, 구어보다 대화에서 더 중요한 수단이다. 대화를 효과적으로 하기 위해 자세, 제스처, 눈맞춤, 표정, 어조, 목소리와 같은 비구어적 표현을 잘 알아야 한다. 우리 문화에서의 어떤 표현이 다른 문화에서는 전혀 다른 의미로 사용되기도 한다. 예를 들어, 미국에서 엄지 손가락을 치켜 세우는 것은 '일을 잘했다'라는 의미이지만, 호주와 나이지리아에서는 무례한 표현이다. 미국에서 상대방 눈을 보며 이야기하는 것은 보편화되었지만 동양에서는 그러하지 못하다. 중동, 스페인, 이탈리아, 그리스에서는 친한 동료를 대화 중 만지는 것이 보편화되었지만, 북미, 영국, 일본에서는 대화 중 상대방을 만지는 것이 어색한 표현이다.

세계화된 환경에서 비언어적 표현을 향상시키는 방안은 다음과 같다.

① 인사 방법을 배울 것

서로 만나는 분위기는 인사에 의해 정해지며 따라서 문화에 따른 인사 방법을 배우는 것은 중요하다. 악수도 호주의 정열적인 악수에서 지중해 지방의 점잖은 악수까지 다양하다. 어떤 문화는 다른 방법에 의해 인사받기를 바랄 경우도 있다. 예를 들면, 알제리에서는 포옹하는 것이 인사이며 포옹을 안 할 경우 불쾌해 할 수도 있다. 인사는 오래 지속되는 인상을 주기 때문에 국제 사회에 나갈 경우 상대방의 인사 문화를 알아야 한다.

② 공간과 접촉의 척도를 배울 것

많은 문화들이 공간과 접촉에 있어서 서로 다른 관점을 가지고 있다. 이러한 이유로 특정한 문화에서는 당신이 낯설 수 있다. 예를 들어, 베네수엘라에서는 서로 마주 할 때 매우 가까이 있는 것을 선호하며 멀리 있는 것을 무례하다고 생각한다. 반대로 영국에서는 미국인들보다도 더 멀리 떨어져 있는 것을 선호한다. 신체 접촉도 중요한데 적당한 접촉을 못할 경우 사업적인 영역에서 유대 관계 형성이 어렵다.

③ 눈맞춤하는 방법을 배울 것

눈맞춤 방식도 문화마다 차이가 있다. 어떤 문화는 눈을 뚫어지게 똑바로 쳐다보며, 한국과 같은 문화에서는 눈빛을 약간 아래로 쳐다 본다. 눈맞춤 방법을 자기 나라 식으로만 따라서 하지 않도록 한다.

(3) 문서를 통한 커뮤니케이션 기술

앞에서 언급한 내용에 덧붙여, 다양한 문화의 사람들과 문어적 대화에 대해 고려해보자.

첫째, 글을 가능하면 대화 상대자의 언어로 번역하려고 노력하라. 그러면 상대방이 좀 더 쉽게 읽을 수 있을 것이다.

둘째, 고배경 문화는 당신과 당신 회사에 대하여 좀 더 많은 지식을 필요로 한다. 만일 자신이 고배경 문화에 사는 상대방에 대하여 잘 모른다면, 가능하면 길고 자세하고, 개인적인 문서로 커뮤니케이션하라. 반면, 자신이 그 혹은 그녀에 대해 잘 알고 있으며, 계약 혹은 반복적인 계획을 마무리짓기 위해 글을 쓴다면 간결하게 작성하라. 이런 경우에서는 불필요하게 긴 문서는 불쾌감을 줄 수 있기 때문이다. 저배경 문화는 반대로 완벽하고 철저하게 쓰여진 문서를 선호한다.

셋째, 외국인들은 우리나라 사람과 다르게 반응할 수도 있다. 자신이 생각하는 것보다 더 형식적 아니면 더 비형식적인 것을 원할 수 있다. 예를 들어, 프랑스 사람들은 친필을 더 예의 있게 생각한다. 타이프 친 편지 혹은 계약서는 당신이 무엇인가를 숨기고 있다고 생각할 수 있으므로 친필로 쓴 편지 혹은 메모로 편지를 보내는 것이 바람직하다.

넷째, 대화 내용은 간결, 명확, 정중, 완벽, 정확하게 하는 것이 좋다.

8 공유된 문화 형성하기

상대방의 문화를 이해하는 것이 언제나 가능한 일은 아니다. 시간 제약, 언어 장벽, 문화 간 미묘한 차이가 상대방의 이해를 어렵게 한다. 대신에 귀하는 상대방과 공유된 문화를 만들 수 있다. 공유된 문화는 다른 문화의 사람과 같이하는 언어, 믿음, 행동 체계이다. 우리는 상대방과 똑같은 태도, 가치를 공유하지는 못하지만 적어도 상대방의 감정과 감각을 이해할 수는 있다. 마치 두 연인이 공유감, 친밀감을 느끼듯이 상대방에 대한 공감을 형성할 수 있는 연결고리를 만들 수 있다. 네덜란드 사업가가 일본 사람과 이야기할 때 영어를 사용하듯이 영어는 정확한 의미 전달을 위한 공유된 언어로 이용된다. 나이지리아 사람과 미국 사람들은 저녁 식사를 하며 사업 이야기를 할 때 자국의 음식으로 식사를 하지 않고 중국 음식을 먹는다. 양쪽 문화에 모두 친숙한 음식이기 때문이다. 언어와 음식은 공유된 문화를 형성하는 데 단순하지만 중요한 수단이다. 공유된 문화를 어떻게 발전시키는가에 따라 서로가 교환하고자 하는 의미를 이해하는 데 중요한 역할을 할 것이다.

연습 문제

1. 이문화 간 사람들과의 커뮤니케이션을 직접 말하기와 서신으로 전달할 수 있는 다양한 도구가 많이 발달되어 있다. 다음 도구들의 특징을 정리하고 발표하시오.

커뮤니케이션 도구		특 징
말하기	음성 메일 인터넷 전화 전화 회의 화상 회의 기타	
문서 작성	전자 우편 전자 게시판 기업 DB 기타	

2. 고배경 문화권에 속한 국가와 저배경 문화권에 속한 국가를 각각 선정해서 두 국가의 문화의 대표적 특징을 비교하시오.

제 6 장

커뮤니케이션의 글로벌화

세계에 1,000명이 살고 있다고 가정하면, 564명의 아시아인과 210명의 유럽인, 86명의 아프리카인, 80명의 남미인과 60명의 북미인으로 구성될 것이다.

어느 이른 아침, 출근 후 모닝 커피를 마시면서 하루의 계획을 생각하고 있었다.

그때 상사로부터 몇 분 후에 자신의 방으로 오라는 전화가 걸려 온다. 바쁜 일정을 재조정하라는 용건이 아니기를 바라며, 복도를 걸어 내려갔다. "그래, 당신 중국어 실력이 어느 정도지?" 상사가 묻는다. 이 말을 듣는 순간 "3년 간 베이징(北京) 지사로 발령받을지도 모른다"는 생각을 하게 될 것이다.

세계가 글로벌화됨에 따라 위와 같은 시나리오는 흔한 일이 되어 버렸다. 기업이 경쟁력 강화를 위해 다른 나라로 진출하려 할 때 중국어 실력만 있으면 중국에서 사업이 성공할 수 있다는 속단을 한다. 다국적 조직에서 성공하는 데 필요한 커뮤니케이션의 다양하고 심도 깊은 요소들을

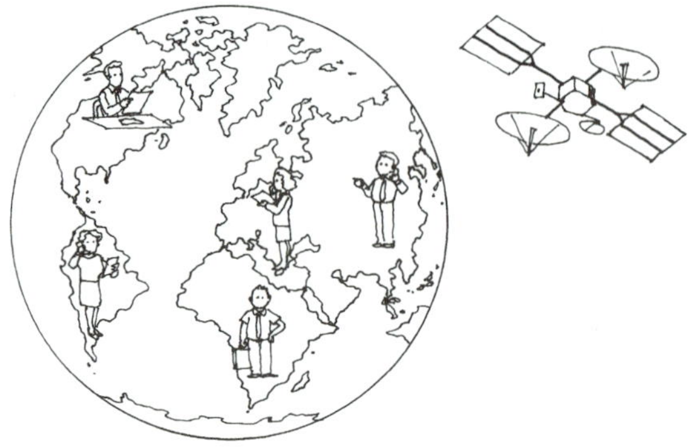

살펴보고자 한다.

기업 활동은 더 이상 한 나라에만 국한되는 것이 아니다. 한 나라나 한 지역에만 국한되는 비즈니스 활동은 거의 없다. 세계는 점점 좁아지고 있고, 무한 경쟁 시대에서 생존하려면 경쟁력 있는 글로벌 시장으로 진출해야 한다. 전직 관료인 리처드슨(Elliot Richardson)은 글로벌 시장에 대한 압력을 다음과 같이 묘사한다. "글로벌 경제의 출현은 다양한 글로벌 비즈니스를 출현시켰다. 이러한 출현들로 인해, 세계 시장을 외면하는 기업은 저렴한 비용과 앞선 기술력을 확보하지 못해 경쟁에서 뒤쳐질 것이다." 더욱이 이러한 글로벌화 경향은 비즈니스 영역에만 국한되는 것이 아니다. 의료, 교육 등 모든 영역에서 글로벌화가 진행되고 있다. 글로벌화의 중요성이 증대됨에 따라 효과적인 글로벌 커뮤니케이션 또한 중요시되고 있다. 여전히 일본이 경제대국임에는 틀림없지만, 유럽연합(EU)이나 중국, 인도, 남미 또한 세계 시장에서의 영향력이 증대되고 있다. 미국 기업들도 재화와 용역의 해외 판매가 급증함에 따라 해외 진출이 활발하게 이루어지고 있다. 잘 알려진 대표 기업들로 콜게이트(Colgate), 질레트(Gillette), IBM, 코카콜라(Coca-Cola), 휴렛-패커드(Hewlett-Packard), 디지털(Digital), 다우 케미컬(Dow Chemical) 등이 있는데 이 기업들은 매출액의 반 이상을 수출에 의존하고 있다.

글로벌 비즈니스의 증가로 다른 언어를 사용하고, 다른 문화권에서 왔으며, 다른 비즈니스 가치관과 규칙을 채택하고 있는 사람들과 효과적으

로 커뮤니케이션할 필요성이 더욱 중요시되고 있다. 지구상에는 대략 2,800개의 다른 언어가 사용되고 있지만, 앞서 언급한 것처럼 언어의 차이는 글로벌 비즈니스 환경에서 야기되는 많은 문제들 중 단지 하나일 뿐이다. 문화적 차이가 훨씬 더 큰 어려움을 낳는다. 미국 기업의 마케팅 매니저의 예를 들어보자.

그녀는 동유럽 국가들을 지금까지도 아무 생각 없이 "공산주의에 의해 통제되는 국가들"로 간주한다. 즉, 비즈니스 상대를 독립성과 창의성이 결여된 "비굴한 관료주의자들"로 보는 것이다. 그녀의 커뮤니케이션 전략과 방식은 이러한 편견을 그대로 반영해 불신과 비효율을 야기했으며, 그녀의 회사와 동유럽인들 사이에는 부정적인 감정만 쌓이게 되었다. 비록 그녀가 이러한 편견을 감추려고 노력했지만, 대화를 하면서 그녀도 모르게 속마음이 노출된 것이다.

비즈니스 활동을 하다 보면 누구나 다양한 글로벌 환경에 놓일 수 있다. 다국적 기업들은 계속 늘어나고 있다. 이러한 증가로 인해 해외 출장도 늘게 된다. 회사를 대표한 사람들이 국경을 넘어 회의에 참석하고, 금융 투자를 감행하며 재테크를 하는 것은 더 이상 희귀한 일이 아니다. 당신은 본사를 대표한 사람일 뿐만 아니라, 각 지사에서 온 다양한 국적의 사람들의 '동료'이기도 하다. 많은 다국적 기업의 직원들이 뉴욕뿐 아니라 도쿄(東京)의 회의에도 참석하곤 한다.

해당 국가의 경제적 성장과 개발은 또한 국제적 고용의 기회를 창출한다. 선진국의 인력이 막 기술적, 생산적, 그리고 금융 개발을 시작한 나라들의 컨설턴트나 기업가로 고용되기도 한다. 예를 들어, 제3세계 국가들이 중고 생산 설비를 구입하기 시작했다고 하자. 이는 컨설팅이나 마케팅 기회를 제공할 것이다. 다른 예로는 외국에서 스스로 지사를 운영하지 않는 비자(Visa)를 들 수 있다. 비자는 대신에 타국에서 자체적으로 운영되는 회사와 협력한다. 이러한 예처럼, 다른 나라, 때로는 자국에서 외국 조직에 고용되는 것은 흔한 일이며, 이럴 때에 글로벌 커뮤니케이션(global communication) 기술이 요구된다.

다른 나라로 재화와 용역을 판매할 때 가장 중요한 과제는 무엇을 팔고 있는지를 나타내는 메시지를 개발하는 일이다. 언어와 문화의 차이는 기업이 타국에서 마케팅과 광고 캠페인을 할 때 많은 장애물을 만든다. 매우 조심스럽고 양심적인 마케팅/광고 회사도 미묘한 실수를 저지를 수 있고, 이로 인해 값비싼 광고 캠페인은 거부당할 수 있다.

사례 1

어떤 회사가 판촉 브로슈어에 100개국에 지사가 있다고 써 놓았다고 하자. 그 지사 목록에는 다른 나라들과 함께 홍콩도 있었는데, 중국은 홍콩을 국가가 아닌 자치 도시쯤으로 인식함에 따라, 중국에서의 마케팅은 돌이킬 수 없는 일이 되어 버렸다.

사례 2

안경 회사가 타일랜드에서 동물이 안경을 쓰고 있는 광고를 내보냈다. 하지만 이 문화권에서는 동물이란 하등 생물체로 여겨짐으로써, 광고를 본 사람들은 모두 기분 나빠했다. 인간이 동물이 쓰는 것을 착용할 리가 없기 때문이다.

글로벌 시장을 겨냥한 마케팅 메시지가 잠재 고객에게 상처를 주거나 공격하거나 지루해 하거나 혹은 혼란시키지 않도록 하기 위해 전문화된 글로벌 마케팅 회사가 각광을 받고 있다. 이런 회사들은 목표 시장 국가의 문화에 적합하고 적절하도록 마케팅/광고 메시지를 만들거나 기존의 메시지를 개조한다.

사례 3

맨해튼의 트랜스이미지(TransImage)는 타임 워너(Time-Warner)와 같은 고객사가 6개의 언어로 연례 보고서를 만드는 것을 컨설팅한다. 트랜스이미지는 광고가 문화적인 실수를 포함하지 않도록 현지의 커뮤니케이션 전문가와 함께 일했다. 트랜스이미지는 홍콩의 한 광고의 뒷 배경에 지저분하지만 친숙한 뒷골목이 나타나 있음을 발견했다. 이러한 특정 문화에 친숙한 미묘한 장치를 통해, 광고에 대한 혼란이 최소화되고 흥미가 최대화됨을 알 수 있었다.

예를 들어, 미국 고객을 위한 상품의 브로슈어 스타일은 미국인의 관심을 끌도록 밝은 색상과 화려한 그래픽을 사용하지만, 일본에서의 브로슈어에는 사용 고객 후기나 추천사 같은 것이 훨씬 더 효율적이다. 심지어는 색상 사용도 문화에 따라 차이를 두어야 한다. 이슬람 문화권에서는 녹색 사용에 주의를 기울여야 한다. 녹색은 모하메드의 깃발 색이기 때문이다. 인도와 중국에서는 노란색 사용(인도에서는 종교와 신비의 색이고, 중국에서는 외설스러움을 나타내므로)에, 불교 문화권에서는 주황색 사용에 신중해야 한다.

6.1 경제, 비즈니스와 글로벌 커뮤니케이션

보다 원활한 문화 간 커뮤니케이션을 하기 위하여는 범세계적으로 인류문화에 있어서 경제적 역할에 대해 다시 살펴볼 필요가 있다. 경제와 문화의 관계, 문화적 긴장은 경제적 변화에 의해 생성된다는 사실에 대한 이해는 비즈니스 관점에서 문화 간 커뮤니케이션의 핵심이다. 따라서 경제, 문화와 커뮤니케이션의 관계에 대해 생각해 보고 비즈니스 측면에서 문화 간 커뮤니케이션에 대해 살펴보고자 한다.

1 경제상의 글로벌 변화

글로벌 변화란 사람들이 서로 연결되어 영향을 미치는 범세계적인 경제적, 기술적 변화를 말한다. 우리는 지금 전 세계 구석구석의 사람들이 인터넷을 통해 연결되는 세상에 살고 있다. 전 세계 어느 곳의 사람들도 스마트폰을 살 수 있고 세계 각 지역의 영화, 음악, 정보 등이 공유되고 있다. 이러한 변화는 정보와 컴퓨터 기술의 발달, 세계시장 경제력에 의해 발생된다. 이러한 변화에 대해 알지 못하면 기술적, 경제적, 문화적 이동에 수반되는 태도와 행위를 이해하기 어렵게 된다. 그리하여 새로운, 또 우리와 다른 문화적 상황에 어떻게 반응하고 대처해야 할지 모르게 된다.

앨빈 토플러(Alvin Toffler)는 우리가 다른 문화권에서 온 사람들과 잘 커뮤니케이션하는 능력에 영향을 미칠 세계적 변화의 특성 몇 가지를 다음과 같이 정리하였다.

① 사회 생활의 기본 원칙이 변화
② 시간의 재구성으로 인해 외로움과 사회적 고립이 심해진다.
③ 우리는 정보화 사회로 되어 간다.
④ 인간의 긴장은 기술 변화에 의해 저당잡히게 된다.
⑤ 옛 가치관은 기술에 의해 파괴된다.
⑥ 실제 사회의 롤모델은 선생님, 성직자, 가족들로부터 다양한 외부채널, 즉 매스미디어, TV, 신문, 잡지, 포털 등으로 바뀐다.

사회적 태도, 종교적 신념, 문화 등은 우리가 변화에 얼마나 신속히 반응하는가에 영향을 미치는 가장 중요한 기반이다. 즉, 자기들의 조상을 섬기는, 혹은 확대된 가족에 깊은 신앙의 뿌리를 두고 있는 사람들은 글로벌, 기술적 변화에 적응하는 데 보다 더 어려움을 겪을 것이다. 또 다른 측면으로는, 문화적 제품이 국경을 넘어 운반되어 갈 때 사람들 간에 어떤 일이 벌어지는지이다.

한 예로, 미국계 월트디즈니사의 드레스 코드와 상반된 드레스 코드를 가지고 있는 프랑스에서 있었던 일이다.

> 월트디즈니사는 자사의 프랑스 직원들이 디즈니사의 이미지를 고수하기 위해 수염을 면도해야 한다고 하였다. 반면, 프랑스인들은 이 요구가 그들의 문화적 규범에 몰이해한 것이라 보았다.

글로벌 변화 추세가 타국에 쉽게 회사를 이전할 수 있도록 해 주지만 이러한 것은 현존하는 습관과 생활 방식을 위협하게 된다.

디즈니사의 예에서처럼 아주 간단한 복장에 관한 것이 프랑스의 사회, 문화적 기준에는 공격적인 것이 되었다. 비록 이후에 그 드레스 코드는 변경되었으나 문화 간 관계에 준 타격은 그대로 남아 있게 된다. 이렇듯 경제적, 기술적 삐걱거림은 문화 간에 어떻게 커뮤니케이션 하는지에 영향을 미치게 된다.

다음은 글로벌화로 인하여 직장에서 발생하는 기본적 상황 변화들이다.

(1) 스트레스 수준의 상승

스트레스는 낯선자가 적응하고 시간이 흐름에 따라 성장해가는 것의 주요 부분이다.

스트레스는 외향적 행위로 나타내진다. 예를 들면, '내용을 알아듣기까지 너무 시간을 오래 끄는 전화 통화자에 대해 참을 수 없어진다'는 경우 또는 세밀한 부분을 명확히 이해하지 못하여 효율이 떨어지는 경우 등이다. 사람들이 할 일은 많은데 시간은 별로 없을 때 참을성이 없어지고 퉁명스럽고 무례해질 수 있다.

스트레스는 타인과의 상호 작용에도 작용한다.

(2) 희망의 상실

비록 미래에 대한 태도는 문화권에 따라 다르지만 희망은 미래에 대한 기대와 연결되어 있다. 즉, 미국에서는 미래가 현재보다 더 나을 것이라는 일반적인 느낌과 연계되어 있다. 대부분의 미국인들은 그들의 노력으로 다른 사람들의 부와 발전을 저해하지 않으면서 보다 나은 미래가 도래할 것이라고 생각한다고 한다. 이것은 지금까지도 미국인들의 신념이다. 희망이 없을 때 사람들은 참을성이 없어지며 희망의 부재는 문화 간 커뮤니케이션에 도전으로 작용할 수 있다.

(3) 정리해고 예감

우리의 기술이 직장에서 더 이상 쓸모없게 될 수 있다는 느낌은 두 배로 삶의 방식을 위협하게 된다. 예로, 국가에 따라 차이가 있겠으나 일반적으로 중국에서 전통적 노동집약적 영역은 감퇴하고 있다. 중국에서의 광산 채굴은 수입이 1990년 최고였는데 반해, 1999년에 바닥에서 세 번째로 떨어졌다. 더구나 도시화의 영향으로 많은 농부들이 농토를 떠나 도시로 이동해왔는데 이들은 도시 생활을 영위하는 데 필요한 기술은 보유하고 있지 못하다는 현상 등을 볼 수 있다.

(4) 장점의 표현

집단이 그들의 장점을 표현하는 방식에 의해 긴장이 발생한다. 비록 다수의 사람들이 열심히 일하지만, 어떤 집단들은 다른 집단에게 보다 더 중요성을 부과한다. 동남아시아에서와 같이 미국에서 중국인들은 근성과 절약이라는 특성으로 인해 증오의 대상이 되었다. 실제로, 미국에서 일하는 중국인 교수와 커뮤니케이션을 해본 바, 미국과 한국 간의 시차에도 불구하고 거의 동시에 커뮤니케이션이 이루어지는 것을 경험하였다. 이는 미국인과의 커뮤니케이션의 경우에는 결코 보기 힘든 사례라 할 수 있다. 이러다 보니 미국에서는 반중국인(anti-Chinese) 감정이 매우 강하여 노조와 정당들이 중국 회사들에 대항하여 조직되었고 어떤 경우에는 비즈니스를 못하게 하기도 하였다.

2 직장에서의 새 구성원들

직장의 구성원들은 계속 바뀐다. 기업이나 대학, 레스토랑, 행정부를 막론하고 점점 더 다양한 문화적 배경을 가진 사람들로 구성되어 있는 것은 이제 일반적인 현상이다. 동남아 등지에서 갓 이민 온 사람들뿐 아니라 아프리카계 미국인, 라틴족, 북방계, 게이나 레즈비언, 장애인들이 매니저나 임원, 컴퓨터 전문가, 과학자, 작가, 농장 근로자 등 다양하게 존재한다. 이렇듯 점차 확대되어지는 다양성은 인종적 긴장을 고조시킨다.

그것은 이민자들이 일반적으로 낮은 임금과 복지를 감수하려는 성향을 가지고 있기 때문이다. 집단 간 긴장을 생성하고 악화시키는 여건들로는 ① 여러 다른 종류 인종으로 이루어진 사회, ② 급속한 사회 변화, ③ 대형 혹은 점차 증대되는 소수 집단, ④ 상승하려는 움직임, ⑤ 소수 집단으로부터 증가하는 경쟁과 위협 등을 들 수 있는데 이러한 특성들은 현재 다문화 국가에서 발생하고 있는 경제적 변화를 설명해준다.

앞으로 우리는 점차 더 다양한 문화권의 인력들과 교류하게 될 것이므로 다음과 같은 노력들은 대인관계 역량을 개선시켜 줄 것이다.

(1) 구두로 소개하는 방식을 배울 것

서로 다른 문화에서 온 사람들은 인사하고 소개하는 방식이 다르다. 사제지간, 부자지간, 고객과 직원, 상사와 부하 관계 등은 상당히 차이가 있다. 한국에서는 소개할 때에 서열이 우선시된다. 벨기에에서는 자기가 모르는 사람을 쾌활한 방식으로 소개하지 않는다. 반투(Bantu)에서는 경의나 친밀감을 표시하기 위해 이름을 거론하지 않는다. 그러나 북아메리칸들은 '평등성'에의 주장 때문에 이름(first name)이나 혹은 별명을 부르기도 하는데 타문화권 사람들은 무례하다거나 혹은 공격적이라고까지 할 수도 있다.

(2) 직장에서 다른 집단에 대해 배울 것

이제는 직장에서도 타문화권의 사람들과 어우러져 일하게 되는 경우가 많다. 이때 그들과 잘 지내기 위하여는 타문화의 역사를 공부하는 것이 좋은 방법이다. 그것은 어떻게 행동하고 무엇을 말하고 무엇을 말하지 말아야 하는지 그 단서를 제공해 주기 때문이다.

(3) '우정'에 관한 규칙이 어떻게 작용하는지 배울 것

사람들 간 '우정'의 스타일은 각기 다 다르고 그것은 고유의 문화적 배경에서 나온다. 미국인들은 우정은 직업, 아이들, 정치적 견해를 중심으로 발전된다. 자선, 게임, 음식과 술을 같이 할 다양한 경우 등이다. 최근 우리나라 사람들 간의 우정도 이와 비슷하게 개발, 유지되는 경향이 있다. 이러한 부류의 우정은 별도로 유지되기 때문에 한 사람이 각기 다른 일 관련, 사교 관련 우정을 지니는 것이 가능하다. 반면, 러시아 같은 경우는 부문별로 가르기보다 우정으로 사람 전체를 포용하는 경향이 있다.

(4) 정보 기반 문화는 농업적, 산업적 혹은 산업화 후기적 문화와 다르다는 것을 인지할 것

경제적 구조는 문화의 신념, 가치관, 규범들을 이해하는 것을 도와준다. 농업 기반 사회에서 이주해 온 사람들은 농업 사회의 가치관, 신념, 신앙, 도덕관을 가지고 있어 대가족적이며 보다 명확한 의사 결정 과정은 권위 서열을 거치며 가진다. 이는 정보 기반 문화권에서는 많은 의사 결정이 가정 밖에서 이루어지는 것에 비하여 대조적이다.

(5) 고배경 문화와 저배경 문화와 관련하여

어떤 집단은 '나' 중심적인데 비해, 다른 집단은 보다 더 '우리' 중심적인 것을 보게 된다.

커뮤니케이션이 발생하는 여건이 의미를 구성하고, 어떤 문화권에서는 다른 문화보다 더 말해지지 않은 의미가 당연하게 여겨지므로 이 규칙을 무시하는 것이 문화적 문젯거리를 야기시킬 수 있다는 것을 알아야 한다.

예를 들면, 일본의 경우 '우리' 중심의 문화를 유지하고 있다. 대부분이

'나'를 강조하고 주장하기보다 조직 문화에 익숙하고 조직의 룰을 지키는 것을 기본으로 삼고 있다.

메시지가 매우 간결하게 작성되었을 때 그러한 언어를 사용하는 사람이 주의깊지 못하면 거들먹거리며 이야기하는 것으로 오인될 수 있다. 이러한 상황은 실제로 빈번하게 발생한다. 예를 들어, 미국식 회사에서 미국식으로 오래 근무한 한국인이 전형적인 보수적 한국 조직에 들어가서 커뮤니케이션할 경우 업무적으로 할 말만 하게 됨에 따라 이와 비슷한 상황이 벌어질 수 있다. 직장에서의 그러한 맥락과 관련된 역학의 역할에 대한 지식과 이해는 대인 관계 효과를 높일 수 있다.

변화는 불가피하다는 것을 유념할 필요가 있다. 더욱이 그것은 크나큰 혼란을 가져오며 우리의 생활을 다시 정리하게 한다. 우리 주변의 모든 것들은 우리가 남에게 어떻게 말하며, 어떻게 반응하며 우리의 시간을 어떻게 관리하는가 등에서 비롯된 모든 것들에 있어서 변화의 예이다. 전통적 방식과 새로운 방식 사이의 혼란은 인간 관계에 영향을 미칠 수 있다. 즉, 'TV' 출현 이전에는 모든 가족이 식탁에 둘러앉아 그날의 일들을 이야기하곤 했고, 수시로 전화 통화하며 소식을 전해왔던 것이 스마트폰의 발전으로 대부분이 각자, 식탁에서조차도 자기 스마트폰을 들여다보고, 전화 통화보다는 문자 메시지 등으로 대체되어 누구와 무슨 내용을 주고받는지 가족들 조차도 알기가 어렵게 되었다. 이러한 것이 오늘날 인터넷이나 미디어를 듣고 볼 수 없는 시골 아프리카나 인디아 지역에서는 가능할 것이다.

3 글로벌 경제 공동체의 개념의 변화

전 세계적으로 상호 간의 교류가 점차 확대되어감에 따라 복합성이라는 부담을 안게 되었다. 왜냐하면 과거와 같이 양대 이념으로 분류하는 것이 더 이상 가능하지 않게 되었기 때문이다. 그렇게 양분하지 않음으로써 타인들에 대해 다양한, 다방면적인 것을 고려하게 된 것이다. 예를 들어, 러시아와 북아메리카 학생들이 오늘날 커뮤니케이션할 때 그들이 부모들 시대 때보다 보다 더 공통점을 많이 가지게 된다. 매스미디어들이 이러한 커뮤니케이션이 가능하도록 무척 많은 역할을 하곤 한다.

4 불확실성의 감소

■ 불확실성의 회피

미래에 관련된 불확실성과 모호성이 커짐에 따라 대부분이 불안해한다. 이를 어느 정도 수준까지 근로자들이 편하게 생각할까? 미래에 관하여 예견 불가능함이 호기심을 유발한다. 새로운 규칙의 새 글로벌 게임에 대해 개개인이 어떻게 반응할 것인가? 미국에서는 종전에는 고졸자를 요구하던 직업에 점차 대졸자들이 차지하게 되는 경향이 있다. 우리나라에서도 노동집약적인 다수의 직종에서 이민자들이 주로 일하고 있는 것을 쉽게 볼 수 있다. 글로벌화의 결과로 발생하는 거대한 경제력이 미래에 관한 확신을 위협하고 있다. 미래에 대한 긴장이 중요할 때, 우리 경제생활의 '어떻게'가 의문시된다. 이민 제한 선언을 지지하는 미국의 국회의원들은 이민이 미국에서의 생활의 질을 떨어뜨렸다는 것을 논쟁에 이용한다.

경제적 불확실성 시기에 사람들은 타문화에 의해 보다 더 위협을 느낀다. 우리 미래의 글로벌 경제 변화 양상에 대해 생각하는 또 다른 방법은 변화 그 자체의 개념을 생각하는 것이다.

아래의 기본 요소들은 우리가 왜 변화를 싫어하고 이러한 싫어하는 것이 어떻게 대인 관계에 영향을 미치는가를 설명해준다.

(1) 과거의 행위 방식은 작용하지 않는다

새로운 것이 요구된다. 경제적 변화로 야기되는 모든 것들을 생각해 보라; 복식습관, 식습관, 예의범절, 신입 직원에게 어떻게 말하는가, 직업에 대한 경쟁, 근로자 스트레스, 컴퓨터를 다루는 법, 면 대 면 커뮤니케이션에서 기계를 사용하는 커뮤니케이션으로의 이동 등. 이런 것들은 경제 변화로 요구되는 것들 중 최소한의 것이다. 직장에서도 단순히 보상을 증대시켜주는 것만으로는 이제 동기부여 효과를 기대하기 어렵게 되었다. 조직에서의 커뮤니케이션 방식도 많이 변화하였다. 상사가 부하 직원에게 일을 줄 때에도 '~해줘'라는 명령식 어조에서 '~해 줄 수 있을까?' 등으로 사용되곤 한다.

(2) 아끼던 가치관은 위협받음

앞으로 닥칠 것에 대해 모름으로 인한 경제적 불확실성과 경제적 가치 사이의 연결은 기존의 가치관을 위협한다. 사람들은 경제 생활에의 위협에 잘 반응하지 못하기 때문에 어떤 개인들은 안정성의 근원으로 종교적 기본 이념으로 돌아가기도 한다. 결국 경제력은 문화 간 커뮤니케이션에서 매우 강력한 요소라는 것이다.

다음은 우리의 경제적 조건의 변화로 비롯된 불확실성과 긴장을 완화하기 위해 할 수 있는 방안들이다.

① 세상이 변화한다는 것을 확신하고 그에 맞추어 변화해야 한다

세상은 복잡하고 다양하다. 그에 적응하도록 변화하는 것을 배워야 하며 우리가 필요로 되는 만큼 변화하지 못하면 남보다 뒤처지게 된다는 것이다.

② 자신의 태도를 맞추어 적응한다

새로운 세계 경제의 다른 참여자들의 지적 지식을 채택하는 식견을 개발하고 변화의 개념을 객관화할 필요가 있다. 예로써, 어떻게 기술, 경제, 교역, 그 외 다른 글로벌 경제의 측면들의 변화가 모든 사람들의 생활에 영향을 미치는지 생각하는 것이 필요하다. 자신의 태도를 객관화함으로써 변화를 다루는 새로운 시각을 갖게 될 것이다.

③ 타인을 비난하지 마라

새로운 세계 질서에서 교류하는 법칙은 아직 형성 중이므로 희생양을

만드는 것은 역효과를 낳는다. 자신에게 집중하는 데 에너지를 쓰고 적응하는 새로운 방식을 찾는 것이 바람직하다.

④ 안식처를 찾을 것

스트레스를 받을 때에는 그것을 해소할 수 있는 돌파구를 찾아야 한다.

⑤ 대중적 구두, 비구두의 행위를 보여주라

직무 간의 경쟁, 새로운 경제 게임에 의해 조성된 긴장 등이 있을 때 언어적 습관을 보여줄 좋은 기회이다. 다른 문화권 사람들과의 대화와 행동에서 특별히 주의 깊고 적절한 언행을 보여주라.

⑥ 관찰하고 기록할 것

자신에게 일어난 일을 육하 원칙에 따라 기록할 수 있으면 당신의 태도가 그 상황의 사실들과 일치하게 될 가능성이 더 많다.

6.2 비즈니스 맥락에서의 문화 간 커뮤니케이션

1 언 어

비즈니스 맥락에서 언어의 차이는 경제적, 개인적으로 심각한 문제를 야기시킬 수 있다. 미국인들은 때때로 간접적 언어를 사용하는 사람을 기만적이고 신뢰할 수 없다고 생각한다. 반대로 미국인들은 그들의 직접적인 커뮤니케이션 스타일로 인해 무례하고 민감하지 못하다고 인지된다. 한 예로, '내 제안서가 채택되었는가'라는 질문에 대해 그 제안서가 채택되지 못했다면 아시아인들은 직접적으로 '아니'라고 답하는 대신 아래의 말들로 답한다.

- 조건적 'Yes': '모든것이 계획대로 진행된다면 그 제안서는 승인될 것이다.'

- 반대의 질문: '당신은 제안서를 ~에 제출했는가?'
- 질문이 비평/비난될 때: 당신의 질문은 답하기 어렵다.
- 질문이 거부됨: '지금은 답해줄 수 없다.'
- 관계없는 질문: '원래 계획보다 오래 머무를 것인가?'
- 'Yes' but: 승인은 날 것 같다. 그런데……
- 답이 지연되는 경우: '곧 알게 될 것이다.'

그러나 문제를 일으키는 것은 언어뿐만이 아니다. 커뮤니케이션하는 사람의 스타일도 역시 문제가 될 수 있다. 말의 발언 시점도 어려움을 유발할 수 있다.

브라질인들은 거의 쉬지 않고 한번에 두 사람과 같이 이야기한다. 미국인들은 말하는 사람들 간에 짤막한 멈춤을 때때로 갖고 약간 겹쳐서 말한다. 따라서 브라질인들과 같이 중복되게 말하는 문화권 사람들과 대화에 참여하려면 보다 적극적이어야 한다.

대화 중 보다 많은 멈춤을 갖는 문화권 사람들과 대화하려면 다른 사람들도 대화에 참여할 수 있도록 보다 많은 멈춤을 갖는 것을 배워야 한다. 일본인들과 이야기할 때, 미국인들은 불편할 정도로 오래 기다렸다가 말하기 시작해야 한다. 일본인들은 연사나 코멘트에 대해 존경을 표하기 위해 조용히 기다렸다 적당하다고 생각되는 시점에 이야기한다. 미국인들은 이미 다시 이야기한다. 결과는 대화를 독점하는 것을 끝내야 한다.

2 관 계

비즈니스 거래의 양상은 문화권에 따라 다양하다. 그것은 사람들이 관계를 발전시키고 유지하는 문화로부터 비롯된 다양한 방식에 기인하기 때문이다. 예로, 협상의 초기 단계에서 독일인들은 수없이 많은 기술적인 세부 사항을 질문하고, 스칸디나비아인들은 바로 거래로 들어가길 원하고, 프랑스인들은 가능한 거래의 모든 측면을 설명하기 바라고, 이탈리아 관리자들은 비즈니스로 들어가기 전에 사교 활동을 함으로써 반대편의 개개인에 대해 알고자 한다. 사실 스페인이나 멕시코에 있다면 협상 초기 국면에 들어가기 전에 며칠 시간이 필요한데 그곳은 관계적인 사항이 매우 중요하기 때문이다.

사실 문화 간 협상에서는 대인 관계가 중요 요인이 될 수 있다. 인도뿐 아니라 콜롬비아나 기타 라틴 아메리카 같은 나라에서는 직업, 물품, 계약 등을 얻기 위해 대인 관계가 일반적이고 적절하다고 인식된다. 또한 중국 등에서는 관계의 사회적 계급이 극도로 중요하다.

'키(결정권)를 가진 사람'을 주목할 필요가 있다. 최근에는 많이 개선되어지고 있으나 많은 문화권에서 여성은 남성보다 같은 지위나 위상을 갖지 못한다. 여성평등은 서구적 이념이고 세계적으로 퍼지기까지는 시간이 필요하다. 조직 내에서 여성이 권한을 가진 자리에 못가는 것은 놀라운 것이 아니다. 남성 중심 사회에서 여성이 핵심 협상가가 되기는 쉽지 않다. 많은 문화권들이 남성의 직무 수행을 위해 여성을 보내서는 안 된다고 생각한다. 이렇듯 문화 간 커뮤니케이션에서 '성'은 또 하나의 중요한 관계적 이슈이다.

3 증거, 논리, 설득 방식

비즈니스 맥락에서 논리는 중요한 부분으로 작용한다. 아직도 모든 문화권이 같은 방식으로 논리가 전개되지 않는다. 어떤 것이 타인을 신뢰하도록 하는 선호되는 방식이며 수용 가능한 증거, 논리, 설득 방식으로 고려되는지에 대한 것은 문화권마다 다르다.

유로피언 아메리칸은 사실을 증거로 선호한다. 어떤 문화권에서는 사실은 수용될 수 없다. 무슬림의 경우 이야기나 우화, 특히 코란(Koran)에서 비롯된 것들이 강력한 증거로 수용된다. 이야기가 말해지고 그 이야기로부터의 교훈이 결론으로 여겨진다. 유교에 의해 영향을 받은 문화권에서는 은유와 비유가 증거로 사용된다. 아프리카 문화에서는 미국의 법적 시스템에서 하듯이 증언이 강력한 증거의 형태가 아니다. 어떤 아프리카 문화는 증인의 말은 그가 본 것을 변호한다면 그는 의도를 가지고 있음에 틀림없고 그것은 객관적이지 않기 때문에 무시되어야 한다고 한다.

어떤 증거와 주장이 "Good"이라고 여겨지는가에 관해 밀접히 관련된 또 다른 요인은 설득 스타일에 관한 생각이다. 즉, 사람들이 선호하는 증거, 항의, 가정들을 정리하는 방식이다. 문화권에 따라 사람들이 선호하는 방식에 있어 용어를 달리 사용한다; 준논리적, 발표적 혹은 유추적 스타일 등이 이에 해당한다.

- 준논리적 스타일은 서양인들에 의해 선호된다. 통계, 전문가로부터의 증언, 객관적 증인 등이 증거로 사용된다. 이런 증거가 결론으로 연결된다. '따라서', '결과적으로', '이렇듯' 등의 단어가 증거가 결론으로 연결되는 징표로 사용된다. 서양인들은 아이디어가 '진실'이라면 그것은 단지 논리적 방식으로 발표될 필요가 있고 그래서 다른 사람들이 그것이 '진실'이라고 알게 하면 된다. 짧게 말하여 준논리적 스타일은 특정 경험이나 주장에 비해 '진실'이나 '거짓'은 발견될 수 있다는 전제에 기반한다.
- 발표적 스타일은 꽤 다른 접근이다. 이 스타일을 사용하는 자는 설득의 감정적 측면을 강조하고 그에 호소하는 것이다. 아이디어를 설득적으로 만드는 것은 아이디어 자체가 아니고 사람이다. 달리 말하면 아이디어를 어떻게 발표하는가가 설득하도록 만든다. 발표자가 아이디어를 우리의 감각에 관련된 단어를 사용하여 실현시킨다. 즉, 청자가 보고, 느끼고, 아이디어를 듣고, 그래서 궁극적으로 그것을 믿게 작용하는 것이다.
- 유추적 스타일은 또 다른 접근 방법이다. 말하는 자가 명시적이던 암시적이던 학습시키고자 하는 내용안의 유추, 이야기, 우화 등을 사용함으로써 청중으로 하여금 결론을 받아들이게 하는 것이다. 그 저변에는 사람(문화) 그룹의 집단적 경험은 설득적이라는 아이디어이다. 발표적 스타일과 같이 아이디어 그 자체가 설득적인 것은 아니라는 것이다. 설득적 요인은 발표자의 발표가 아니라 적절한 이야기

의 발견과 해설이다. 즉, 발표자가 청중이 믿게끔 원하는 핵심을 포착하는 것이다.

이리하여 설득 스타일의 차이가 커뮤니케이션 어려움을 야기시킨다. 예로, 준논리적 스타일을 선호하는 서양인들에게 발표적 스타일은 감정적이고 유추적 스타일은 관련이 없다고 보인다. 반면, 발표적 스타일을 사용하는 자는 준논리적 스타일을 사용하는 사람은 따분하고 무의미하다고 생각한다. 유추적 스타일로 말하는 사람은 준논리적 스타일은 호소력이 없고 너무 직설적이라고 생각한다.

6.3 글로벌 비즈니스할 때 고려해야 할 점

문화 간 비즈니스 환경에서 비즈니스하기 위하여는 다음의 사항들을 유념할 필요가 있다.

(1) 누가 그 조직을 대표(대변)하는가?

개인주의적 국가에서는 한 사람이 협상에서 그 회사를 대표하고 집단주의적 국가에서는 그룹이 협상에서 그 회사를 대표한다.

(2) 누가 그 조직을 위해 결정권을 갖고 있는가?

개인주의적 조직: 협상하는 사람이 서류에 사인할 권한을 갖는다.

집단주의적 조직: 협상에 참여한 그룹뿐만 아니라 회사에 있는 사람들도 상의하여 결정권을 갖는다.

(3) 무엇이 사람들을 일하도록 동기부여하는가?

급여 인상이나 승진 등의 개인적 보상에 의해? 그룹을 지원하기 위해?

개인주의적 문화에서는 자신들을 더 낫게 하기 위해, 집단주의 문화에서는 그룹을 위해 동기부여한다.

(4) 비즈니스 관계의 기본은 무엇인가?

집단주의적 조직에서 비즈니스하기 위해서는 관계를 성립시키고 유지시켜야 한다. 사교적 관계는 한국, 일본, 중국, 말레이시아에서는 전제 조건이다.

중동에서는 첫 번째 만남은 사교적(비즈니스보다는 안면을 익히는), 많은 아프리카 국가에서는 우정이 비즈니스보다 먼저 성립되어야 한다.

개인주의적 조직에서 비즈니스를 위해서는 개인적 관계를 성립할 필요가 없다. 상대를 전혀 알지 못해도 비즈니스가 가능하다.

(5) 세계적 가치관은 어떠한가?

보편주의 문화는 비즈니스 의사 결정을 규정의 지속적 적용에 기반한다. 반면, 개별주의 문화는 특정한 상황이나 관계에 규정을 채택한다. 이들은 개인주의/집단주의 자원에 관련이 되어있다고도 볼 수 있다.

개인주의 문화는 보편주의 경향이 있고, 즉 비즈니스 거래에서 모든

표 6-1 문화 간 협상에 있어서 미국, 일본, 아랍 비즈니스에서의 차이점

	미 국	일 본	아 랍
협상 그룹의 구성	마케팅 중심, 2~3명	기능 중심, 4~7명	전문가위원회, 4~6명
공간 구성	대립적, 경쟁적	조화로운 관계 제시	지위, 서열
관계 확립	단기적: 과업지향적	장기적: 조화로울 때까지	장기적: 신뢰될 때까지
설득 도구	시간 압박: 기회 상실: 금전적 득실	관계 유지, 그룹 내부 연결	중개자: 환대
언어 사용	공개적/직설적: 긴급적	간접적:우호적/협조적	미화적/감정적/종교적
의사 결정 과정	최고 경영층	중간 관리팀	상위 관리자
위험 관리	계산적/개인적 책임	낮은 그룹 책임	종교 기반
관계지향성	개인적 관계는 중요하지 않음	그룹지향적이며 조화지향	조회와 개인 관계를 통해 신뢰 구축

자료: Farid Elashmawi & Philip R. Harris, *Multicultural Management 2000: Essential Cultural Insights for Global Business Success*, 196, 198.

이들에게 동일한 가치 기준을 적용한다. 집단주의 문화는 내부 그룹과 외부 그룹에 각기 다른 가치 기준을 적용하는 차별적 성향이 있다.

중국에서 계약을 협상하는 미국 비즈니스맨이라면 계약서에 사인하고 나면 관련된 모든 사람들에게 구속력이 있다. 그러나 중국인은 계약서에 사인하고, 그러나 계약 당시의 여건이 동일하게 유지될 때만 그 계약이 유효하다고 여긴다. 따라서 계약서에 사인한 사람이 퇴사하면 중국인들은 그 계약이 더 이상 유효하다고 생각지 않는다.

다른 문화에서 비즈니스하는 것은 특히 협상하는 경우에는 효과적 커뮤니케이션 기술을 필요로한다. 비즈니스맨들은 그 국가의 가치관, 커뮤니케이션 스타일뿐 아니라 경제에 대해서도 알아야 한다.

이상으로 커뮤니케이션과 문화, 비즈니스 간의 연관에 관해 살펴보았다.

다른 이들에 대한 우리의 인지를 정확히 해석하려면 점차 더욱더 그들의 생활이 근본적으로 경제적 변화에 의해 영향을 받는다는 것을 이해하는 능력이 전제되어야 한다. 그러한 배경에 기반하여 문화 간 비즈니스 맥락의 커뮤니케이션은 논의되어야 한다. 우리가 직면한 보다 다양하고 변화하는 직장의 현재의 경제적 상황에 적응하는 방법을 제시하고자 하였다.

연습 문제

1. 글로벌화 시대에 커뮤니케이션을 효과적으로 하기 위해 가장 중요한 것은 무엇일까 토의하시오.

2. 주변에서 외국인과 커뮤니케이션하는 과정에서 겪었던 어려움을 조사하여 그 원인을 분석하고 해결 방안을 제시하시오.

제 3 부

비즈니스 커뮤니케이션 기술 향상

제 7 장

청 취

사람들이 서로를 이해하기 위해서는 커뮤니케이션이 바탕이 되어야 한다는 것은 당연하다. "구사된 언어의 효력은 사람이 어떻게 말하는가보다 그들이 어떻게 듣는가에 따라 주로 정해진다"는 것처럼 대체로 관리자들은 직원들을 이해하기 위해서 청취 기술을 향상시키기 위해 문제를 분석하고 토론을 많이 하고 있다.

청취에 대한 세미나에 참석한 임원진들이 지적한 내용을 정리하면 다음과 같다.

- "솔직히 '청취'가 중요한 부분이라고 생각하지 않았다. 하지만 지금은 그것의 중요성을 알겠다. 어느 사람의 말을 듣는 것이나 나의 말을 다른 사람이 듣는 것이 업무의 80% 가량 차지한다고 본다."
- "지난 2년 동안 잘못해 왔던 것들에 대해 돌이켜보았다. 순간 나는 많은 문제들이 어떤 것을 청취하지 않거나 그것을 건성으로 청취한 데에 연유했다는 사실을 깨달았다."
- "회사 안에서의 많은 세심한 부분은 심사 숙고하면서도 '청취'는 건성

으로 생각한다는 것이 흥미로웠다. '청취'가 회사의 의사 소통에서 가장 큰 부분을 차지한다는 생각을 하게 됐다. 그리고 직원들과의 의사소통을 실천하는 데 청취가 가장 취약한 부분이기도 하다는 것을 파악했다."

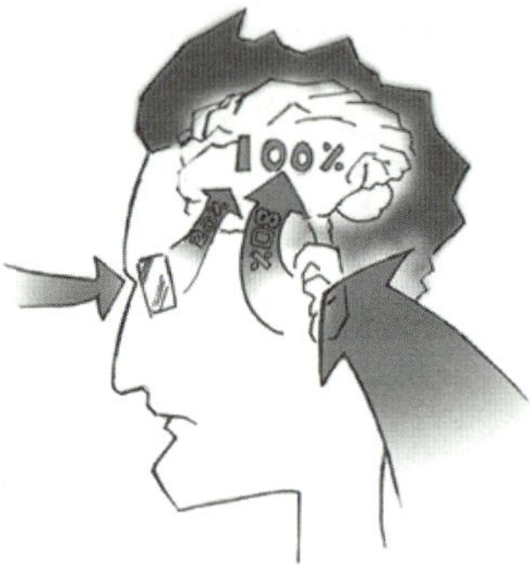

이와 같이 지적한 내용들은 실제 경영 관리 과정에서 발생하는 청취에 대한 취약한 부분을 지적한 것이다. 사업은 커뮤니케이션 체계 일관성에 따라 성패가 좌우된다. 경영자들이 커뮤니케이션할 때 단순하게 쓰여진 언어 자체보다 말해지는 언어를 더 중요하게 생각한다. 결국 구사된 언어의 효력은 어떻게 말하는가보다 어떻게 청취하는가에 따라 결정되기 때문이다.

일반적으로 사람들은 청취 방법을 모른다고 한다. 그들은 매우 잘 들을 수 있는 귀를 가졌으나, 대부분 청취라고 일컬어지는 것을 효과적으로 사용할 수 있게 귀를 사용하는 데 필요한 청각 기술을 습득하지 못했다.

대체로 이제까지의 교육은 읽는 교육에만 집중해서, 말하거나 청취 방법에 대해서는 별로 중요하게 여기지 않았다. 청취 교육에 대한 잘못된 개념에 대해 다음에서 설명한다.

첫째, 청취 능력이 지능에 따라 차이가 있다는 것이다.

영리한 사람들은 잘 청취하고 상대적으로 지능이 낮은 사람들은 제대로 청취하지 못한다는 것이다. 지능이 낮은 사람들이 청취 무능력과 상관이 있다는 것을 부인할 수는 없다. 하지만 상대방의 의견을 제대로 청취하지 못한다고 해서 반드시 지능이 낮은 사람은 아니다. 적극적으로 상대방의 의견을 청취하는 사람이 되기 위해서는 경험과 연습을 통해 습득되는 몇몇 기술을 익혀야 한다. 만약 이런 청취 기술들을 습득하지 않으면 청취한 내용에 대한 기억과 이해력이 떨어진다. 이것은 지능이 낮은 사람이나 높은 사람에게 모두 나타날 수 있다.

둘째, 읽기 교육을 통해 자동적으로 청취 능력도 향상된다.

읽기를 통해서 습득된 몇몇 기술들이 청취에 이용될 때, 이 개념은 완전히 잘못된 것이다. 청취는 읽기와는 다른 능력이고 다른 기술을 필요로 한다. 여러 실험 결과에서 읽기와 청취가 오직 읽기만 가르쳐질 때 같은 비율로 개발되지 않는다는 것을 보여 왔다. 읽기 능력이 우수한 데 반해, 청취 능력이 떨어지는 한 전형적인 학생은 사회에 나와서 평소 자기가 읽는 것보다 세 배 정도 많이 들어야 읽기 능력 수준만큼 청취 능력이 향상된다.

이제는 사람들과의 효과적인 커뮤니케이션을 하기 위해 청취도 읽기와 마찬가지로 가르쳐야 하는 기술임을 깨닫고 있다. 미국, 유럽, 일본 등 해외 대학이나 전문 강좌에서도 점차적으로 청취에 관한 강좌가 많이 열리고 있는 추세이다.

청취 방법의 효과적인 개선을 위해서 첫째는 청취 능력에 영향을 끼치는 요인들을 인식하고 조정 통제하는 것이고, 둘째는 청취의 좋은 습관들을 기를 수 있도록 노력해야 한다는 것이다. 바른 청취 자세는 인간 관계를 형성해 나가는 데 가장 기본적인 요소로서 커뮤니케이션을 실천해 나가는 데 중요하다. 특히 사회 생활이나 직장 생활을 수행해 가는 데 효과적인 청취는 주위 동료나 상사를 제대로 이해하고 바람직한 인간 관계와 업무를 수행하는 데 가장 기본이다. 명확한 이해는 적극적이고 적당한 반응을 유도하며, 적당한 반응은 훌륭한 커뮤니케이션에서 필수 요소이다. 결국 훌륭한 커뮤니케이션은 조직적인 협동심을 장려하고, 조직적인 협동심은 조직 구성원들의 직무 능력을 향상시키며, 높은 직무 능력은 직무수행을 증대시켜 기업의 발전을 도모하는 데 효과적 청취는 기업 발전의 초석이다.

다음에는 청취에 대해 좀 더 구체적으로 파악해 보고자 한다.

7.1 청취 목적

적어도 커뮤니케이션 시간의 절반은 청취하는 데 소요되어야 하며, 청취한다는 것은 다음과 같은 의미가 있다.

- 귀와 눈을 통해 메시지를 받는다는 것
- 그 메시지에 의미를 주는 것
- 그 메시지에 관해 생각 또는 감정을 결정하는 것
- 태도나 반응을 나타내는 것

직장 생활에서 청취가 특히 중요한 상황은 다음과 같다.

- 회의, 브리핑, 강의 · 강좌 등에 참여하는 경우
- 개인적인 상담의 경우
- 직무를 지시하는 경우
- 직무를 지시받는 경우
- 의사 결정할 경우
- 제품 또는 서비스를 판매 및 추천할 경우
- 다른 사람들을 관리할 경우
- 고객과 상담할 경우
- 다른 그룹 또는 부서를 지원할 경우
- 전화를 이용할 경우 등등

사업 또는 직무 수행에서 청취를 통해서 얻을 수 있는 것은 다음과 같다.

• 수입을 증가시킨다.
• 회사의 이익을 향상시켜 준다.
• 승진이나 능력을 인정받게 된다.
• 직업적인 안정성을 보장해 준다.
• 문제 해결 능력을 향상시킬 수 있다.
• 한 조직에서 주목받는 구성원으로 성장할 것이다. 등등

대부분 성공적인 기업은 조직을 운영할 때 생산성 향상의 수단으로서 청취력에 기반을 두고 있다. 그래서 기업체나 여러 조직에서는 좋은 청취 습관과 커뮤니케이션 기술을 가진 사람을 채용하고자 한다.

왜냐하면 좋은 청취력은

• 문제를 이해하게 하고,
• 주의를 갖게 되며,

• 정보를 보유하고자 하며,
• 수행 절차 과정을 명확히 하고,
• 지속적으로 우호적인 인간 관계를 형성시키기 때문이다.

이와 같이 기업 발전에 기여할 수 있는 인재로서는 좋은 청취력의 소유자가 적합하므로 그만큼 채용 기회가 많이 주어진다. 하지만 대부분 사람들은 좋은 청취자들은 되지 못한다. 즉, 청취 잠재력 수준은 청취한 것의 100% 중 25% 정도는 들은 내용을 그대로 기억할 수 있지만 나머지 75%는 무시하거나 잊어버리거나 왜곡 또는 잘못 이해한다. 이것은 믿기 어렵겠지만 사실이다. 한 기업주가 "잘못된 청취 능력은 직면한 사업 환경 중에서 가장 중요하게 고려될 문제 중 하나"라고 지적했다. 결국 기업의 성공은 여러 요인이 있을 수 있지만 그 중에서도 명확하고 정확한 커뮤니케이션에 의해 많이 좌우된다. 커뮤니케이션이 제대로 되지 않았을 때는 값비싼 대가를 필요로 하기 때문이다. 한 기업이 만약 고객 의견을 제대로 청취하지 않고 제품, 서비스를 생산, 판매했다면 고객을 만족시키기 어려울 것이다. 효율적으로 고객의 마음을 제대로 이해할 수 없기에 고객의 마음에서 멀어지게 되고 고객의 기억에서 사라지게 된다.

■ 청취의 효과

올바른 청취를 통해 얻을 수 있는 효과는 다음과 같다.

• 무엇인가를 배운다는 것
• 호의에 반응하는 것
• 상황에 대한 이해
• 정보를 얻을 수 있다는 것
• 예의 바르게 되는 것
• 적합하게 반응하는 것
• 사전에 사고를 방지
• 팀 운영자 역할 수행
• 높은 수준의 질문을 요청하기 위해

- 확신을 높이기 위해
- 자유를 보호하기 위해
- 다른 사람들의 필요를 알기 위해
- 효율적으로 협상하기
- 소중하고 진실되기 위해
- 현명하게 돈을 사용하기 위해
- 더 효과적이고 생산성을 향상시킴
- 유대 관계를 형성하는 것
- 문제 해결을 위해
- 동정과 관심을 나타내는 것
- 호기심을 충족시키기
- 안전하게 되는 것
- 좋은 연인이 되기 위해
- 바람직한 의사 결정을 하기 위해
- 낭비를 줄이기
- 돈을 버는 것
- 당황스러움을 피하기 위해
- 곤란에서 벗어나기 위해
- 시간을 절약하는 것
- 정보를 지닌 고객이 되는 것
- 절친한 친구가 되기 위해
- 정확한 평가 가능
- 비교하는 것
- 공감대 형성하기
- 전달자의 목적을 분석하기
- 타인에 의해 사랑받는 것
- 최고의 가치를 갖는 것
- 자기 관리를 향상시키는 것
- 적당한 반응을 주는 것
- 자연의 소리를 즐기기 위해
- 상생(相生, win－win) 상황을 구현
- 산만함을 통제하는 것
- 집중력을 증대하는 것
- 어휘력을 향상시키는 것
- 건강을 유지하는 것
- 화자의 주제 또는 의도에서 갑작스러운 변동을 예방하기 위해
- 더욱더 친밀한 구성원이 되기 위해
- 상반된 의견을 결정하는 것
- 유연한 태도를 생성·유지하기 위해
- 인격 수양을 위해
- 타고난 청각을 사용하기 위해

이 밖에 추가할 사항이 있는지 생각해 보자.

7.2 바람직한 청취

1 청취 자세의 4요소

효과적으로 청취한다는 것은 사실 전달자(말하는 사람)로부터 정보를 수집·선별할 수 있도록 정확하게 청취하는 것이 가장 기본이며 차후에 의미를 해석할 수 있어야 한다. 결국 전달자 의견에 어떻게 느끼고 반응할지를 결정하는 것은 두 번째 문제이다. 가장 효과적으로 청취하기 위해서는 전달자의 목적을 이해하는 것이 중요하다. 전달자의 목적은 청취 방법과 무엇이 이야기되는지, 어떻게 지각해야 하는지 여부에 영향을 미친다.

전달자와 수신자(듣는 사람)의 커뮤니케이션이 효과적으로 이루어지기 위해 서로 공감대를 형성하고, 일치 여부를 체크하면서 대화를 진행하는 것이 효과적이다. 만약 누군가의 의견을 청취할 때라면 전달자의 의도, 즉 목적을 정확하게 알아야 한다.

다시 말해, 전달자가

- 상대편을 즐겁게 하기 위한 것인지?
- 중요한 자료를 제공하기 위해서인지?
- 상대편을 설득하기 위해서인지?
- 그냥 대화를 하기 위해서인지?

예를 들면, 만약 전달자가 간단한 대화를 나누기를 원한다면 상대는 그냥 대화를 즐기면서 참여하면 된다. 서로 상호 간의 통상적인 대화로 서로 유대 관계를 더욱 친밀하게 하고자 하는 것이 전달자의 목적이기 때문이다.

회의와 의사 결정을 위해 커뮤니케이션을 하는 상황이라면 한 예로, 전달자는 상대편 또는 수신자에게 재고품 공정에 대한 중요한 변화 등 중요한 결정에 필요한 필수 요소, 대비책, 그리고 다른 주요 정보를 설명하고 수신자가 적극적으로 경청하면서 그 내용을 파악 또는 기록하기를 원하며 이해하지 못한 것은 질문도 하는 적극적인 청취 자세를 요구할 것이다.

이와 같이 적극적인 청취를 실천하기 위해 청취 과정에서 다음 네 가지 요소에 주의한다면 효과적으로 청취할 수 있을 것이다.

(1) 제1 요소: 메시지를 듣는다

감각 기관을 통해 소리를 인지한다. 그 때 다른 '듣는 채널들', 즉 눈과 촉각은 전달자의 목소리 높낮이, 신체적 언어 등 비언어적 커뮤니케이션 요소를 통해 메시지를 파악하려 한다. 귀라는 감각 기관을 통해 단순하게 듣는다는 것은 청취 과정의 가장 기본적인 단계이다. 청취하려고 감각 기관을 통해 선택적 과정을 거쳐 특정 정보를 듣게 되는 것이다.

청취하는 것은 의식적인 행동 중 하나로 기억 과정은 노출된 정보가 감각 기관을 통해 들어오면서 시작된다. 유입된 정보는 감각 기억에서 아주 짧은 시간 동안 저장되며, 만약 정보에 주의를 계속적으로 주지 않게 되면 사라진다. 계속적인 주의가 주어지는 정보는 단기 기억으로 이전된다. 능동적인 정보 처리 활동의 중심이 되는 단기 기억은 감각 기관으로부터 이전된 정보를 장기 기억으로부터 인출된 정보와 결합함으로써 외부에서 유입된 정보에 대한 해석을 하게 된다. 단기 기억에서 처리된 정보는 장기 기억으로 이전되어 영구히 저장된다.

결국 전달자 의견을 청취하기 위해서 구두 메시지를 듣고 선별하며, 수반하는 비언어적인 신호들도 함께 파악해야 정확하게 전달하려는 메시지를 이해할 수 있다. 특히 메시지가 흥미를 유발하거나 중요할 때 더욱

더 주의를 갖게 된다.

① 메시지가 중요하다.
② 흥미가 유발된다.
③ 과거에 이와 유사한 정보를 들은 적이 있다.
④ 전달자를 좋아하거나 존경한다.

때로는 전달자의 메시지와 상관 없이 청취할 때 여건이나 자신의 감정 상태에 따라 제대로 청취할 수 없을 경우가 있다. 이 경우는 자신의 상황, 여건에 대해 사전에 양해를 구하는 것이 상대와의 커뮤니케이션에 도움이 될 것이다.

메시지 청취에서 세 가지 주요 요소

- 주의
- 관심을 갖는 것
- 중요한 것 선별

한 사례를 통해 그 상황을 이해하고자 한다.

비서 박은혜 씨는 사장이 그녀의 책상에 보고서를 놓고 나가면서 손님과 약속이 있어 외부로 점심 식사하러 간다는 말과 3시경에 돌아올 때까지 20부 복사를 부탁하고 나갔다. 그 때 비서는 12시경에 점심 약속 때문에 막 나가려는 참이었다. 사실 비서 박은혜 씨는 오랜만에 찾아온 친구와 점심 약속이 있었기에 잠시 주저했지만 당장 복사를 해야만 한다고 스스로 판단내렸다. 박은혜 씨는 사장의 3시까지 복사를 해두라는 지시를 제대로 듣지 않았기에 결국 친구들과의 점심 약속을 취소했었다. 만약 박은혜 씨가 사장의 말을 주의 깊게 청취했다면 친구와의 점심 식사 후 20부 복사는 5분도 채 소요되지 않는 분량이었기에 오랜만에 찾아온 친구와의 점심 식사 후에 복사를 했어도 충분하게 시간을 할애할 수 있었을 것이다.

(2) 제2 요소: 메시지를 해석한다

전달자의 메시지를 해석하는 것은 전달자의 의미를 좀더 깊게, 잘 이해하게 되는 것이다. 종종 사람들이 같은 방법으로 메시지를 지각하지 않기 때문에 해석에서 차이를 나타낼 수 있다. 즉, 전달자는 항상 그들이 의미하는 것을 정확하게 말할 수 없거나 그들이 말하는 것을 정확하게 의미를 표현할 수 없을 때도 있다. 청취는 하나의 복잡한 과정이다. 전달자는 언어적, 그리고 비언어적 요소를 종합해서 수신자에게 메시지를 보낸다. 다음은 전달자의 메시지 해석을 위해 몇몇 사항을 설명한다.

① 단 어

단어는 그것 자체로는 거의 의미를 갖지 않는다. 단지 전달자의 사고와 느낌을 위한 매개물일 뿐이다. 단어는 실제적인 경험 자체가 아니라 경험을 설명하는 수단이다. 다만 사람들이 그 단어에 의미를 준 것이고 서로 간에 약속일 따름이다. 적합하게 메시지 이해를 위해 선택하는 것이 중요하다.

② 여 과

수신자와 전달자 모두 메시지를 해석할 때 여과 기능을 갖고 있으며, 이것은 대화를 이해하고 통합하는 것을 도와 주거나 숨길 수도 있다.

이러한 여과 작용은 우리의 뇌에 데이터베이스로 보관되어 개인적인 정보 관리를 용이하게 해 준다.

③ 목소리 톤

목소리 톤(어조)은 대략 한 메시지의 의미를 38% 정도 전달해 준다. 목소리 톤(어조)에 따라 주장, 항의, 의문, 요구 등등을 나타내기도 한다.

만약 한 회의석상에서 한 사람이 아주 조용하게 단음조로만 이야기한다면 비록 그가 아무리 도움이 되는 흥미로운 주제를 말하더라도 그의 목소리는 확신이 부족한 것으로 느껴지며, 결국 사람들은 그를 진지하게 고려하지 않게 된다.

④ 비언어적 단서들

비언어적 행위 또는 신체적 언어, 즉 전달자의 몸짓, 얼굴 표정, 눈과 자세로써 하나의 메시지를 보낸다. 훌륭한 청취자는 눈, 귀, 마음, 정신, 그리고 통찰력 등 다섯 가지 채널을 통해 비언어적인 피드백을 해석할 것이다.

비언어적 단서는 목소리 톤(어조)과 같이 메시지를 확인하거나 부인할 수도 있다.

대부분 인간적인 상호 작용의 절반 이상은 비언어적인 단서를 이용한 커뮤니케이션을 통해 이루어진다 해도 과언이 아닐 것이다.

전달자의 의미하는 바를 확실하게 알 수 없는 청취자는 반복을 요청하거나 설명을 요청하기도 한다. 이것이 바로 피드백이라는 것이다.

"귀하께서 말씀하셨을 때 의미하는 것이 이것인지요?"

"말하고 있는 것을 어떻게 해석하면 될까요…… 내가 맞는지?"

"의미를 확실하게 알 수 없습니다. 좀 더 구체적으로 설명해 주시겠어요?"

메시지를 해석하는 데 필요한 세 가지 주요 요소

- 자신의 여과 정도 이해
- 신체 5감각 채널 사용
- 명료한 설명 요청

(3) 제3 요소: 메시지를 평가한다

훌륭한 청취자는 하나의 메시지를 만들기 전에 관련된 정보 일체를 사전에 수집한다. 이와 같은 행동은 상대방에게 이해를 높일 수 있고, 불확실한 정보를 바탕으로 결론을 성급하게 판단하지 않게 한다. 그것은 때때로 전달자의 의견과 일치할 수도 불일치할 수도 있기 때문이다.

바람직한 청취자는 최종적인 결정 또는 판단에 이르기 전에 충분히 증거를 분석하고 신중하게 고려할 것이다. 결국 가능한 정보 일체에 근거한 의사 결정은 성실하고 양심적인 평가를 내릴 수 있게 한다. 간혹 기계적으로 생각하고, 성급하게 내린 결정은 문제점을 수반할 가능성이 높기 때문이다.

평가가 모든 청취 상황에서 반드시 요구되는 것은 아니다. 오히려 청취를 위한 목적을 잘 파악해야 한다.

메시지를 평가하기 위한 세 가지 주요 요소

- 질문한다.
- 증거 자료를 분석한다.
- 서둘러 결론내리지 않는다.

(4) 제4 요소: 메시지에 반응을 표시한다

커뮤니케이션을 명확하게 하기 위해 반응한다는 것이 청취자를 위한다기보다 오히려 전달자를 더 고려한 것으로 비평을 받기도 한다.

전달자는 다만 무엇이 들렸고, 어떻게 들렸는지를 언어적 또는 비언어적 피드백에 의해 청취자를 파악해야 하는 것으로 비평받았지만 좋은 청취자는 전달자가 커뮤니케이션 과정을 완벽하게 나타내도록 피드백을 제공하는 책임을 가진다.

바람직하고 훌륭한 청취자는 전달자와 같이 공감대를 형성하기 위해 공통적인 이해점을 갖기 바란다. 다시 말해, 전달자를 위해 다음과 같이 확신적인 반응을 함으로써 전달자에게 뭔가를 확인시켜 주고자 한다.

▪ 그 메시지를 듣고 있다.

▪ 메시지가 이해되었다.

▪ 메시지가 적합하게 파악되었다.

청취자가 아무런 반응이 없는 경우를 사례를 통해 살펴보고자 한다.

정은선이 최민에게 새 사무실 건물이 언제쯤 사용 가능한지를 물었을 때, 최민이 그냥 정은선에게 그가 들은 바에 대해 아무 대꾸 없이 그냥 쳐다본다면 이 경우에 최민이 효과적으로 커뮤니케이션을 하고 있다고 생각할 사람은 아무도 없을 것이다. 때로는 침묵이 의사를 전달할 경우도 있지만, 멍하게 쳐다보는 것은 침묵과는 다른 차원이다.

메시지에 대한 반응으로 지나친 감정, 부적당한 방어적인 반응을 내포하는 경우도 문제가 될 수 있다. 결국 혼동된 반응들(이중 메시지)은 언어적·비언어적인 요소가 상충될 때 나타날 수 있다.

만약 최민이 친절한 매너로 웃고 있지만 그의 목소리는 매우 신경질적으로 "왜 당신이 그것에 대해 알기를 원합니까?"라고 한다면 최민이 사실 정은선에게 혼동을 줄 수도 있다는 것이다. 최민이 그의 목소리와 상반되는 미소로 메시지를 보내고 있기에 이런 이중 메시지는 해석하기가 어렵다. 이 경우는 종종 진실을 왜곡하거나, 말하는 것이 두렵기 때문에 나타나는 행동일 수 있다.

메시지에 반응하는 세 가지 주요 요소

- 공감대 형성을 원한다.
- 언어적 또는 비언어적 피드백을 준다.
- 혼동된 메시지를 피한다.

2 청취 향상 노력

(1) 개인적인 노력

적극적인 청취를 생활에서 실천한다는 것은 쉽지 않기 때문에 더 나은 청취자가 되고자 노력하는 것이 필요하다. 결국 커뮤니케이션을 위해 적극적으로 청취하기 위해서는 인내심과 개선을 위한 계획과 지구력을 가져야 한다.

대부분 사람들은 구두 커뮤니케이션을 할 때 메시지의 처음 부분 중 50% 정도는 효과적으로 듣는다. 결국 처음 메시지의 50% 정도는 그 내용을 기억하지만 시간이 흐름에 따라 효율성이 저하되어 메시지의 25% 정도만 기억한다. 대부분 비즈니스의 80%는 메시지를 주고받으면서 업무를 수행하는 것으로 보낸다.

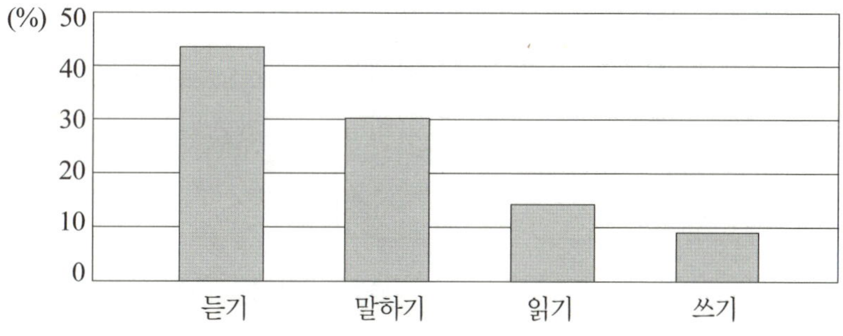

45%는 듣는 것, 30%는 말하는 것, 16%는 읽는 것, 그리고 9%는 쓰는 것이다. 최고 경영 관리자는 매일 60% 이상은 여러 의견들을 청취하면

서 보낸다. 이를 수행 보좌하는 비서라면 청취가 얼마나 중요한지를 부연 설명할 필요가 없을 것이다.

청취 기술의 향상은 스스로의 노력 없이는 결코 이루어지지 않는다. 청취 학습의 필요성을 인지해 동기 부여 및 교육 훈련 과정이 필요하다. 기존의 부정적인 청취 습관들에서 양호한 방향으로, 작은 변화들은 결과적으로 개인들에게는 큰 기쁨의 원천이 될 것이다. 이와 같이 기존의 바람직하지 않은 청취 습관들을 변화함으로써, 즉 새로운 기술들의 습득에 따라 기존의 비생산적인 습관에 비해 훨씬 더 많은 장점을 가질 수 있다고 믿어야 한다. 각 개인들의 행동을 변화하기 위해 다음에 열거된 청취 기술을 익힌다면 더욱 훌륭한 청취력 소유자가 될 수 있을 것이다.

즉, 효과적으로 기존의 청취 태도를 변화하기 위해서는 다음과 같은 것에 유의해야 한다.

① 작은 변화에 주목한다.
개선점을 인정한다는 것은 긍정적인 강화의 한 형태이다.

② 중요한 청취 습관 변화 내용을 기록하고 확인한다.
지루한 회의에서도 주의를 갖는 것이다.
동료의 방해로부터 스스로 청취를 위해 실천한 내용을 기록한다.

③ 잘못된 것에 대한 지적은 인정하지만 계속 반복되어서는 안 된다.
실수를 통해서 배우는 데 실패하는 것은 진짜 실패이다.

④ 개선된 청취 태도를 계속 유지한다.
의식적으로 청취 기술 향상을 위해 노력하지 않는다면, 오래되고 나쁜 습관들로 쉽게 돌아갈지도 모른다는 것을 알아야 한다.

이와 같이 기존의 청취 태도를 변화하려고 노력한다면 다양한 청취를 통한 효과들을 누리는 기쁨을 가질 수 있다.

다시 말해, 적극적인 청취란 상대방이 전달하고자 하는 메시지는 물론 그 내면에 깔려 있는 동기나 정서에 귀를 기울여 듣고 이해한 바를 상대방에게 피드백해 주는 것이다. 이것은 평가 · 의견 · 충고 · 분석 · 의문을 전달하는 것이 아니라 상대방이 의미하는 것 자체가 무엇인가에 초점을 두고 청취하는 것이다.

이러한 적극적인 청취는 상호 간의 부정적인 감정들에 대한 두려움을 감소시켜 주며 서로 온정적 관계를 맺을 수 있게 한다. 또한 상대방이 스스로 문제를 해결할 수 있도록 해 준다. 정신과 의사나 전문 상담자는 적극적인 청취 자세를 일반 사람들보다 훨씬 잘할 수 있는 기술을 가진 전문가들이다. 이런 전문가들은 자신이 말하는 것보다 환자나 상담자가 말하는 것을 적극적으로 청취함으로써 환자를 치료하기도 한다.

이처럼 남의 이야기를 적극적으로 들어 준다는 것은 문제 해결뿐 아니라 대인 관계 형성 차원에서 매우 중요하므로 다음에는 훌륭한 청취 자세에 필요한 요소를 설명한다.

(2) 나쁜 청취 습관 극복 방법

① 적극적으로 행동하기

제거하기를 원하는 나쁜 청취 습관들은 스스로 빨리 파악, 인정하고 적극적인 변화를 시도하려고 노력해야 한다.

② 나쁜 습관들을 없애기

적극적인 청취에 방해되는 선입견, 성급한 결정, 산만함, 고정 관념 등 제거되어야 할 나쁜 습관에 결코 관대해서는 안 된다.

③ 오래된 습관을 새로운 것으로 대체하기

적극적인 청취 자세를 선택하고 새로운 청취 자세를 갖추기 위해서는 먼저 기존의 잘못된 습관을 버리는 것만으로 해결되는 것이 아니라 바른 청취 자세로 대체시켜야 한다.

④ 격려하기

적극적인 청취 자세를 갖추기 위해 노력하고 상대와의 커뮤니케이션에서 실천했다면 동기부여 차원에서 스스로의 성공을 격려한다.

⑤ 인내심 지니기

대체로 스스로의 실수보다 타인들의 실수에 더 관대한 편이다. 효과적인 커뮤니케이션을 위해 청취가 기본이라는 사실을 명심하고 적극적인 청취 자세도 하나의 자기 관리이다. 장기적으로 좀 더 인내심을 가지고 스스로를 관리해야 한다. 청취 향상을 위해 개인적인 노력뿐 아니라 상대와의 커뮤니케이션을 위해 흥미를 유발하고 관심을 집중할 수 있도록 주의를 갖게 하는 것도 중요하다.

(3) 귀 기울이게 하기

상대방의 청취 기술이 향상되도록 하기 위해 어떻게 도움을 줄 수 있는지에 대해 생각해 보도록 하자. 상대가 주의 깊은 청취를 하지 않을 때는 전달자는 정중하게 청취할 것을 요청하고 주장할 수도 있다. 이는 전달하고자 하는 메시지의 전달 효과를 높이기 위해 매우 중요한 사항이다.

만약 이 경우 집중, 주의할 것을 언급하지 않는다면 그들은 계속적으로 산만하게 대충 청취하는 자세를 유지하게 될 것이며, 때로는 수신자나 청취자들은 자신의 잘못을 미처 파악하지 못했거나 정말 모를 수도 있다.

청취자들의 주의를 집중하기 위해 다음과 같은 진술이 도움이 될 수 있다.

"이 정보는 중요합니다. 그래서 여러분이 들은 이야기를 다시 한 번 요약 정리해 드리겠습니다. 집중해 주세요." "청취하지 않는다면 결국 이 내용이 귀하께 중요하지 않다는 것으로 파악해도 될까요?" "말한 것을 다시 한 번 반복하겠어요. 오늘 청취하신 내용은 아주 중요합니다."

언어적, 그리고 비언어적 신호들을 통해 청취자들에게 메시지를 효과적으로 전달하고 주의 집중을 할 수 있는 분위기를 형성해야 한다.

3 청취 비결 열 가지

훌륭한 청취 자세는 타고나는 것이 아니라 관련 기술을 습득하고 반복 연습하는 과정이 필요하다. 훌륭한 자동차 운전자는 작은 실수나 사고를 피하고자 자동차를 운전할 때마다 항상 주의하고 노력한다. 이와 같이 훌륭한 청취자가 되기 위해서는 항상 커뮤니케이션을 할 때마다 주의와 노력을 많이 기울여야 한다.

직장 생활은 대부분의 시간이 상사, 동료, 고객과의 대화와 청취하는 것에 할애되어 있기 때문에 충분하게 실전에서 연습할 기회를 많이 가지게 될 것이다.

마음 속으로 매일 스스로를 체크해야 한다. 즉, 매일 하루의 첫인사나 첫 전화에서부터 하루의 마지막 커뮤니케이션 행동까지 좀 더 나아진 청취 자세를 실천하는 기회를 갖도록 하는 것이 중요하다.

다음에 소개하는 것은 적극적인 청취 자세를 실천하기 위해 필요한 비결 열 가지로, 이를 의식적으로 기억하고 행동하는 것이 바람직하다.

(1) 비결 1: 노트 준비

훌륭한 청취자는 노트를 갖고 있다. 기억한 것만으로는 전달자의 메시지를 정확하게 파악할 수 없다는 것을 알기 때문이다.

노트에 기록한 것은 전달자 메시지를 좀 더 조직적으로 이해하도록 도와 주고 주요 요점들과 정보를 지원해 줄 수도 있다.

① 노트는 사전에 준비해 둔다.

② 간단히 메모해 둔다.

③ 내용 모두를 적을 필요는 없다.

(2) 비결 2: 청취는 지금, 기록은 차후에

누군가로부터 들은 것을 수시로 정리해서 데이터베이스화해 둔다면 필요할 때 효과적으로 활용할 수 있다.

때로는 정리한 데이터베이스화된 정보를 직장 동료 또는 친구들에게 이야기해 줌으로써 서로 정보를 나눌 수도 있고 이익을 줄 수도 있다.

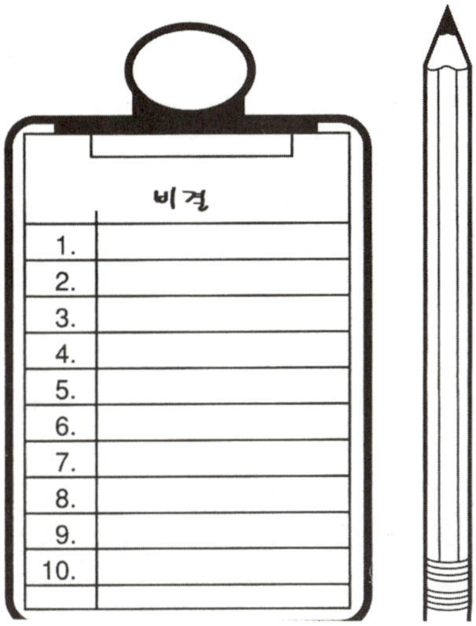

(3) 비결 3: 청취하고자 원하는 것을 배우기

훌륭한 청취자가 되기 위해서는 자신이 갖고 있는 선입견을 기꺼이 포기해야 한다. 훌륭한 청취자가 되기 위해 다음 DISC를 사용한다.

D = Desire(바람)

뭔가 청취하려는 의지에서부터 시작될 수 있다. 즉, 목적을 지닌 청취가 그냥 아무 생각 없이 청취하는 것에 비해 효과적이다.

I = Interest(흥미)

청취하는 사람들과 훌륭한 청취자가 되기 위해서는 흥미를 유발할 수 있는 주제를 선정하고 그 주제를 이끌어 갈 수 있어야 한다.

S = Self-discipline(자기 훈련)

바람직한 청취를 위해서는 전달자의 메시지 핵심을 이해하고, 청취의 장애 요소를 스스로 통제하며 전달자의 언어적·비언어적 지시 내용을 제대로 파악해야 한다. 때로는 청취 행동을 모니터링해서 개선점을 파악하는 것이 도움을 줄 수 있다.

C = Concentration(집중)

집중력은 주의를 기울이는 것보다 더 많은 노력을 필요로 한다.

회의 때나 전화 통화에서 얼마나 오랫동안 집중할 수 있는지, 주의 깊게 스스로 집중할 수 있는 훈련을 해야 한다.

최대의 집중력을 갖기 위해서는 다음에 유의해야 한다.

① 시간을 계획할 것

② 한계를 알 것

③ 청취에 우선권을 둘 것

마치 하나의 DISC가 컴퓨터를 작동할 수 있는 것처럼 DISC 작동은 청취하는 상황에서 사람들의 태도, 기술, 그리고 행동을 통제할 수 있다는 점을 유의해야 한다.

(4) 비결 4: 대화 순간에 존재

청취하는 것을 좋아하거나 그렇지 않더라도 청취하고자 항상 선택하고 노력한다. 청취하려고 자신의 감각 기관을 통해 선택 지각하지 않았을 때 사실 정신은 멍해져서 전달자의 그 메시지를 해석할 수도, 평가할 수도 없다. 결국 적합하게 반응을 표현할 수 없게 된다. 백일몽을 꾸는 사람, 즉 상대와 커뮤니케이션할 때 그 자리에 있지만 사실 머리 속에는 딴 생각으로 가득한 사람을 지칭하는 말이다.

있는 그대로를 정확하게 들을 수 있도록 전달자의 언어적·비언어적 커뮤니케이션에 주의를 기울여야 한다. 다시 말해, 청취할 수 있도록 그 자리에 몸과 마음이 함께 실재해야 한다.

(5) 비결 5: 특별한 것 기대

뭔가 상대편과의 대화에서 기대하는 것이 있다면 좀 더 대화에 집중할 수 있다. 전달자에게 뭔가 특별한 것을 기대한다는 것을 보여 주는 것만으로도 전달자에게 큰 도움을 주는 것이다.

청취자들이 전달자에게 기대한다는 것을 보여 주는 방법으로는 다음과 같은 것들이 있다.

① 질문을 하는 것
② 흥미를 보이는 것
③ 관심을 표현하는 것
④ 주의를 기울이는 것 등

커뮤니케이션을 진행하는 과정에서 상대가 자신의 의견에 대해 적극적으로 청취하고 있다는 사실을 알았을 때가 가장 기쁘다는 것을 잊지 말아야 한다.

(6) 비결 6: 혼신을 다하기

효과적인 청취자가 되기 위해서는 단순히 귀로만 듣는 것이 아니라 눈, 정신, 몸, 마음, 그리고 통찰력을 총동원한 상태이어야 한다. 혼신을 다해 청취하는 태도로는 다음과 같은 것들이 있다.

① 긍정적으로 이해하는 반응을 나타내는 것
② 관심 있는 자세를 보이는 것
③ 전달자의 말을 인정한다는 표현으로 끄덕이는 것
④ 선의의 눈맞춤을 시도하는 것 등

(7) 비결 7: 전달자와 호흡 맞추기

청취자는 전달자가 말하는 것에 주의를 집중하면서 지속적으로 커뮤니케이션을 진행할 수 있도록 행동에 호흡을 맞추는 것이 필요하다.

① 말하는 목소리 속도를 전달자에게 맞춘다.
② 목소리 높낮이를 전달자에게 맞춘다.
③ 같은 종류의 단어와 문장을 사용한다.
④ 공감대를 형성할 수준으로 유사하게 한다(지나친 모방은 피한다).

(8) 비결 8: 감정 통제

전달자가 선택한 단어, 주제, 상황, 그리고 인격적인 요소들이 때로는 청취자들의 감정을 상하게 할 수도 있다. 때로는 이러한 주제들이 부정적이든 긍정적이든 상관 없이 청취자들을 감정의 소용돌이로 몰아갈 수도 있다.

순간적으로 치솟는 감정을 다스리고 좀 더 신중하게 청취 분위기를 형성할 수 있도록 다음과 같이 스스로 행동과 감정을 통제해야 한다.

① 참견 없이 주의 깊게 듣는다.
② 의식적으로 감정을 자제한다.
③ 상대방의 감정도 고려한다.
④ 명료성을 추구하기 위해 객관성이 있는 질문을 한다.
⑤ 상대방의 관점에서 판단하고자 노력한다.
⑥ 문제점을 정리하고 주제에 충실해야 한다.
⑦ 인내심을 가진다.
⑧ 견해를 표명한다.
⑨ 이유를 설명한다.
⑩ 서로에게 이익이 되는 계획을 세운다.

(9) 비결 9: 산만한 요소 통제

훌륭한 청취자가 되기 위해서는 산만해질 수 있는 요소를 통제하는 것이 중요하다. 비록 환경 여건이 열악하더라도 청취하며, 산만함을 최소화하려고 노력한다면 결국은 커뮤니케이션의 실패를 줄일 수 있기 때문이다.

산만해지는 것을 극복하기 위해서는 다음에 유의해야 한다.

① 청취하는 것에 계획을 세운다.
② 산만해지는 원인을 파악한다.
③ 산만해지는 원인을 무시한다.
④ 너무 피곤해서 청취할 수 없을 때는 휴식을 취한다.

(10) 비결 10: 푸짐한 선물로 생각

청취한다는 것은 전달자에게 시간과 주의로써 선물을 하는 것이다. 청취한다는 것은 상대에 대해 관심을 인정하는 것이며, 진실되고 솔직한 청취 태도는 전달자로 하여금 인정을 받고 있다는 것을 느끼게 함으로써 더욱 창의적으로 변하게 할 수 있다.

적극적인 청취 자세는 청취자가 전달자의 의견을 주의 깊게 듣고 있다는 것을 전달자에게 알려 주는 것이다. 때로는 청취자의 질문이 전달자의 대화를 중단하는 것이 아니라 다만 명확성을 위해 질문을 요청하는 것이라는 사실을 명심하고 정중하게 질문을 해야 한다.

7.3 문화 간 청취

서로 다른 문화를 공유하고 있는 상황에서 청취의 수준은 크게 대인 간(interpersonal) 청취와 문화 간(intercultural) 청취로 구분할 수 있다.

(1) 대인 간 청취

'대인 간 청취'는 비슷한 문화권의 사람들과 소통하는 가운데 이루어진다. 즉, 우리와 같은 언어를 말하고 비슷한 문화적 가치관을 가지는 경우를 말한다. 가족 구성원 간의 대화 같은 것이 이에 해당한다. 타인과 보다 많은 시간을 같이 보낼수록 더욱 많은 역사나 배경 등을 공유하게 되고 이해의 폭이 넓어지게 되어 서로 간에 더욱 잘 청취할 수 있게 된다.

이러한 것은 공유된 경험이 다른 사람이 생각하는 것을 보다 더 정확하게 예견할 수 있게 하기 때문이다. 이러한 공통된 상징적 기반이 효과적으로 청취하고 소통하게 하는데, 사람들이 서로 다른 기반을 가지고 있을 경우에는 어떻게 될까?

(2) 문화 간 청취

과거의 경험이나 언어, 가치관, 성향 등이 우리가 청취하고 커뮤니케이트하는 방식에 영향을 미치므로 우리가 이러한 차이에 대해 유의하며 민감하지 않는다면 문화 간 커뮤니케이션은 원활하게 이루어질 수 없으며 문제가 될 수밖에 없다.

비록 같은 언어를 사용하는 사람이라 할지라도 다른 지역에서 온 사람과 효과적으로 청취하는 데 어려움을 겪을 수도 있다. 목소리의 리듬이나 억양, 발음상의 차이는 청취하는 데 문제를 야기시킬 수 있다. 첸과 스타로스타(Chen & Starosta)는 문화 간 청취에 영향을 미치는 것들로 ① 감정을 이입한 청취, ② 융합적 관점, ③ 선택적 청취를 들고 있다.

공유된 역사, 배경, 의미 등은 교환 문호를 가로 막을 수 있다. 스파이처(B. L. Speicher)는 문화를 뛰어넘어 감정적으로 이야기하는 사람들은 보통 이성적으로 이야기한다고 한다. 왜냐하면 어떤 감정들은 보다 더 전우주적이고, 문화 간 커뮤니케이션은 감정에 맞추어져야 하기 때문이다.

사람은 열정적인 동시에 논리적이다. 비록 다른 문화권에서 온 사람이 논리를 이해하지 못하더라도 그 논리 뒤에 있는 감정에는 보다 더 잘 맞추어져 있을 수 있기 때문이다.

사람들은 모두 자신의 언어, 사고 방식, 가치관, 신념 등으로 구성된 우리 자신의 세계관을 가지고 있다. 그 가치관 안에 갇혀 있게 되면 다른 문화로부터 온 사람들과의 효과적인 상호 교류(작용)는 막히게 된다. 우리가 사건에 대한 고유의 해설을 방어하듯 인종주의에 빠지게 된다.

우리들 자신의 역사적 혹은 문화적 배경을 배제하고 융합적 관점을 가지기 전에는 다른 사람들이 우리를 어떻게 보는지를 감지할 수 없다.

때때로 우리는 듣기를 기대했던 것을 듣고 수용하며 우리의 생각과 일치하지 않는 것을 버리곤 한다. 이러한 편견과 역사(내력)는 진정한 청취를 하지 못하게 한다. 예로서, 루이스(R. Lewis)는 협상에서, 미국인들은 유머, 캐치프레이즈, 농담과 적극적 판매술을 듣기를 기대하고; 일본인들은 공식적인 프리젠테이션을; 독일인들은 농담이 아닌 기술적 정보를 듣기를 기대하고; 프랑스인들은 논리적 프리젠테이션을; 아랍인들은 웅변을 기대한다고 하였다. 이러한 형태의 선택적 청취는 문화 간 커뮤니케이션을 가능하게 하지 않고 효과적 청취에 장애물이 되어준다.

1 효과적 청취에의 장애물들

청취하는 데에는 기본적으로 많은 어려움이 있다. 청취하는 과정에는 수 많은 방해가 있기 마련이다. 특히 같은 문화를 공유하지 않는 사람들이 커뮤니케이션하는 데에 있어서는 더욱 그러하다. 효과적으로 청취하기 위해서는 물리적, 정신적, 사실적, 의미상의 방해물들을 다루는 법을 알아야 한다.

① 물리적 방해물은 연사의 말이나 메시지에 집중하는 것을 방해하는 환경으로부터의 외적 방해물들을 포함한다. 큰 소음, 사람들의 말소리, 강한 냄새, 실내의 온도, 하루 중의 시간대 등이 이에 속한다. 이러한 것들은 메시지를 듣는 능력을 저지시켜서 청취 과정을 완성하는 능력을 저하시킨다. 나머지는 내부적 방해물들이다.

② 정신적 방해물은 메시지에 집중하지 못하도록 하는 것을 말한다. 듣고는 있지만 주의를 집중하지 않고, 따라서 이해를 하지 못하는 경우이다. 배가 고파서, 혹은 화가 나서 심리적으로 방황하거나 배회하는 경우이다. 혹은 지금 자신에게 말해지는 것을 듣기보다 다음번에 자신이 해야

될 말에 대해 생각할 수도 있다. 긴장하거나 혼란스러워할 수도 있다 이 모든 방해물들은 당신이 메시지를 진전시키는 것을 저지한다. 예를 들면, 잡 인터뷰에서 자신을 어떻게 표출하고 첫인상을 어떻게 받는지에 너무 신경쓴 나머지 다음번 질문을 듣지 못하게 되는 것 등이 이에 속한다. 외국어로 진행되는 회의에서 자신이 발표할 내용을 신경쓰느라 다른 사람들의 견해나 발표내용을 캐치하지 못한 경험을 하는 경우가 종종 있다.

③ 사실적 방해물이다. 이는 집중해야할 것들이 너무 많을 때 발생한다. 너무 많은 정보를 다룰 때 메시지의 핵심을 놓치는 것이다. 아마도 각기 사실에 대해서 주의를 기울이고 혹은 특정 세부적인 것에 집중하느라 전체적인 메시지를 놓치는 것이다. 예를 들어, 역사 시간에 날짜나 장소등을 기억하느라 그 사건이 주는 시사점 등에 관한 견해를 놓치는 것 등이 이에 해당한다.

④ 마지막으로, 의미상의 방해물은 친밀하지 않은 단어나 용어, 발음 등을 사용하거나 혹은 그것에 대해 상대방이 감정적으로 반응했을 때 나타난다. 즉, 언어 장벽이 감정적 장벽 못지않게 의미상의 방해물이 된다. 이러한 장벽이 이문화권 사람들과 청취하고 관계를 발전시키는 능력에 영향을 미치기 때문에 문화 간 청취하는 전략을 연구하는 것은 중요하다. 예를 들면, 미국에서 한국인과 제3국가의 외국인이 영어로 소통할 때 이러한 현상이 자주 발생되곤 한다. 상황에 가장 적합한 용어의 선정, 정확한 문법 적용, 표준 발음이나 악센트 등을 사용하지 못함으로써 의사 소통에 많은 어려움을 겪어본 경우가 많다. 반면, 한쪽이 영어권 원어민일 경우에는 상대편이 완벽하지 않은 영어를 구사하더라도 비교적 말을 잘 알아듣게 되므로 소통의 정도에는 많은 차이가 있게 된다.

2 효과적 문화 간 청취

우리가 보다 효과적 청취자가 되기 위하여는 문화 간 커뮤니케이션의 시사점뿐만 아니라 청취 과정에 대한 이해가 전제되어야만 가능하다. 청취 기술을 향상시키는 것은 의지나 동기뿐만 아니라 많은 시간과 노력을 필요로 한다는 것을 깨닫는 것이 중요하다.

우선 일반적 청취력 향상을 위한 전략을 기반으로 문화 간 청취 능력 향상 전략을 살펴보자.

일반적으로 청취력을 향상할 수 있는 방안으로는

① 연사의 주요 주제에 집중할 것. 특정한 사항이나 숫자 등은 나중에 얼마든지 요청할 수 있다. 청취자로서의 기본적인 목적은 질문에 답하는 것이다. 즉, 주안점, 주제가 무엇인가?

② 메시지의 내용뿐만 아니라 '의도'를 들을 것. 자신에게 "왜 이 사람은 이 이야기를 하는가"를 생각할 것

③ 상대방의 말을 다 들을 것. 전체적인 메시지를 다 듣기 전에 자신이 판단하기 시작하지 않도록 한다. 매우 자주, 청자로서 우리들은 상대방의 메시지의 내용이나 의도에 집중하기보다 우리들 자신의 메시지를 만드는 데 청취하는 시간을 사용하곤 한다.

④ '의미'는 '사람'에게 있지 '단어'에 있지 않다는 말을 기억할 것. '단어'에 대한 감정적 반응을 극복하려고 노력할 것. 메시지 안에서 자신이 동의할 수 있는 것에 집중하고 그리고 이것을 더 나아가 논란의 여지가 있는 것으로 옮겨가는 데 있어서 출발점으로 삼을 것

⑤ 상대방을 소통하는 자, 인간으로서 생각할 것. 사람은 모두 생각을 가지고 있고, 그 생각에 대해 감정을 가지고 있다. 자신의 모든 감각을 동원하여 듣고 귀로만 듣지 마라. '멈추고, 보고, 그리고 들어라'라는 유명한 경고 문구는 청취할 때 지켜야 할 매우 훌륭한 지침이다.

상대방이 언어적으로 의미하는 것이 무엇인가? 비언어적으로 의미하는 것은 무엇인가? 등의 질문에 집중하라. 메시지 뒤에 있는 느낌은 무엇인가? 이 메시지는 지난번 대화에서 표현된 것과 일치하는가? 등을 생각해 보는 것은 매우 중요하다.

문화 간 청취는 동일 문화권에서의 청취 시 보다 더 많은 노력과 집중이 요구됨은 말할 것도 없다.

「글로벌 시장에서의 청취」라는 논문에서 해리스(Jean Harris)는 문화 간 청취에 대해 몇 가지 전략을 제시하였다.

① 자신의 문화적/개인적 가치관으로 들을 것
② 이문화권에서 온 사람에게 소개될 때에는 그들의 문화적/개인적 가치관으로 들을 것
③ 타인의 문화적 규범에 관한 지식을 넓힐 것
④ 눈을 크게 뜨고 마음을 열고 들을 것

이상을 실천하면 글로벌 청취자가 될 수 있다는 것이다.

헤리스는 글로벌 청취자란 아래와 같은 지식, 태도, 기술을 가진 자라고 하였다.

① 지식: 아래의 것들을 할 수 있는 역량
 - 자신의 문화적 가치관과 그들이 당신의 청취능력 스타일이 미치는 효과를 규명
 - 타문화권에서 온 사람들에 대해 읽고, 만날 기회를 만들어 그들의 문화적 가치관과 그들의 청취 행위에 대해 배움
 - 문화 간 청취와 관련하여 자신의 감정과 약점을 앎. 이는 타문화권 사람으로부터 청취할 때의 감정적 반응과 편향된 점을 아는 것

② 태도: 아래의 것들을 하고자 하는 의지를 가짐
 - 문화적 차이에 대해 개방적이고 존중하는 자세가 가장 기본적 출발점이다.
 - 문화적으로 다른 청자에 대해 자신의 가정(assumption)을 인정하

고 유보할 수 있는 능력
- 자신이 가지고 있을 판단적 성향
- 예상치 못했던 것들에 대해 준비
- 인내심을 개발

③ 기술: 아래의 것들을 할 수 있는 능력
- 다른 악센트(억양)를 가진 사람의 말을 듣는 연습
- 다른 문화권 사람의 비언어적 메시지를 해석하는 연습
- 문화적으로 다른 청자에 자신의 청취 스타일을 맞추어 수정
- 질문이 항상 적절한 것은 아니라는 것을 기억하라. 사람은 기본적 전제에 대한 질문으로 인하여 감정이 나빠질 수 있기 때문
- 개인적 관점 혹은 집단적 관점을 제시하는 'I'와 'We'의 사용에 유의하여 들을 것
- 미국에서는 '침묵(silence)'의 의미 사용상의 차이에 유의할 것
- 가치관을 표현하는 소개(introduction)를 잘 들을 것
- 'yes'와 'no'의 사용의 차이점에 유의하여 들을 것
- 투명성의 정도를 잘 유의하여 들을 것
- 각각의 문화 간 접촉을 독특한 경험으로 접근할 것. 그들 집단의 문화적 규범을 수정한 사람으로부터 듣고 있을 수 있다는 점을 기억하는 것이 필요하다.

결론적으로 정리하자면 어떤 상황을 막론하고 적극적 청취 행위를 하는 것이 중요하다.

효과적 청취에의 방해(장애) 요소들은 비슷한 사람들 간에도 오해와 긴장을 야기시킬 수 있으며 차이가 많은 사람들 간에는 보다 큰 갈등을 야기시키는 자극제로 작용하기도 한다. 집에서나 외부에서나 글로벌 환경에서 청취 능력을 향상시키고 문화 간 청취하는 데 도움이 될 지침을 제시하고자 하였다. 우리가 눈과 귀뿐만 아니라 마음으로 듣는 방법을 터득할 때에 효과적 문화 간 청취에의 장벽은 허물어질 수 있으며 보다 원활하고 효과적인 커뮤니케이션은 가능해질 것이다.

연습 문제

1. 훌륭한 청취 자세에 대해 간단하게 정리하고 추가적인 사항에 대해 팀별로 토의 후 발표하시오(참여하는 학습과 직접적인 청취 경험을 실제 느껴 볼 것).

2. 현재 자신의 청취 태도 습관을 열거한 후 그 습관 때문에 주위 사람들의 의견을 제대로 청취할 수 없어 생겼던 경험 사례와 그 개선점을 정리해 발표하시오.

3. 다음의 몇몇 내용은 타인들이 귀하의 의견에 귀기울이게 하기 위해 좀 더 쉽게 제시된 내용으로 동의하는 것을 체크한 후에 각자 의견을 토론해 보자.

1) 나는 다른 사람들의 의견과 사고에 흥미가 있다. ________
   사람들은 그들이 당신에게 관심을 기울일 때까지는 당신이 아는 것에 관심을 두지 않는다. 당신이 그들의 사고와 태도에 지나치게 비평적이거나 무관심하다면 그들이 당신의 말에 귀기울이는 것을 기대하지 말아야 한다.
   존경은 서로 상호 작용을 통해 반영할 수 있는 바람직한 커뮤니케이션에서 나타날 수 있다.
2) 나는 대화를 나누는 것을 좋아한다. ________
3) 나는 진실을 말한다. ________
4) 나는 상대방의 이름을 함부로 부르는 것을 피한다. ________
5) 나는 나 자신을 믿을 만하다고 생각한다. ________
   당신은 유일하며 최고로 소중한 사람임을 명심한다.
6) 나는 시간을 의식하고 사전에 미리 준비한다. ________
   내가 말한 것을 나의 청자들을 위해 준비한다.
   어떤 사람들은 내성적인 사람들은 보통 타인 의견들에 반응하기 전에 생각하기 위해 특별한 시간을 가지며 외향적인 성향의 사람들은 빠르게 반응하지만 명확하거나 정확하게 반응할 수는 없다.
7) 나는 주안점(point)을 정리한다. ________
8) 나는 나의 청자들의 요구에 좀 더 세밀하게 성의를 나타낸다. ________
9) 규칙적으로 나의 청자들의 이름을 사용한다. ________
10) 나는 마주하는 시선, 즉 '눈' 커뮤니케이션을 사용한다. ________

4. 개인별로 최고의 청취를 위한 자세 중에서 가장 중요하다고 생각되는 세 가지 요소를 선택하고 중요한 이유에 대해 서로 토의해 보시오.

요 소	중요한 이유
첫째	
둘째	
셋째	

제 8 장

대 화

새로운 디지털 커뮤니케이션 도구들이 즉각적으로, 또 장거리에서 다른 사람과 연결하는 방법을 혁신적으로 변화시키지만 조직 내에서 상사와의 문제나 고객과의 문제를 해결해 주지는 못한다.

우리가 말하고자 하는 내용과 어떻게 말하느냐 하는 것, 즉 우리말의 질적인 면과 의도는 과학이라기보다는 예술에 가깝다. 또한 우리의 직장은 점차 새로운 구조와 기술로 변화하고 있으며, 광범위한 인종, 민족의 복합체이므로 커뮤니케이션 기술은 점차 더욱 가치가 높아지고 진정한 커뮤니케이션 기술이 중요하게 되었다.

기업 간부들에 행한 한 서베이에 의하면 커뮤니케이션 관련 문제들 — 오해, 가치관의 차이, 인간성 파괴, 신뢰 붕괴, 방법에 관한 논쟁들 — 이 시간의 1/4을 허비하게 한다고 한다. 어떤 경우 논쟁이 불가피하겠지만 그러한 문제들이 얼마나 자주 야기되고 어떻게 취급되는가 하는 것은 우리들의 직장을 조화로운 집합체이거나 불평불만 덩어리로 만든다.

좋은 커뮤니케이션의 핵심은 확고한 관계를 형성하며 그것을 건전하게 하기 위해 무엇을 해야 하는가를 아는 것이다. 기업의 진정한 가치는 직원들 간의, 고객과의 사이의 연결 관계의 질에 의해 평가된다. 그것은 일방통행이 아니며, 승자와 패자의 관계도 아니며, 팀워크 정신, 문제 해결, 더욱 선(善)을 행하자는 의지이다.

8.1 성공적인 대화를 위한 지혜

대화는 "개개인들의 사고와 의견들의 교환 과정이다"라고 정의할 수 있다. 이렇듯이 대화는 단순하게 사고와 의견만의 교환이 아니라 서로 교환 과정을 거쳐 자신들이 생각하고 느끼는 바를 진지하게 토론함으로써 서로에 대해 이해하게 되며 신뢰도를 향상시킬 수 있는 과정이 포함된 것이다.

최근에는 다양한 통신 기술이 발달되어 원거리에 있는 사람이나 여러 사람이 함께 참여하는 등 다양한 대화 기술과 방법들이 나타나고 있다. 다양한 통신 기술이 발달되었어도 기술의 발달이지 그 기기를 사용하는 주체인 사람들의 중요성은 여전하다.

대화에서 가장 중요한 것은 진정한 대화가 되도록 서로 노력하는 것이다. 전달자는 개개인들의 인격에 적합하고 필요한 내용을 선정하고 전달하는 과정에 대한 이해가 필요하다.

성공적으로 대화를 이끌기 위해서는 대화 기술이 필요하다. 대화는 순간적인 것이 아니라 연속적인 하나의 과정으로 주위의 많은 사람들과 만나고 수많은 장소에서 대화가 잘 안 되면 결국 서로에게 피해를 줄 수도 있다. 원활한 대화를 위해서는 평소에 자주 대화를 나누는 것이 가장 좋은 방법이다.

성공적인 대화 진행을 위해 기본적으로 알아야 할 사항들을 소개하면 다음과 같다.

(1) 정보를 공유한다

정보를 공유하는 것은 대화에서 가장 초보적인 단계로 기본 기술이다.

(2) 상대가 말할 때 적극적으로 청취한다

상대방의 이야기를 사려 깊게 듣는다는 것은 다음 대화를 위해 준비하는 단계로 말하는 사람과 듣는 사람 사이를 연결해 주는 기술 영역에 해당된다.

(3) 본인의 주장을 말한다

이 대화의 기술 영역은 상당히 신경을 써야 하는 부분이다. 잘못하면 상대방에게 방해가 될 수도 있고 비인격적인 행위가 될 수도 있다. 서로에게 상처를 주지 않도록 객관적인 입장을 펴나가는 대화의 기술을 말한다.

(4) 갈등을 잘 처리한다

대화에서 갈등은 반드시 있다. 갈등이 있다는 것은 대화가 잘되고 있다는 증거이다. 갈등은 쌍방이 적절한 방법으로 타협할 수 있는 것으로 여유를 갖는 대화 기술 영역이다.

(5) 대화 중 일어난 문제를 프로젝트로 보고 해결한다

문제를 단순한 문제로 생각하지 말고 해결해야 할 프로젝트로 생각한다. 모순과 해결의 실마리를 찾기 위해 서로의 노력이 필요하다는 것을 인식한다.

(6) 말하는 기술을 잘 선택한다

커뮤니케이션을 전달하는 방법은 구두, 문서, 몸짓, 통신 수단 등 다양하다. 어떤 형태의 대화에 어떤 대화 기술을 사용해야 할지는 많은 경험과 연습이 필요한 부분이다. 경우에 따라 구두나 문서보다도 비언어적인 신체 언어가 처한 상황을 제대로 표현할 수 있듯이 처한 상황과 상대방이 가장 쉽게 이해할 수 있는 방법을 선택한다.

(7) 설득은 대안을 마련한 후에 한다

설득은 어려운 대화 기술에 해당된다. 상대방을 설득하려면 상응하는 제3의 그 무엇을 제시하거나 주어야 한다. 보상 없이 일방적으로 설득하려면 무리가 따르고, 다음 단계의 대화로 잘 연결되지 않는다. 이 영역은 대화의 절정에 도달하게 하는 기술 영역에 해당된다.

(8) 자신의 생각과 의견을 요약한다

상대방의 긴 이야기 가운데 분명 핵심적인 이야기가 들어 있다. 대화 중에 한 번 요약해 상대방의 확인을 듣는다. 무조건 듣기만 하는 방법으로는 대화가 이어지지 않는다. 대화는 상대방과 의견이 교환될 때 비로소 이루어지는 것으로 이 단계는 대화를 촉진시키는 기술 영역에 해당된다.

(9) 상대방 입장에서 말한다

어떤 경우 대화가 자기 중심이 되기 쉽다. 대부분 대화는 특별한 경우를 제외하고는 자기 중심의 대화일 것이다. 대화를 효율적으로 이끌어 가기 위해서는 상대방의 입장에서 말할 필요가 있고 때로는 감정 이입적인 청취 자세가 필요하다.

(10) 끝까지 상대방의 대화를 청취한다

상대방의 이야기를 중간중간에 끊으면 대화는 진전이 되지 않는다. 청취하기 싫은 내용을 계속 듣는다는 것은 사실 어렵다. 대화의 중요성을 감안해 적절히 중간에 끊을 필요도 있지만 가능하면 끝까지 상대방의 메시지를 청취한 후에 자신의 의견을 말하는 태도가 필요하다.

■ 대화 진행 시 사전 점검 사항

효과적인 커뮤니케이션을 실시하기 전에 명심할 것은 상대의 주의를 끌지 못한다면 어떠한 내용도, 어떠한 노력도 헛수고라는 점이다.

때로는 주의를 끌기 위해서 상대가 관심을 가질 만한 것을 질문하고, 대화 내용에 적합한 유머나 속담, 시사성 있는 내용들을 소개하거나 분위기 개선 차원에서 기지개나 박수 등 신체 활동을 통해 참여를 유도해야 한다.

다음은 기업이 제품과 서비스를 통해 고객과 진정한 대화를 시도할 때 사전에 고려할 사항을 정리한 것이다.

(1) 사용 고객에 대한 이해

광고, 마케팅, 영업 등에 종사하는 사람들이라면 제품이나 서비스를 사용할 고객에 대해 사용 습관, 경험 여부, 기호도 등에 영향을 미칠 개인적인 특성을 파악해야 한다. 고객을 제대로 이해하지 못하고 만족시킬 제품을 생산, 판매한다는 것은 불가능하기 때문이다. 고객을 제대로 이해하기 위해 가능한 많은 고객과 수시로 대화를 나누어야 한다. 대화를 통해 개개인들의 불편 및 희망 사항에 대해 적극적으로 청취하고 개선 조치하는 자세만이 성공 사업을 위해 초석이 되기 때문이다.

(2) 홍보에 대한 이해

많은 기업은 지속적으로 고객 만족을 실현할 수 있는 제품과 서비스를 제조, 생산, 판매, 사후 관리하는 것만이 기업 성공을 보장한다는 것을 알고 있다. 다시 말해, 제품과 서비스를 제조, 생산할 뿐 아니라 가장 효과적으로 제품과 서비스를 홍보할 방법을 모색하는 것 또한 중요하다. 이를 실현하기 위해 고객에게 가장 효과적으로 전달할 수 있는 매체와 전달 메시지를 선정, 관리해야 한다.

(3) 내부 구성원 및 협력 업체에 대한 이해

경영자 및 관리자들은 고객 만족 경영을 실천하기 위해 내부 구성원들

그림 8-1 비즈니스 대화 과정

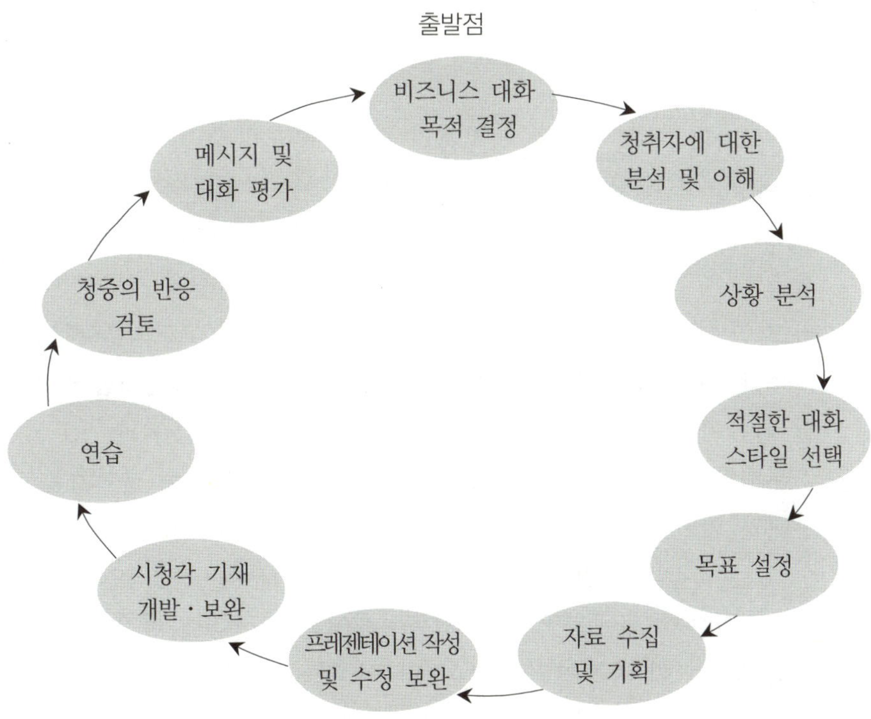

과 충분한 대화가 필요하다. 외부 고객들로부터 인정과 신뢰받을 수 있는 이미지를 지속적으로 유지시켜 줄 수 있는 것은 기업 근로자 개개인들이 기업 경영 목표를 실천하기 위해 끊임없이 스스로 노력하는 것이다. 최고 경영자는 수시로 내부 구성원들과 일대일 대화를 시도하고 인간적인 측면에서 사기를 부여하는 등 동기부여가 필요하다. 만약 여건상 일대일 대화가 어렵다면 직원들의 상향식 커뮤니케이션을 실천할 수 있는 각종 제도뿐 아니라 방법을 마련해 두어야 한다.

경영자는 귀와 마음을 열고 직원들의 관심 사항, 희망 사항을 적극적으로 청취해야 한다. 최근에는 한 업체에서만 모두 제조, 판매하기보다는 관련 업체와의 긴밀한 협조 관계 하에서 이루어지는 경우가 대부분으로 내부 구성원뿐 아니라 협력 업체의 관련자들과도 진정한 대화를 통해 고객을 위한 제품과 서비스를 실현하도록 노력해야 한다.

8.2 대화의 계기를 만드는 방법

누군가와 처음 대화를 시작하려 할 때 우연히 어떤 계기를 잡아 그것을 바탕으로 수월하게 대화를 진행시킨 경험이 있을 수 있다. 때로는 낯선 사람을 만나 어색한 분위기를 제거할 수 없어 대화를 진행하는 데 곤혹을 겪은 경험도 있을 것이다. 상대와 커뮤니케이션을 시도할 때 처음부터 자연스럽게 되는 경우는 드물다. 오히려 상대의 고도의 노력으로 마치 커뮤니케이션 분위기가 우연하게 이루어진 것처럼 자연스럽게 진행시켜 갈 따름이다.

대체로 목적을 가지고 만난 사람의 경우 첫 대화를 풀어가는 데에는 상대와 일반적인 공통 화제를 선정하고, 부담 없이 서로에 대해 신뢰할 수 있는 공감대 분위기가 형성되어야 한다. 이후에 구체적인 목적을 달성할 수 있는 주제에 근접하여 커뮤니케이션을 진행해 나가야 한다. 사실 현실에서는 이 과정이 쉽지 않지만 이 과정을 대비하기 위해 상대에 대해 사전에 정보를 수집했다면 그다지 어려운 것도 아니다.

사전 정보 수집 차원에서 상대에 대한 관심이 중요하다고 이미 지적했지만 사전에 준비할 상황이 못 되었다면 이야기 계기를 만드는 문제를 해결할 수 있는 매우 귀중한 기술과 방법이 있다. 그것은 상대와 대화를 하면서 자연스럽게 상대의 상황을 파악하고, 적절하게 질문을 하는 것이다. 처음 대화에서 질문 내용은 일상적으로 공유할 수 있는 것 중에서 선정하는 것이 가장 자연스럽다. 기후나 계절 이야기부터 상대의 출신지, 출신 학교, 가족, 취미 등 서로에게 별 부담을 주지 않는 주제를 선정하는 것이 대화 분위기 조성 차원에서 필요하다.

다시 말해, 초기 질문 중에서 상대가 특히 관심을 보이는 주제로 일단 화제를 집중하면서 서로의 공감대를 형성하는 것이 처음 대화 진행에서는 효과적이다.

질문의 요령은 "왜, 어디서, 어째서" 등의 말을 사용한다. 만약 상대편이 "제 고향은 강원도입니다"라고 하면 "아아, 그렇습니까?"로 대답하지 않고 "나는 대구인데요"라고 자신에게로 화제를 돌리지 않도록 주의한다. 이것은 모처럼 상대가 느긋하게 이야기를 하려고 하는 것에 찬물을 끼얹는 격이 된다. 그때에는 "아아 그렇습니까. 제게도 강원도 고향인 친구가 있지요. 강원도 어디십니까?"라는 식으로 물으면 대화는 점점 활기를 갖고 진행되면서 서로에 대해 경계심을 줄여 나갈 수 있다.

- "그것은 언제 있었던 일입니까?"
- "그것은 어디에서 있었던 것입니까?"
- "어느 분하고 동행하셨습니까?"
- "왜 그렇게 하셨습니까?"

위와 같이 '5W1H의 법칙'을 사용하면 대화의 실마리는 얼마든지 만들 수 있다. 상대편의 이야기를 적극적으로 청취한다는 것은 바로 이런 자세를 말한다. 다시 말해, 자연스럽게 상대를 인정하면서 적극적으로 그 내용을 청취하는 자세를 상대가 느낀다면 어느덧 다음 주제로 대화는 진전되고 있을 것이다.

8.3 직장에서 회피해야 할 대화 방법

직장인들을 대상으로 대화 방법에 대해 조사한 내용을 소개하고자 한다. "대화를 하는 중에 가장 불쾌하게 느껴지는 경우는 어떤 때입니까?"라는 질문에 대한 대답은 다음과 같았다.

- 이야기를 열심히 하고 있는데 상대방이 다른 것을 생각하고 있는 듯한 태도를 취했을 때(멍한 표정으로 바라보고 있을 때)
- 말하는 사람의 이야기를 가로막았을 때, 혹은 자신의 이야기로 화제 자체를 바꾸어 버릴 때
- 이야기를 혼자서만 계속하게 만들 때나 반응이 전혀 없을 때
- 무엇을 이야기하고 있는지 모를 이야기를 지루하게 듣고 있을 때
- 비꼬는 말투로 대꾸했을 때
- 침착하지 않은 말투나 투덜대면서 이야기했을 때
- 주제를 혼동하게끔 말을 지루하게 계속하거나 빙빙 돌려서 말할 때
- 타인의 험담이나 개인 사생활에 대해 장시간 푸념할 때

"직장 상사나 동료 중 커뮤니케이션(의사 소통)이 안 되거나, 하고 싶지 않은 유형은 어떤 사람들입니까?"라는 질문에 대한 대답은 다음과 같았다.

- 자기 자랑뿐 아니라 자신의 배경을 강조하는 사람
- 상대편의 인격을 모독하거나 감정을 상하게 하는 사람
- 이야기를 독점하는 사람
- 독설을 퍼붓는 사람
- 타인을 중상 모략하는 것을 즐기는 사람
- 불쾌한 말을 사용하는 사람
- 뭔가 숨기는 듯한 말투를 하는 사람 등

인간에게 이성은 30%이고 감정은 70%라고 한다. 내용이 아무리 좋은 이야기라도 상대가 그것을 감정적으로 받아들일 수 없었다면 대화의 목적을 달성하기 어렵다. 이런 커뮤니케이션이 힘든 사람들의 행동이 개선되지 않고 지속된다면 직장 동료와의 대화는 단절되고 직장에서의 인간관계에 치명적인 영향을 미칠 수가 있기 때문에 커뮤니케이션 실천에 주의가 필요하다.

8.4 동료와의 대화

동료와의 성공적인 대화를 위해서는 자기 자신에 대한 파악과 상황에 대한 파악이 필요하다. 즉, 자신 내부에서 진행되는 것과 외부에서 발생하고 있는 것을 잘 알아야 한다. 동료와의 성공적 대화를 위한 단계는 다음과 같다.

1 신뢰 구축

다른 사람과 관계 설정의 첫 단계는 그가 당신을 올바른 사람이라고 믿고 사려 깊은 결정을 한다고 믿도록 하는 것이다. 직장에서 이것은 존경스러운 신뢰, 건설적인 피드백 제공(비판이 아님), 책임에 대한 존중, 누군가 도움을 필요로 할 때 가능하게 하는 것을 의미한다. 만일 진정으로 동료와 실질적이고 생산적인 방법으로 교류하고 싶으면 자신을 솔직히 드러내고 일정을 분명하게 하고 접근해야 한다.

다른 사람의 신뢰를 얻으면 정직하게 말하고 존경을 표시하고, 알고 있는 것에 대해 솔직하게 하는 것보다 나은 방법이 없다. 두 사람 간에 커뮤니케이션이 원만하게 진행되려면 안정감이 있어야 한다. 우리 모두가 알고 있듯이 이러한 신뢰는 형성되기까지 시간이 걸린다.

2 미해결 사안의 확인

좋은 의도도 우리가 커뮤니케이션하려는 사람과의 사이에 해결되지 않은 문제가 남아 있으면 거부당할 수 있다. 아무리 잘 설명하려고 해도 상대방은 방어적으로 반응할 수 있으며 전혀 다른 각도에서 상황을 이해하려고 할 수 있다. 때로는 문제에 대해 전혀 알려고도 하지 않을 수 있다. 단지 진실만을 이야기하며, 상대를 비난하지 않도록 해야 한다. 사전에 그 상대방으로부터 얻고자 하는 것이, 즉 사과인지 설명인지, 무엇인지를 분명히 인식할 필요가 있다. 상대방으로 하여금 그와 함께 일하고자 하며 과거의 일로 인해 지장받지 않기를 원하므로 그것이 중요하다는 것을 알게 해 주어야 한다.

또 다른 방법으로는 감정과 관련된 방법으로서 과거에 상대방으로 인해, 혹은 그와의 사이에 있었던 일로 인해 어려움을 겪었던 것에 대해 분명히 한다. 그것이 상대방이 한 일 때문인지, 그의 스타일인지 그의 인간성을 싫어하는 것인지, 그리고는 다음과 같은 질문을 해보자. '이것은 내가 무시할 수 있는 것인가?', '내 에너지를 더 사용할 가치가 있는 것인가?', 대체적으로 그에 대한 답은 '아니오'일 것이다. 이러한 노력을 하는 것은 다른 사람을 위해서가 아니고 자기 자신을 위해서이다.

만일 자신의 마음 내면의 정리를 마치고 난 후에도 완전하게 사과하거나 잊어버릴 수 없는 경우에는 상대방에게 가서 자신의 의도를 이야기하도록 한다. 상황이 아주 미묘하거나 어려울 경우 사람들로부터 존중받고 있는 제3자에게 그 과정에 입회해 도와 줄 것을 요청하는 것도 바람직하다.

3 배우고자 하는 의도를 알림

모든 교류, 관계를 배울 기회로 여기려는 의지는 동료들과의 커뮤니케이션을 전적으로 새로운 방법으로 이끌어 준다. 더 이상 자신의 존재를 우선시하지 않고 커다란 그림의 일부로 보며 말과 행동으로 이를 나타내 다른 사람들이 알게 한다. 자신의 견해를 방어적으로 유지해 오던 대부분의 사람들은 누군가가 그들을 진심으로 이해하려고 노력한다는 것을 보면 감탄하게 될 것이다. 동료들은 배우고자 하는 당신의 의지에 반응하게 될 것이고 당신의 입장에 대해 더 알려고 하게 될 것이다. 이러한 주고받기(give & take)는 배우고자 하는 과정의 핵심에 있다. 목적은 당신이 다다를 수 있는 최고의 수준에서 공통의 장을 찾는 데 있다.

이러한 상황에서 사용되는 구체적 표현은 다음과 같다.

• 명확히 하기 위한 질문으로
"……라 하신 것은 무슨 뜻인가요?"
"……달리 설명해 주시겠어요?"
"……에 대해 가장 중요한 것은 무엇인가요?"

• 요약하는 말로는
"제가 정확히 이해했는지……"
"그러니까 말씀하신 내용은……"

• 비준, 입증하는 말로는
"제가 알기로는……"
"제가 입회하며……"

• 확인하는 말로는
"……이 결정에 동의하십니까?"
"우리는 모두 동의하나요?"

또한 다른 사람들에게 '반대' 의견도 환영한다는 것을 알려 주는 것이 중요하다. 즉, 귀하는 새로운, 더 나은 견해, 아이디어에 대해 수용할 자세가 되어 있음을 알릴 필요가 있다.

존중하는 분위기에서 열정적인 의견 대립은 가장 중요한 결정으로 이끄는 매우 좋은 방법이다. 또한 서로 간에 논의나 행위의 강·약점 등에 대한 지적과 같은 건설적인 피드백도 판단을 내리지 않고 전달되거나 수용자가 마음을 열고 듣게 되면 훌륭한 학습 도구가 될 수 있다.

4 주의 깊게 청취할 것

커뮤니케이션을 하는 데 가장 중요한 것이 청취이다.

누군가에게 전적으로 주의를 집중할 때 당신은 그의 말을 듣기 위해 그 자리에 있다는 신뢰를 상대에게 주게 되어 상대방은 봄철의 꽃처럼 마음의 문을 열게 된다. 또한 자신이 가능하다고 생각했던 것보다 훨씬 많은 정보가 있다는 것을 발견하게 될 것이다. 단어의 선택, 목소리의 억양, 보디 랭귀지(body language), 이 모든 것들과 그 이상의 것들이 갑자기 그들의 비밀을 당신에게 공개해 준다. 마찬가지로 상대가 말하는 내용과 그 의도까지도 더욱 명확해져서 당신의 답변이 좀 더 적절하고 건설적이 될 수 있다.

우리가 상대방이 말하는 것에 대해 진정으로 집중하지 않는다는 것의 한 가지 단서가 상대방의 말이 끝난 후 얼마나 빨리 응답을 하는가 하는 것이다. 한 사람이 말하는 동안 우리가 그 시간을 그 다음에 무슨 말을 할까를 생각하는 시간으로 써서는 안 된다. 그 반대로 그 시간은 듣는 데에 써야 한다. 상대방의 말이 끝난 후 얼마간 기다리면서 우리 스스로 우리의 생각과 답변을 고도의 민감성을 가지고 구성해야 한다. 특히나 주제가 복잡하고 책임 있는 것일수록 더욱 그렇게 해야 한다.

이런 기술은 하룻밤 사이에 생기지 않는다. 그것은 의지를 필요로 하고 연습과 인내를 요한다. 이런 기술을 개발하는 것은 대화가 깊어질수록 자신의 약점이 드러나게 될 수도 있음을 의미한다. 즉, 그것은 자기 자신의 요구나 편견을 배제하는 것을 배워야 함을 의미하는데 그것은 쉬운 일이 아니다. 그러한 편견들은 매우 강하고, 중요한 진실을 듣는 것을 방해한다.

주의 깊은 청취는 대화에 살며시 끼어드는 산만 요소들에 의해 주제에서 벗어날 수도 있다. 권태, 과중한 업무, 스트레스, 자신의 우선 순위, 상대방의 커뮤니케이션 방법에 관한 자신의 거부감 등이 그것이다.

잘 청취하도록 학습하는 것은 진정한 도전 과제이다. 그러나 노력으로 자신과 동료 모두에게 바람직한 결과를 가져다 줄 수 있다.

5 자신의 언어를 관찰(고찰)할 것

이 문제는 다소 민감한 부분이다. 우리는 서로 상대방에게 마음을 열고 거의 친숙하지 않고 익숙해 있지 않은 과정에 대해 신뢰하라고 한다. 우리가 말하고자 하는 내용을 어떻게 말하느냐 하는 것이 성공적 커뮤니케이션을 하는 데 아주 중요한 부분이다.

우리는 우리가 사용하는 단어에 대해 잘 알고 있어야 하며 그 단어가 사람에게 주는 효과에 대해서도 잘 알아야 한다. 또한 어떤 단어나 구(句) 등은 커뮤니케이션 지뢰가 되기도 한다. '그러나', '하지 마라', '해서는 안 된다', '해야 한다' 등의 말들은 방어적이거나 공격적인 답변을 이끌어 내기도 하며 대화를 거칠게 몰고 갈 수 있으므로 주의해야 한다.

6 감정을 잘 관리할 것

커뮤니케이션 기술이 향상될수록 감정적 문제에 주의를 기울일 필요가 있다.

직장에서 일하는 과정에서 다양한 요인으로 스트레스를 받게 되고 기분이 나쁘거나 고통스럽거나 하게 되는데 이들에 대해 관심을 가지고 관리하지 않으면 효과적으로 커뮤니케이션하기 어렵게 된다. 감정적으로 문제가 느껴질 때에는 가깝게 지내는 대화 상대와 이야기하면서 스트레스를 해소하는 방법도 가능하며, 나름대로 감정을 조정하는 방안을 강구해야 한다.

만일 누군가가 이성을 잃고 힘들어 한다면 어떻게 할 것인가? 가장 중요한 것은 자신이 그에 동요되어 같이 이성을 잃어서는 안 된다는 것이다.

상대가 말하고자 하는 내용과 그의 감정 상태를 분리시키고자 노력하며 공감대를 표시하는 것이 좋다. 그러나 상대방의 불편한 심기에 동화되어서는 안 된다.

결국 효과적 커뮤니케이션의 핵심은 다음번에 발생할 필요에 대비해 커뮤니케이션이 가능한 기반을 마련하는 것이다. 한 이슈에 대해 토론을 마쳤을 때 결정 사항을 요약하고 필요한 경우에는 다음 단계에 대해 합의하는 것이 중요하다. 첫 번째 단계는 양측이 같은 견해를 가지고 있음을 확인하는 것이고, 두 번째 단계는 차후에 남아 있을 사항을 위해 그 기초를 유지시키는 것이다.

그럼으로써 차후의 미팅, 정보 수집, 다른 사람들의 참여가 가능해진다. 미팅 후 후속 조치(e-mail, voice mail 등) 등이 그 흐름을 유지시켜 주고 개인적으로 연결을 지속시켜 줄 수 있게 한다. 그렇게 하기 위해서는 정직, 인내, 분별력, 자기 인식과 커뮤니케이션을 건강한 근무 환경의 일부분으로 인식하고자 깊이 몰입하는 것이 요구된다. 직장에서 상호 간에 좀 더 밀접하게 연결될수록 통달한 커뮤니케이션의 목표를 반영하며 더욱 밀접하게 직장의 조화를 이루어 갈 것이다.

8.5 성별에 따른 대화

많은 방면에서 여성들의 입지가 점차 더욱 확장되고 있다. 여성 인력의 비율이 높아지고 여성들이 관리자로 승진하는 것이 일반화되고 여성 CEO가 증가하고 기업에서 중대한 의사 결정권을 행사하며 영향력을 미치게 되었다.

다음의 제안과 방안들은 조직 내에서 여성과 남성들 간의 커뮤니케이션을 좀 더 원활하게 하는 데 도움이 될 만한 것들이다. 그들이 같이 일하는 과정에서 마주치는 모든 문제들을 해결해 줄 수는 없겠으나 좀 더 원만하게 하는 아이디어를 제공해 줄 것이다.

1 여성들을 위한 제안

① 어느 정도까지는 남성처럼 하나 지나치게는 하지 않도록 한다. 필요한 경우 단호함을 구사하되 남성을 아예 도외시키거나 잘못했다고 제껴버리지는 않도록 한다. 진실 안에서 자신의 입지를 세우고 조만간 다른 사람들이 그것을 인정하게 한다. 즉, 위에서 복종하게 하기보다는 논리적으로 설득시키는 것이 바람직하다.

② 비즈니스는 어디까지나 비즈니스이다. 즉, 의사 결정은 제때에 이루어져야 하고 조치는 적절히 취해져야 한다.

③ 의사 결정에 이르기까지 과정에서의 다소의 갈등을 수용해야 한다. 주어진 사안을 개인적으로 다루지 않도록 한다. 인간은 어떤 사안에 대해 서로 동의할 수도, 안 할 수도 있고 그렇게 지내오고 있다.

④ 남성은 여성보다 대화에서 참을성이 적다는 것을 알아야 한다. 이는 대화를 관계 형성(rapport) 등 연결 도구로 여기는 사람들에게 부담이 될 것이다. 또한 듣거나 듣지 못하거나 간에 언어적·비언어적 단서를 주의해 두는 것이 좋다. 그래서 미팅에 들어가기 앞서 이들을 정리해서 들어간다.

⑤ 선심성 언어, 경멸적인 것 등 부적절한 행위를 겪거나 말을 듣게 되는 것을 두려워 마라. 자기 자신에 대해 정비할 시간을 가진 후 단호하고 명확하게 대처한다. 타인에게도 도움을 청한다. 자신의 정직성이 최고로 칭송받지는 않을지라도 진실을 듣고 싶어하는 다른 남성이나 여성들로부터 존경받게 될 것이다.

⑥ 자신의 추진력이 연결고리가 되도록 존중한다. 청취, 촉진하고, 지원하는 기술 등은 오늘날 직장에서 매우 필요하다. 또한 그로 인해 남성들도 그와 비슷한 능력을 구사하는 연습을 시작하게 될 수도 있다.

2 남성들을 위한 제안

새로운 비즈니스 세계에서 가치관이 많이 바뀌고 있다. 관계 형성의 시대로 접어들고 다른 사람과 맞서서 일하는 것보다는 다른 사람과 함께 일하는 것이 더욱 효과적인 시대이다. 회사가 어느 정도로 이러한 흐름을 좇느냐와 별개로 촉진자가 되는 것은 전적으로 자신에게 달려 있다.

① 갈등이나 긴장이 심한 상황에서는 잠시 시간을 갖고 자신과 그 상황을 돌아볼 기회를 갖도록 한다. 자신이 화가 났는지, 상처받았는지, 위협받고 있는지, 한 걸음 물러서서 심호흡을 하고 자신의 중심으로 재평가해 본다. 이 상황에서 더 나은 접근 방법은 없는지, 배척하는 것이 아니고 연결을 위한 방법으로 대화를 생각해 볼 수 있는가? 때때로 어떤 사

안을 올바른 방향으로 진행시키기 위해서는 다른 사람의 견해에 무조건 동의하기보다 비준이 필요하기도 하며 그 과정에 인내가 더욱 요구된다.

② 직무에 대한 여성에게서의 신뢰를 시험해 본다. 그들을 평등하게 대했으며 자신의 사고나 말, 행동이 좀 더 우호적인 태도를 나타내는지, 여성을 약자로, 성적 대상으로 혹은 남성보다 능력이 못하다고 생각하고 있지 않은지 돌이켜볼 필요가 있다.

③ 모른다고 하거나, 질문하기를 두려워 말아야 한다. 이렇게 하면 좀 더 생산적·발전적 관계에의 문을 여는 것이 된다. 사람들은 일반적으로 도와 주기를 좋아하고 상대도 그와 같이 하게 된다. 이것은 특히 다른 사람들과의 관계에서 대등성에 높은 가치를 두는 여성들과의 관계에서 중요하다. 그 보상은 직장에서 황금같이 가치 있는 신뢰로 돌아온다.

④ 권한을 나누어 가지는 것을 두려워 말아야 한다. 같이 협조하며 일하는 것은 새로운 비즈니스 시대에서는 바람직한 일로 여겨진다. 이것은 리더십 기술을 손상시키는 것을 의미하지 않으며 단지 다른 방법으로 행사하는 것이 된다.

⑤ 최근 연구에서 밝혀진 바로는 남성이 힘과 단호함을 구사할 때 상사로부터는 우호적인 반응을 얻는다고 한다. 여성이 그러한 행동을 하면 의심스럽게 여겨진다고 한다. 여성이 직무상 충족시키기 기대하는 기준은 때때로 여성으로서 충족시키기를 기대되는 것과 충돌한다. 자신도 아직도 이중 잣대를 적용하고 있지 않은지? 다른 사람들의 업적을 평가하는 데 성적 편견을 가지고 있는지 살펴볼 필요가 있다.

⑥ 자아(ego)는 선이다. 그러나 너무 강한 자아는 그렇지 않다. 지나친 자아가 직무와 결부될 때 우선 순위가 바뀌고 불건강한 행위들이 표출된다. 자신이 하는 일에 대해 자부심을 가지되 융통성 있게 하며 더 나은 선을 행한다. 귀하는 귀하의 일이 전부가 아니다. 일 그 이상이다. 만일 여성 혹은 다른 어떤 사람이 자신보다 나은 생각을 가졌으면 그것을 지지해 주도록 한다.

⑦ 여성의 외모에 대한 부적절한 코멘트에는 '아니오'라고 말한다. 사실 직장에는 성적 에너지가 있다. 단지 그것을 존중과 민감성 차원에서

다루어야 한다. 자신의 개인적 생활에서 어떤 좌절을 경험하던 그것은 여성 동료와 아무 상관이 없다는 것을 알아야 한다.

3 이상적인 상호 관계

남성과 여성은 아직도 서로 배울 것이 많고 직장은 그것을 하기에 좋은 장소이다. 각각은 독특한 행위와 태도로 직무에 임하는데 그 중 일부는 배운 것이고 일부는 그들 성격에서 비롯된 것이다. 남성과 여성은 각각 직장이 제공하는 많은 도전들에 직면해야 한다. 필요한 것은 여성과 남성 양측의 에너지를 건강하게 균형 잡고 편안하게 융화시키는 것이다. 이 에너지는 협력하며 작용하기보다 경쟁하는 경향이 있고 그럴 때 남성들은 일반적으로 승리한다. 왜냐하면 직장은 그러한 접근을 선호하기 때문이다. 이러한 역학은 기업이나 거기에서 일하는 사람들의 장기적 관심사에 부합한다고 생각지 않는다. 다행히도 그것은 이런 식으로 될 필요가 없다. 남성과 여성이 모두 직장에서 그들의 행위의 성적 유형에 대해 더 많이 알게 되고 균형을 모색할수록 직장은 계속 변화해 갈 것이다.

연습 문제

1. 특정한 대화를 이끌어 갈 때나 평상시에 주로 대화하는 태도에 대해 항목별로 체크하면서 평가하고, 평가된 내용에 따라 자신의 문제점을 파악하고 개선하도록 하시오.

대화 능력 자기 평가표

질문 내용	거의 언제나	때때로	거의 전혀 않는다
1. 시원스럽지 못한 말을 한다.			
2. 적절한 화제를 사용한다.			
3. 조리에 맞고 요령 있게 이야기한다.			
4. 쓸데없는 이야기는 하지 않는다.			
5. 발음이 분명하다.			
6. 적절한 속도와 목소리로 이야기한다.			
7. 쓸데없는 감탄사를 사용하지 않는다.			
8. 알기 쉬운 말을 사용한다.			
9. 바르고 적절한 말을 사용한다.			
10. 접속사를 많이 사용하지 않는다.			
11. 요점을 간략하게 이야기한다.			
12. 진실하고 구체적인 이야기를 한다.			
13. 이야기의 목적이 분명하다.			
14. 상대의 입장을 생각하며 이야기한다.			
15. 최선을 다해서 이야기를 한다.			
16. 자기 자랑을 하지 않는다.			
17. 이야기를 혼자서 다 하지 않는다.			
18. 타인을 중상 모략하는 이야기를 하지 않는다.			
19. 경어를 바르게 사용한다.			
20. 때와 장소를 생각해서 이야기한다.			
21. 이야기의 줄거리를 잘 파악하고 있다.			
22. 불평, 불만의 처리 방법이 능숙하다.			

2. 직장에서 남녀 간에 커뮤니케이션하는 과정에서 발생할 수 있는 문제 상황의 사례를 조사한 뒤 그에 대한 바람직한 해결책을 제시하시오.

제 9 장

지시 및 보고

직장 생활에서 업무 추진을 위해 사람들은 많은 시간을 커뮤니케이션을 하는 데 쓰고 있다. 그 중에서도 상사와 부하 간에 이루어지는 커뮤니케이션이 대부분을 차지할 것이다. 특히 부하 직원은 상사로부터 다양한 업무에 대해 지시를 받고 그 추진 과정과 결과에 따라 수시로 또는 최종 보고를 하면서 업무를 수행하게 된다. 다시 말해, 명령은 위에서 아래로 내려오는 하향식이며, 보고는 그 명령에 따라 수행하는 결과를 아래에서 위로 전달하는 상향식 정보 흐름이다. 이러한 정보의 전달 흐름이 매끄럽게 진행되면 업무가 능률적으로 이루어진다고 할 수 있다.

따라서 각 구성원은 정확하게 명령을 받아 그것에 따라 올바르게 수행한 결과를 시기에 맞추어 적절하게 보고해야 한다. 업무 실천을 위해 정확하게 지시와 보고를 받는 것은 무엇보다도 중요하다. 이는 상사와의 원활한 커뮤니케이션을 바탕으로 하며 만약 지시 및 보고와 관련된 커뮤니케이션이 제대로 이루어지지 않았을 때에는 대개 경제적 · 시간적으로 손실이 발생한다. 커뮤니케이션 과정에 문제가 발생하면 상사와 부하 직원 간에 긴장 관계가 형성되고 서로에게 스트레스를 줄 수 있으므로 서로를 이해할 수 있도록 평소에 충분한 커뮤니케이션이 필요하다. 아울러 기본적으로 지시와 보고에 필요한 사항에 대한 이해를 도모하고자 다음에 지시를 받는 방법과 보고하는 방법에 대해 정리한다.

9.1 상하 관계의 커뮤니케이션

상사로부터 지시나 명령을 받고, 그것을 성실하게 효과적으로 이행한다는 것은 조직 구성원으로서의 기본적인 자세이며 또한 의무이다. 상사로부터 지시를 받을 때에는 지시 내용을 잘못 청취한다든지 미리 짐작해서 대충 청취하는 일이 없도록 항상 긴장을 갖고 사전에 준비한 메모 용지에 핵심 내용을 적으면서 성실한 자세로 청취해야 한다.

1 지시 형태

(1) 구두(oral)

- 개인적으로 대면하면서 구두로 명령·지시를 한다.
- 모든 직원 또는 부서 직원들에게 동시에 명령·지시를 한다.
- 전화, 화상 시스템 등을 통해 명령·지시를 한다.

(2) 문서(written)

- 회사 내 특별, 표준 문서로 지시를 한다.
- 개인적으로 상사로부터 문서 명령·지시를 받는다.
- 게시판이나 전자 우편을 통해 명령·지시를 한다.

2 지시할 때

- 부하 직원의 이해 수준을 고려해서 업무 수준을 정한다.

- 업무 내용은 간단 명료하고 일관된 내용으로 설명한다.
- 부하 직원의 사기를 높이고, 자긍심을 갖도록 한다.
- 업무의 우선 순위를 정하고, 수행할 시기를 지시한다.
- 지시한 내용을 부하 직원이 반복 설명하도록 한다.

3 지시받을 때

(1) 상사를 똑바로 주시하면서 청취

상사가 열심히 뭔가 설명하고 있는데 시선을 아래쪽으로 향하거나 옆쪽으로 향한다면 건성으로 듣고 있다는 인상을 주게 된다. 이런 태도는 오해를 불러일으킬 수 있고 결국 신뢰감을 잃을 수도 있다. 상사의 눈을 주시하면서 청취하는 자세는 상사가 지시하는 말과 행동을 신중하게 이해하고 있다는 것을 상사에게 인식시키게 된다.

(2) 적극적인 사고

때때로 업무가 본인 능력에 비해 힘겨울 때도 있고, 실수를 해서 상사로부터 업무상 질책이나 주의를 받았다 해도 담당자의 인간성을 비판하는 것이 아니라 향후 업무 향상을 위한 충고로 받아들이고 성숙된 자질 향상의 기회로 삼아야 한다. 매사에 적극적이며 긍정적으로 업무 해결 방법을 모색해야 능력을 인정받을 수 있다.

(3) 개인 감정의 표현 삼가

업무를 지시받을 때 불쾌한 감정을 표현한다면 상사가 제대로 업무 내용을 지시할 수 없다. 업무 지시를 받을 때 개인적인 문제가 있을지라도 사사로운 개인적인 감정을 표현하는 태도는 삼가는 것이 바람직하다.

4 유의 사항

(1) 상사가 부를 때

- 활기찬 목소리로 대답하고 하던 일을 일단 멈춘다.
- 진행하던 일이 있어도 양해를 구하기 전에는 상사를 기다리게 하지 않도록 한다.
- 사전에 준비한 필기 도구를 지참하고 상사에게 다가가거나 상사를 향해 시선을 주목한다.

(2) 청취 자세

- 지시를 하고 있는 동안에는 질문을 하거나 방해하지 않고 일단 지시 내용을 청취한 후 질문한다.
- 지시 내용의 목적과 중요 요점을 적극적인 자세로 청취한다.

(3) 메모 습관

- 지시나 명령은 간단한 것이라도 반드시 메모하면서 청취하는 습관을 가지며 메모는 일단 청취한 내용을 정리해 요점만 기재한다.
- 메모 내용은 누가, 언제, 어디서 등 육하(六何) 원칙에 따라 정리한다.

(4) 요점 확인

- 상사의 설명이 끝나면 잠시 후 기재한 요점 중심으로 상사에게 문의 및 재확인을 받는다.
- 재확인 과정은 지시 업무를 제대로 수행하지 못하게 될 경우를 사전에 방지한다. 이 과정에서 상사와의 원활한 커뮤니케이션이 있다면

더욱 신속하게 업무 파악 및 실천이 가능하다.

(5) 기 타

- 상사의 지시나 명령을 되풀이하면서 중요점과 의문점을 잘 생각해 본다. 만약 의문점이 있다면 간단한 것은 그 자리에서 재확인한다.
- 더 나은 해결 방법에 대해 제안이나 의견이 있다면 상사의 지시가 끝난 후 상황을 판단해서 상사에게 건의한다.
- 다른 업무와 중복 등 사정에 의해 곧바로 지시 내용을 수행할 수 없을 때는 상사에게 그 이유를 확실하게 말하고 업무 실천상 우선 순위에 대해 상담한다. 어떠한 이유로도 지시된 업무를 임의로 묵인하거나 지연해서는 안 된다.
- 직속 상사 외의 윗사람으로부터 직접 지시를 받는 경우가 있다. 이 경우 지시 내용에 대해 직속 상사에게 보고한 후 지시를 재차 받는 것이 바람직하다.
- 업무 지시를 받을 때는 제출 및 마감 기한을 문의하거나 확인한다. 기한이 없는 일은 거의 없다. 상사에게 기한을 확인하는 것은 업무를 효과적으로 수행하겠다는 의지를 나타내는 것이다.

9.2 보고 관련 커뮤니케이션

지시를 받으면 즉시 실천하고 그 실천 결과를 지시내린 상사에게 보고하는 것도 조직의 일원으로서 기본적인 의무이다. 보고에서 가장 중요한 것은 언제, 어떤 방법, 어느 정도의 비용으로 실천 내역뿐 아니라 적절한 시기에 보고하는 타이밍이 중요하다.

1 보 고

(1) 보고 시기

지시받을 때 정한 기한보다 가능한 상사가 요구하기 전에 적절한 시기에 보고하는 것이 효과적이다. 경우에 따라 보고에 필요한 소요 시간이 평소보다 장시간이 필요한 경우는 사전에 상사에게 시간 소요에 대해 양해를 구해 현재 또는 다음을 상사가 선택하도록 하는 것이 바람직하다.

일반적으로 지시 사항 진행 중에도 수시로 보고하며, 만약 지시받은 업무 진행상 문제가 발생하면 즉시 보고하여 수습 방법을 모색한다.

이와 같이 업무 진행에 대해 수시로 상사와의 커뮤니케이션을 통해 업무 효율성을 높인다. 보고 시기는 정해진 일정을 최대한 준수하는 것을 원칙으로 한다.

(2) 보고 순서

상사의 일정 및 여건을 고려해서 지시받은 요점 중심으로 보고한다. 내용은 간략하게 사전에 정리해서 준비한다. 보고 형태는 상사가 선호하는 것을 우선적으로 선택하고 대개는 구두와 문서 보고를 병행하며 간략한 구두 보고 후 세부적인 사항은 서면 보고서를 제출한다.

(3) 보고 원칙

① 필요성의 원칙

보고 목적과 용도를 명확하게 제시하고, 불필요한 보고는 억제하며, 적당한 양과 질을 확립해 지시 사항에 적합하고, 경영 전반에 필요한 내용으로 구성한다.

② 완전성의 원칙

철저한 자료 조사 및 수집 과정을 거쳐 객관적인 사실 위주로 완전하게 정리하며, 보고 내용에 담당자의 책임 한계를 명확하게 한다.

③ 적시성의 원칙

경영 제반 활동 개선 및 정책 등을 수립하는 데 유용하고, 실천 과정에 반영될 수 있도록 적절한 시기에 보고 내용을 구성해야 효과를 발휘할 수 있다.

④ 정확성의 원칙

객관적이면서 공정한 판단에 의해 정확하게 작성하고 자료 출처를 제시하며, 불확실한 근거 및 자료는 제외한다.

⑤ 간결성의 원칙

표준 형식에 따라 내용을 정리하며, 보고 서식은 조직별로 정해진 표준을 준수하며 이해하기 쉬운 표현으로 간단 명료하게 작성하고 보고한다.

2 보고해야 할 경우

보고에는 구두(口頭)로 하는 보고와 문서에 의한 보고가 있다. 보고 내용이 긴급한 경우는 우선 구두로 보고하고 차후에 보고서를 작성해 보고하는 것이 효과적이며, 다음과 같은 경우에 보고한다.

① 지시받은 업무가 완료되었을 때
② 장기 또는 계속 업무가 진행될 경우 진행 상황을 보고해야 할 때
③ 지시받은 일이나 이미 승인된 작업 계획이 도중에 변경될 때
④ 담당하고 있는 업무와 관련 있는 유용한 정보가 입수될 때

3 주의 사항

① 명령·지시받은 일을 끝내면 즉시 보고한다.
② 보고할 때는 결론을 먼저 간단하게 말한다. 상황에 따라 이유, 경과 여부에 대해 보고한다. 사전에 지시한 내용을 중점으로 보고할 내용을 정리 요약하고, 요점을 순서 있게 메모해서 준비하며 보고에 익숙하지 않다면 사전 연습도 실시한다.
③ 보고는 요점을 강조하되 객관적인 판단에 따라 사실을 있는 그대로 분명하면서 정확하게 설명하고 전달하는 것이다.
④ 업무 진행 중에 착오나 추진상에 방해 요인이 발생했을 때는 상황에 대해 보고하고 추가 지시를 받거나 상담한 뒤 결정한다.
⑤ 보고는 지시한 사람에게 하는 것을 원칙으로 한다. 만약 지시한 사람이 직속 상사가 아닌 경우 일단 직속 상사에게도 보고한다.
⑥ 가능한 중간 보고 등 진행 상황에 따라 수시로 상사에게 보고하는 것이 바람직하다.

4 보고 방법

보고는 용도, 형식, 내용, 시기 등에 따라 여러 가지로 분류할 수 있지만 간단하게 문서에 의한 보고와 구두에 의한 보고로 구분할 수 있다. 문서와 구두를 병행한 차트 보고가 있고, 최근에는 사무 관리 도구가 다양하게 개발 및 보급되어 컴퓨터를 이용한 화상 보고, 전자 결재 등 여러

방법으로 보고 가능하다.

다음은 일반적으로 많이 사용되고 있는 구두, 문서 보고 방법에 대해 정리한다.

(1) 구두 보고

기밀 사항, 긴급 사항, 서면 설명으로는 불충분한 사항 및 간단한 내용일 때 하게 되며 문서에 의한 보고 방법보다 효과적이다. 종류는 일대일 상담식 보고와 전화에 의한 보고가 있다. 대개는 구두 보고와 문서 보고를 병행하며, 구두 보고는 문서 보고를 바탕으로 요약하는 수준으로 이루어지므로 다음에서 문서 보고서 작성법 등에 대해 상세하게 설명한다.

(2) 문서 보고

보고서를 서면 및 통계표, 도표 등을 사용해서 작성하고 보고한다. 보고서를 작성할 때 문서 작성 단계와 문서 작성법을 참고한다면 좀 더 효과적으로 작성할 수 있다.

표 9-1 문서 작성 단계

단 계	내 용
계획 (planning)	• 문서 목적을 정하고, 지시한 상대방의 욕구와 의도를 분석하며, 그 목적을 달성하기 위해 취해야 할 행동 순서를 정하는 과정을 말한다. • 초기 단계에서 시간이 걸리지만 목적을 명확하게 파악해야 하기에 가장 중요한 단계이다. • 형태로 전략적 계획과 전술적 계획이 있다.
조사 (research)	• 계획 과정에서 중요한 부분으로 지시된 주제에 대해 체계적인 조사가 필요하다. • 조사 분량은 문서 성격과 주제에 대한 가용 정보에 따라 다르다. • 단순한 메모나 서한을 위해서는 조사 기간이 짧지만 길고 복잡한 서류일수록 시간과 비용이 많이 소요된다.
조직화 (organize)	• 문서 작성자가 커뮤니케이션 목적, 지시한 상사나 상대방에 대한 요구 사항, 포맷(format)에 근거하여 제시할 아이디어의 순서를 정하는 중요한 의사 결정 과정이다. • 통일되고 일관성 있는 내용으로 정보를 정리하고, 여러 다른 아이디어를 서로 연결시키는 과정이다.

	• 비즈니스 문서는 명확한 조직화가 필요하다. • 조직이나 기업이 무엇을 성취하고자 하는지 그것을 어떻게 달성하고자 하는지 한눈에 알 수 있도록 한다.
구성 및 디자인 (composition and design)	• 문서의 구성 및 디자인은 조직화된 문서 작성 계획에 따른 것으로 구성은 초안을 만드는 활동이다. • 작성자는 내용을 구성할 때 어조, 스타일, 형식성 정도를 결정한다. • 디자인은 한 페이지에 정보를 담는 과정으로 밑줄, 시각적 도표, 문서 특수 기호 등을 사용하여 내용에 주목할 수 있도록 시선을 끌고 읽기 쉽게 한다.
교정 (correcting)	• 문서 작성 과정에서 최종 단계로 초안을 완결된 문서로 변형시키는 과정이다. • 유의 사항 –가장 적절한 단어, 스타일, 어조를 사용했는지 확인 –명확하고 간결한지 살피고, 특수 용어(jargons)를 제거 –띄어쓰기, 철자법이 틀린 것 수정 –사실에 입각해 잘못된 내용 수정

① 효과적인 문서 작성법

구두로는 쉽게 표현할 수 있는 내용도 실제 문서로 작성하려면 생각만큼 쉽게 정리가 되지 않는 것이 사실이다.

문서로 작성된 내용은 읽는 사람의 입장에서 이해하기 쉽게 논리적으로 표현해야 한다. 다시 말해, 자신의 견해를 효과적으로 문서로 표현하기 위해 다음 표에 제시한 문장을 쓰기 위한 지침 내용을 참조하기 바란다.

문장을 쓰기 위한 지침

1. 문장 작성 기술은 실천을 통해 배울 수 있다.
   문서를 작성하기 위해 여러 기술(포스트잇 노트, 색인 카드, 표제어 사용, 내용 틀이나 윤곽 잡기 등)을 시도하고 자신에게 적합한 것을 선택한다.
2. 문서나 보고서를 작성할 때는 항상 읽는 사람의 입장을 고려해야 한다.
   즉, 간단 명료하게 표현했는지, 상대방의 호기심을 자극할 수 있을지, 강조하는 내용이 명확한지, 이해하기 쉬운지 등을 스스로 질문한다.

3. 자신이 목표로 하는 핵심 내용에 초점을 맞추고 작성 전에 무엇을 전달하고 싶은지, 어떠한 효과를 얻고자 하는지 등에 대해 명확히 정리하고 전체적인 관점에서 논리적이며 중복되는 것이 없도록 주의한다.
4. 가능한 한 간결한 문체로 직접적인 표현법을 사용한다. 세부 설명이 필요할 때는 일단 요점을 요약 작성한 후 세부 사항은 부연식으로 설명한다.
5. 많은 분량의 보고서를 작성할 경우에는 전체 내용을 일목요연하게 알아볼 수 있도록 별도로 목차를 작성한다.
6. 불필요한 접속사나 첨가 표현, 수식어는 최대한 생략한다.
7. 쓰고자 하는 내용이 제대로 정리되지 않을 때는 동료에게 말하는 것처럼 생각나는 모든 것을 일단 기록한 후에 기록된 것을 재차 정리한다.
8. 가장 중요한 핵심을 첫 번째 단락으로 하여 상대방의 호기심을 끈다.
9. 많은 분량의 보고서를 작성해야 할 경우 반드시 항목을 나눠서 정리한다. 항목을 열거할 때는 일관성을 유지한다.
10. 워드프로세서로 문장을 작성했을 때는 반드시 프린터로 출력해서 읽어 보고 수정한다.

② 보고서 작성법

주로 보고서를 작성하는 순서는 제목, 검토 결과 및 권고 사항, 서론, 본론, 참고 자료 순으로 작성한다.

여러 보고서 중 업무상 사용 빈도가 많은 것은 비즈니스 보고서이다.

① 제목은 보고하고자 하는 내용을 정확하게 반영할 수 있는 것이어야 한다.
② 검토 결과 및 권고 부분에서는 작성자의 견해나 주장을 토대로 읽는 사람에게 꼭 실행하도록 권유하고 싶은 점을 1~2쪽 정도로 정리한다.
③ 서론 부분은 보고서가 어떠한 의도로 어느 시점에서 작성되었는지, 또는 특별한 중점 항목에 대해 언급하고 1쪽 정도가 적당하다.
④ 본론 부분은 작성자의 견해, 지식, 검토 결과, 권고 사항 등 상세한 내용을 서술한다.
⑤ 참고 자료는 통계 자료, 차트, 참고 문헌, 그 밖의 본론에서 언급한 내용의 보충 설명을 정리해서 열거한다.

간략한 비즈니스 보고서는 종업원의 생산성에서 프로젝트 진행 과정에 이르기까지 여러 종류의 문제를 다룰 수 있다. 비즈니스 보고서는 형태나 길이에 상관 없이 목적을 진술하고, 발견한 점들, 결론, 그리고 권고할 만한 사항들을 정리하는 것이다.

이에 반해 장문의 비즈니스 보고서는 단문 보고서로 목적을 성취할 수 없을 경우 주로 작성하게 되는 것으로 신제품 개발, 회사 전체의 구조 조정, 경쟁사 및 제품 연구 개발 등 주요 프로젝트와 연결된 경우가 많다. 주제가 복잡해 심층 분석이 요구되는 것도 있고, 시간과 비용이 소요되는 조사가 요구되기도 하며 많은 사람들에게 읽혀지고, 주요 결정에 영향을 주기도 하며 공식 기록의 일부로 보존된다.

주로 작성법은 위의 일반적인 작성 순서에 따른다. 간략한 비즈니스 보고서는 정보, 조사, 연구, 전문성, 상태, 그리고 권고 등 주로 여섯 가지 범주로 나눌 수 있다. 간략한 보고서로서 진행, 출장, 조사, 문제 보고서 등 네 종류의 작성법을 정리하면 다음과 같다.

진행 보고서

현재 무엇이 진행되고 있고 최근에 일어난 것이 무엇인지 상태를 잘 나타내는 가장 일상적으로 사용되는 보고서이다.

주로 경영자로 하여금 시설 및 인원 배당, 스케줄 조정, 예산 수립 및 편성, 발생 가능한 문제를 판단하는 데 도움을 준다.

구성 내용은 요약, 완료된 것, 진행 중인 것, 향후 완료될 것을 요약 제시한다.

- 요약은 보고서에 포함된 프로젝트 단계를 서술한다(진행 과정, 예견, 결론 등).
- 완료된 업무의 경우 지난 보고서 이래 완료된 항목과 관련된 문제점, 그 해결에 초점을 맞춘다.
- 진행 중인 작업은 지금 하고 있는 작업을 열거한다(문제점과 해결책 제시).
- 완료될 업무를 정리하고 예견되는 문제와 해결책을 제시한다.
- 결론 및 권고 부분에서는 진행을 위해 스케줄, 인사, 자재, 기술, 자금 등 어떤 변화가 필요한지 분석하고 전체 내용을 평가하면서 결론을 내린다.

출장 보고서

출장에 대한 것을 직속 상사에게 요약적으로 보고하는 것을 말한다.

출장 보고서를 쓸 때 날짜별로 작성하는 것보다는 요약, 세부 항목, 결론 및 권고, 마무리 순으로 작성하는 것이 바람직하다.

- 요약은 출장 장소, 출장 목적, 출장일, 간략한 평가를 적고, 평가는 출장과 연관된 결론 및 권고 사항을 언급한다.
- 세부 항목은 종합적인 개요 후에 중요도 순으로 나열한다.
- 결론 및 권고 사항은 자세히 적는다.
- 차후에 같은 곳을 방문할 필요성이 있는지 여부를 점검함으로써 마무리 한다.

조사 보고서

특정 주제에 관한 것을 자세히 분석한 것을 바탕으로 결론 및 권고 사항을 제시한다.

주제와 다루는 범위에 따라 보고서 분량이 정해진다.

간단한 보고서의 경우 직접적인 접근법을 사용한다.

주제에 따라 필요한 경우 관련 조사 자료를 별도로 정리해서 첨부한다.

보고서 구성은 조사 결과를 글로 요약 정리(1~2쪽)한 후 세부 조사 결과 사항은 통계표로 간단하게 정리하고 통계 자료는 별도 자료로 첨부한다.

- 자료 정리는 구체적인 요구 사항이 있다면 그에 따라 자료를 정리한다.

문제 보고서

회사에서 일어나는 문제의 원인과 그 문제의 발생을 미연에 방지하거나 해결하기 위해 제언하는 것을 말한다.

문제 보고서는 특정 문제로 인해 피해를 입은 구성원이 없는지, 사무 자동화를 위한 컴퓨터 시스템에 문제가 없는지 등 문제에 초점을 맞추어 작성한다.

문제 보고서는 직접적인 접근을 사용한다. 요약으로 시작해서 육하 원칙에 입각해 문제를 자세히 기록하고, 결론과 권고로 마무리한다.

5 기 타

① 기안이나 서류를 작성할 때 이해를 위해 한자, 영어를 사용할 수 있지만 지나치게 많이 사용하는 것은 바람직하지 않다(외국인 기업이나 특수한 경우 예외).

② 기안이나 서류를 작성할 때는 보존 기한을 명시한다.

③ 보고가 완료된 것은 상사의 의견이나 지시를 메모해서 보관한다.

④ 필요시 누구나 찾기 쉽도록 파일에 보관해 정보를 공유하도록 한다. 특히 파일할 때는 보고 주제 및 연월일을 반드시 기입한다.

9.3 충고받을 때의 자세

충고를 한다거나 충고를 받는다는 것 양쪽 모두 되도록 피하고 싶은 것이 당연하다. 하지만 사람마다 누구나 감정의 추이나 사고 방식, 일의 처리 방법이 다르기 때문에 충고를 주고받는 것은 피할 수 없다.

직장 생활을 하다보면 자신의 실수로 인한 충고 이외도 직속 상사나 동료로 인해서 상사나 이외 사람들로부터 충고를 받을 경우도 있다. 충고를 받아들이는 자세는 늘 겸허해야 하고 절대로 감정에 치우쳐 업무에 지장을 초래하지 않도록 한다.

다음 사항을 주의해서 충고를 받아들이고 좀 더 성숙한 인격 수양과 업무 능력을 향상시키는 계기로 삼는 자세가 필요하다.

(1) 겸허한 태도로 청취한다

충고를 하는 상대편도 충분히 생각을 거듭해 충고한다는 것을 헤아려 겸허하고 객관적인 자세로 그 순간에 임한다.

충고를 단순히 '기분 나쁜 일'로 생각하지 말고 적극적으로 청취하는 자세로 다시는 실수를 반복하지 않도록 한다. 자신의 능력 및 업무 향상의 계기를 마련해 준 충고자와도 우호적인 인간 관계가 유지 또는 개선될 수 있도록 겸허한 자세로 충고 내용을 청취한다.

(2) 감정적으로 판단하지 않는다

어떤 경우이든 충고를 개인 감정에 치우쳐 판단하거나 받아들이지 않는다. 충고는 자신이 미처 깨닫지 못한 부족한 부분을 확인시켜 주는 계기로서 간주하면 그 자체가 유익하다.

(3) 변명이나 책임 전가는 금물이다

실수를 했다면 일단 그 상황을 인정하고 그 실수가 발생한 경위에 대해 상대방을 설득하는 것은 바람직하나 그 실수를 무조건 인정하지 않고 변명에 급급하거나, 타인의 잘못으로 책임을 전가하는 책임 회피 태도는 우호적인 인간 관계를 단절시킬 수도 있다.

연습 문제

1. 최근에는 사무 자동화에 따라 지시와 보고 방법이 다양하다. 특정 조직이나 직장에서 실제 사용되고 있는 지시와 보고와 관련된 커뮤니케이션 방법을 조사해서 팀별로 그 사례를 발표하고 정보를 교환하자.

2. 다음 업종별로 지시와 보고의 유형을 구체적으로 조사해 비교하시오.

- 정치기관
- 의료기관
- 행정기관
- 일반기업

제 10 장

조화와 이해

대부분의 사람들은 주위 사람들과 원만한 커뮤니케이션 과정을 실천할 수 있고, 또 하고 있기에 바람직한 사회인, 직장인으로서 적응할 수 있다. 때때로 몇몇 사람들과는 커뮤니케이션으로 인해 인간 관계에 갈등이 있을 수도 있다. 이 때문에 갈등을 느끼고, 불편한 관계로 인해 마음의 상처를 받을 수도 있다. 이 장에서는 커뮤니케이션에서 발생할 수 있는 갈등을 최소로 줄여 나가는 데 필요한 사항들을 살펴보고자 한다. 최소한 다음에서 소개되는 사항을 고려해서 커뮤니케이션 과정을 실천한다면,

문제의 사람들과의 갈등 관계를 조화롭게 할 뿐 아니라 협력 관계로 바꾸는 데 도움이 될 것이다.

10.1 공감대 형성

공감대를 형성함으로써 커뮤니케이션을 하는 데 서로 간에 조금이나마 유대 관계를 쉽게 할 수 있을 것이다. 공감대 형성은 타인들과 원만하게 지낼 수 있는 가장 기본적인 요인이다. 커뮤니케이션 과정에서 하나의 주제에서 서로 강조되는 것에 차이가 있을 때는 쉽게 갈등이 생기고 심할 경우는 분쟁이 일어나며 결국 인간 관계가 단절된다. 하지만 상호 작용을 통한 커뮤니케이션 중 강조하는 것이 유사할 때 그 사람과 우호적인 인간 관계를 형성하기 쉽고 제대로 커뮤니케이션을 진행할 수 있다. 결국 지속적인 공감대를 형성해 서로를 이해하며 절친한 관계로 발전한다.

커뮤니케이션에서의 성공은 서로 의견을 새로운 방향으로 시정하는 것보다 공통 기반을 발견해 내는 것이 우선이다. 성공적인 커뮤니케이션을 이루기 위해 다른 사람과 어울리고, 방향을 시정할 필요가 있다. 어울린다는 것은 다른 사람들과 같은 입장에 서고자 노력하는 것으로 이것을 통해 다른 사람들과의 차이를 줄일 수 있고 공통점을 만들기 위한 기본 행동이다. 서로가 조화되도록 노력하는 것은 서로에게 호감을 지니게 되고 서로를 이해하고자 한다면 자연스럽게 나타나는 것이다. 때로는 우리들의 삶 중에 대부분의 시간들이 다른 사람과 어울리며 공감대를 형성하는 데 많은 비중을 두고 있다. 결국 사람들은 갈등보다는 공감대에 바탕을 둔 조화가 인간 관계뿐 아니라 생활을 윤택하게 한다는 것을 잘 알고 있기 때문이다.

예를 들면, 대학에 입학해서 처음 강의실에 들어갔을 때 새로운 친구들과 커뮤니케이션 중 뜻밖에 서로 같은 초등학교 출신 또는 같은 동네에 산다는 것을 알았을 때 대화하는 사람과의 거리감이 줄어들고 낯선 느낌에서 오래 전부터 사귄 사이처럼 친근한 느낌을 받게 되고 절친한 친구 관계로 발전할 수 있는 기반이 조성된다. 이것이 바로 커뮤니케이션을 통해 공감대를 형성하는 것이다. 위와 비슷한 사례로 친구와 함께 음식점에 갔을 경우이다. 친구가 후식으로 콜라를 주문하면 자연스럽게 "같은 걸로 주세요"라고 말하게 되며, 이때 서로가 공감대가 형성된 것을 무의식중에 느끼게 되며 이후의 커뮤니케이션이 더욱 원활하게 이루어지는 경험을 해 보았을 것이다.

공감대를 형성하는 데는 언어적 커뮤니케이션 요소뿐 아니라 비언어적 요소에 의해서도 영향을 받을 수 있다. 상대방과 커뮤니케이션할 때 그 분위기에 적합하게 목소리 톤과 속도를 조절함으로써 자연스러운 분위기를 유도한다. 때때로 좋아하는 사람과 같은 목적을 공유하는 사람들과 공감대가 형성되어 있을 때는 자연스럽게 표현되지만, 어렵게 생각하는 사람, 공감대를 형성하기 힘든 사람과 어색한 분위기가 지속될 경우 결국 의사 소통이 되지 않거나 심한 경우는 갈등이 생기게 된다. 따라서 커뮤니케이션할 필요에 의해 의도적으로 공감대를 형성하고자 노력하는 자세가 필요할 때도 있다.

어떠한 사람도 자신을 거부하거나 싫어하는 느낌을 주는 사람과는 쉽게 좋아하는 감정을 갖지 못한다. 무의식적 혹은 의식적으로 서로 함께 있는 것이 편안한지 여부를 알고 싶어한다. 현명한 직장 생활을 하기 위해 가능한 많은 사람과 공감대를 형성할 수 있도록 그 계기를 찾고 노력하는 자세가 필요하다. 왜냐하면 공감대는 신뢰 관계에 바탕이 되며 자신의 능력을 한층 높게 판단하게 하는 계기가 되기 때문이다.

10.2 상황 이해

커뮤니케이션을 원활하게 수행하기 위해 청취자의 입장도 중요하지만 전달자의 상황에 대한 이해 역시 중요하다. 여기서는 전달자, 즉 말하는 사람에 대해 구체적으로 이해해 보고자 한다.

1 긍정적인 의도

긍정적인 의도란 바람직한 목적을 달성하기 위해 의사 소통이나 행동을 하려고 하는 의도나 의지를 말한다. 커뮤니케이션하는 과정을 통해서 상대편의 긍정적인 의도를 제대로 파악하지 못하면 갈등이 생기게 되고 결국은 의사 결정이 지연된다.

한 사례를 통해서 그 상황을 이해해 보자.

사례 1

심지수 씨는 다양한 모양과 색상을 갖춘 패션 우산을 판매하는 상점을 경영하는 사장이다. 심사장은 상점 매출이 점점 감소됨에 따라 모든 경비 감소를 위해 고심하고 있었다. 특히 올해 겨울에는 작년 겨울보다도 우산 판매가 저조하여 현금 흐름이 좋지 않아 운영비를 절약하는 차원에서 심사장은 진열장 조명등의 3분의 2는 낮은 도수의 조명등으로 교체할 것을 직원들에게 지시했다.

조명등을 교체한 후 여러 고객들이 물건을 구경하러 왔다가 진열장에 진열된 우산 색상이 너무 칙칙하다고 불평을 하면서 그냥 상점을 나가는 고객이 많이 생겼다. 결국 우산들은 계속 재고로 남게 되고 자금 압박은 더욱 심해만 가고 있었다. 새로운 종업원 이현범 씨는 이러한 문제를 파악하고 독단적으로 조도가 높은 전구를 주문하여 헌것을 새것으로 다 교체했다. 이후 진열장은 눈이 부실 정도로 밝아져서 진열된 우산 색상이 너무나 선명하게 보였고 상점 분위기가 환해서 며칠 전에는 그냥 지나쳤던 고객들의 시선을 끌기에 충분한 탓인지 매출이 조금씩 나아지기 시작했다.

하지만 심사장은 아껴야 할 자금을 그렇게 써 버린 것에 화가 나 직원 회의 중 다른 종업원들 앞에서 이현범 씨가 사장과 의논도 거치지 않고 내린 독단적인 결정에 대해 호되게 꾸짖었다. 그렇지만 이현범 씨의 판단에 따라 밝은 조명으로 교체한 결과 패션 우산 판매가 활성화되어 결국은 자금난을 극복할 수가 있었다. 심사장은 이현범 씨 입장에서는 매출 개선을 위해 내린 결정이었던 긍정적인 의도를 제대로 인식하지 못한 것이다.

이 사례에서 이현범 씨의 긍정적인 의도에 대해 생각해 보자. 만약 예전처럼 운영비 절약 차원에서 전력비를 줄여 어두침침하게 상점을 운영했다면 고객들은 패션 우산의 색상을 제대로 구분할 수 없으며, 귀한 물건이라기보다 아마도 싸구려 물건들로 생각하고 구입하지 않았을 것이다.

저조한 판매를 개선할 목적으로 조명을 개선한 것은 좋은 의도이지만 이현범 씨는 독단적으로 의사 결정을 내리기 전에 자신의 의도에 대해 상사나 동료들을 설득하는 과정이 반드시 필요했다. 만약 심사장이 이현범 씨의 긍정적 의도를 파악했다면 "여기에 전등을 바꿀 수 있도록 제안해 준 그 독창력에 감사한다. 상점 분위기를 개선하려는 의도에 감사한다. 그리고 지금부터 우리 직원들이 독창적이고 적극적인 의사 결정을 할 수 있는 직장 분위기가 되도록 솔선 수범하겠다"고 말했을 것이다.

2 가치 판단의 척도 기준

가치 판단의 척도는 견해의 여과 장치로 이는 좋고 나쁨을 결정하기 위한 생각 내지는 경험을 통한 수단이 된다. 그것들은 해야 되는 것들을 결정하는 수단이자 어떤 생각에 찬성 혹은 반대하는지를 측정하는 기준이며 왜 사람들은 어떠한 견해를 지키고자 하는지에 대한 것들이다. 척도는 특히 다른 의견이나 관점이 토론될 때 중요하다. 토론할 때 여러 의견들의 가치 판단에 있어 척도 수준을 확인하게 되면 상대편의 행동을 객관적으로 이해하게 되며 더 융통성 있고 협조적으로 이해하게 된다.

한 사례를 통해서 그 상황을 이해해 보자.

사례 2

금강그룹에서 전체 비서를 대상으로 경영 전반에 걸친 지식 습득 차원에서 세미나를 개최할 적합한 장소를 결정하고자 회의를 주관하게 되었다. 한 사람은 회사 내 회의장을 제안했고, 다른 사람은 호텔을 제안했으며 다른 사람은 해안 리조트를 제안했다. 각자 자신들의 의견을 주장하며 결국 논쟁이 시작되었다.

회의 진행자는 정중하게 첫 번째 사람에게 물었다. "왜 귀하께서는 회사 내 회의장이 가장 좋다고 생각하십니까?" 대답하길 "비용이 안 들잖아요." 그녀에게서 성공적인 세미나를 위한 가치 판단 기준은 경제적인 면을 우선적으로 고려한 것이었다. "왜 호텔이 가장 적합합니까?"라고 그 다음 사람에게 물었다. "만약 우리가 회사에서 세미나를 하면 비서들은 그들의 업무 책임으로 산만해지고 결국 세미나에 제대로 참석할 수 없을 겁니다. 그래서 모든 이들이 주제에 초점을 잡을 수 있는 중립적인 장소가 필요합니다"라고 대답했다. 이 사람에게서 가치 있는 판단 기준은 성공적인 세미나를 위한 데에 있었다.

역시 왜 리조트냐고 물었더니 대답은 "만약에 멋진 장소로 간다면 긴장을 풀고 새로운 재충전과 아울러 창의적인 지식을 습득할 수 있으며, 비서들 간의 업무 교류의 기회도 아울러 마련할 수 있기 때문입니다"라는 것이다. 그 사람에게는 지식 습득뿐 아니라 교류가 가장 가치 있는 척도였다.

분명히 이 사람들은 세미나 내용에 대해 이야기하지 않았다. 그들은 경비, 참석률, 휴식, 그리고 팀워크 위주로 발표했다. 일단 이런 안건과 각자 가치 기준에 대해 의견을 표명한 후 다음 단계에서는 전 단계보다는 토론의 범위가 축소되며 점차 참석자들은 주목하게 된다. 가치의 우선 순위를 매겨 시행함으로써 가능한 많은 부분을 만족시키고자 한다.

토론이 진행될 수 없는 갈등 관계에 있다면 사람들이 무엇에 그렇게 서로 반대하고 대항하는지를 확인해야 한다. 그리고 서로의 가치 척도들이 조화될 수 있도록 그 문제의 해결 방법을 찾아야 한다. 이 과정이 갈등을 협동으로 이끄는 또 다른 길이다. 이런 가치들에 조화되는 문제의 해결책이나 아이디어를 찾아야 한다. 이것이 갈등을 협동적으로 바꾸는 방법 중 하나이다.

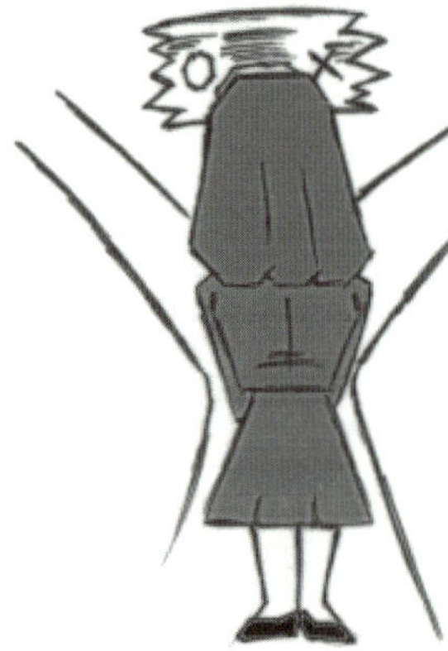

10.3 행동 조화

어떤 사람들은 손으로 이야기하고, 또 어떤 사람들은 입으로 이야기한다. 어떤 사람들은 누구에게나 공손히 미소를 지니면서 대화를 나눈다. 하지만 어떤 사람들은 누구에게나 얼굴을 찌푸리거나, 대화하는 동안에 비스듬히 앉거나, 어디에 기대 있거나, 커뮤니케이션하는 동안에 심하게 몸을 움직이는 등 이런 스타일은 커뮤니케이션 내용과 상관 없이 오해를 일으키는 요인이 될 수 있다.

예를 들어, 항상 미소짓는 사람이 항상 얼굴을 찌푸린 사람을 만난다면, 항상 미소짓는 사람 입장에서는 얼굴을 찌푸린 사람이 기분 나쁜 일이 있거나 자신을 싫어한다고 생각할 것이고, 항상 얼굴 찌푸린 사람은 미소짓는 사람이 자신을 희롱하거나 비웃는다고 생각할 것이다. 서로 커뮤니케이션할 때 서로의 태도, 얼굴 표정 등 행동을 통해 오해를 불러일으킬 수 있기 때문이다.

만일 다리를 꼬고 앉아 있는 친구와 대화를 즐기고 있으면, 얼마 후에 상대도 똑같은 자세를 취한다. 상대가 미소짓고 있으면, 자신도 미소 띠며 자연스러운 커뮤니케이션 분위기를 형성하게 된다. 만일 커뮤니케이션하는 상대편이 화가 나는 무엇인가에 대해 이야기하고 있으면, 자신의 관심을 나타내며 같이 흥분하며 화를 내고 있을 것이다. 만일 의사 소통이 잘되는 사람들과 대화하는 모습을 비디오에 담았다면 행동이 자연스럽게 서로에게 비슷하게 맞추어 가는 모습을 확인할 수 있을 것이다. 이것은 커뮤니케이션의 비언어적 요소인 몸과 얼굴 표정, 행동 효과들이 공감대를 형성하는 데 아주 중요한 요소임을 파악하는 계기가 될 것이다.

때때로 멀리서 사람들이 대화하는 모습만을 보아도 그들의 행동이 얼마나 잘 어울리는지를 알 수 있다. 반면, 갈등이나 논쟁을 하고 있는 사람들을 보면, 그들이 얼마나 어울리지 않는 행동들을 하고 있는지를 알 수 있고 갈등이 생기는 원인 중 하나는 짐작할 수 있다.

거의 비언어적인 요소의 혼합, 즉 행동의 조화를 유도하는 공감대는 무의식적으로 일어나는 것이다. 공감대를 형성할지, 하지 못할지는 사람들과 커뮤니케이션을 통해 신뢰 또는 불신 분위기, 협력 또는 비협력 관계를 만들 수 있다. 어색하거나 힘든 분위기에서 커뮤니케이션이 어려운 사람과의 부담을 줄이는 방법으로는 상대의 기분을 상하지 않을 수준에서 의도적으로 그 사람의 신체 자세, 얼굴의 표현과 행동을 비슷하게 하는 것이다. 다른 사람과 자연스럽게 어울리는 것은 "좋은 관계를 원하며 나는 적이 아니다! 또는 귀하께서 말하고자 하는 것에 흥미가 있다!"라고 표현하는 것이다.

하지만 상대의 행동을 의도적으로 지나치게 모방한다면, 오히려 그들은 조롱당하는 기분이 들고 감정을 상하게 하기에 너무 똑같은 행동은 피한다. 결국 다른 사람의 머리에서 발끝까지 똑같이 따라하는 것은 필요하지 않다.

10.4 말하는 속도 조절

사람들과 의사 소통을 할 때에는 대개 자연스럽게 그들의 목소리 톤과 빠르기가 비슷해진다. 만일 상대방이 더 크게 말하면, 자신도 더 크게 말하게 된다. 만일 상대방이 더 빨리 말하면 자신도 빨라진다. 대체로 빠르게 말하는 사람들은 경쟁하기를 즐기고, 느리게 말하는 사람들은 진지하게 말하기를 즐긴다. 조용한 성격의 사람들은 조용하게 말하기를 좋아하고, 급한 성격의 사람들은 큰 목소리로 말하기를 좋아한다.

한 사례를 통해서 그 상황을 이해해 보자.

사례 3

소영과 정우는 연인 사이이다. 소영은 가끔 흥분되면 목소리 톤이 높아지고 빠르게 이야기를 한다. 반면에, 정우는 조용한 대화를 즐기는 편으로 갑작스럽게 소영이 목소리 톤이 높아지고 빨라지면 그녀가 화가 난 상태라고 생각하고 더 이상 말을 하지 않거나 같이 화를 낸다. 소영은 별 생각이나 감정 없이 습관상 취하는 행동이지만 남자 친구인 정우가 자신과 같이 말이 빨라지고 톤이 높아지면 감정이 상했다. 이런 상태가 지속되자 결국 서로 관계가 어색해지게 되었다. 서로 고민하던 중 갈등 관계의 해결점을 진지한 대화를 통해 알게 되었다. 소영은 목소리 톤과 빠르기를 조절하겠다고 약속했지만 습관이기 때문에 조금 시간이 걸리더라도 정우에게 고칠 때까지 이해해 주기를 부탁했다. 그들이 서로 커뮤니케이션이 잘될 수 있도록 둘 다 서로 이해할 것을 약속했으며 이것을 계기로 서로에 대해 좀 더 많은 것을 알게 되었고, 더욱 가까운 연인 사이로 발전할 수 있었다.

물론 이 예는 연인 사이이기에 이해가 쉽게 될 수 있었지만 직장 생활에서 이 경우에는 인간 관계 개선을 위해 좀 더 많은 시간이 필요할 것이다. 서로에 대한 불만이 있을 경우 우선 대화로써 해결하는 자세, 서로의 단점을 단시간에 고치려고만 하기보다는 충분한 시간을 두고 이해를 바탕으로 상대방을 인정하고 기다리는 태도가 때로는 필요하다.

연습 문제

1. 앞의 사례 1에서 이현범 씨의 긍정적인 의도를 사장에게 커뮤니케이션하는 과정을 가상적으로 만들고 팀별로 토의하시오.

2. 직장 생활은 의사 결정의 연속이라고도 할 수 있다. 팀별로 사례 2와 유사한 주제를 선정한 후 각자의 가치 체계를 바탕으로 토의 주제를 여과하면서 하나의 의사 결정에 도달될 수 있도록 토의하고 발표하시오.

3. 전문 비서 교육을 받은 김보람 씨는 비서실로 발령받아 출근한지 1개월이 지나갈 때쯤 업무적으로 관련성이 많은 총무과 선배 서은영 씨와 의사 소통하는 데 갈등이 많이 생겨 고민을 하게 되었다. 평소 활달한 성격의 김보람 씨도 냉소적인 서은영 씨 앞에만 서면 말이 더듬어지고 목소리 톤이 올라갔다. 불편한 관계를 어떻게 개선하는 것이 효과적인지? 김보람 씨와 서은영 씨 간에 나타날 수 있는 상황을 하나쯤 만들어 개선 방법에 대해 팀별로 내용을 정리한 후 토의 결과를 발표하시오.

제 11 장

고객과의 커뮤니케이션

11.1 고객 관리의 중요성

■ 고객이란?

- 방문이나 전화, e-mail, 우편이든 어떤 경로로든 내 조직에 들어오는 가장 중요한 사람이다.
- 궁극적으로 내 봉급을 지불해 주는 사람이다. 따라서 진정으로 나는 그를 위해 일하는 것이다.
- 결코 내가 논쟁을 해선 안 되는 사람이다. 특히 고객과 관련해서는 논쟁을 가장 잘하는 것은 그것을 피하는 것이다. -카네기(Dale Carnegie)
- 내가 인내심을 배워야 하는 상대이다(비록 그는 나에게 그렇지 않지만).
- 나와 마찬가지로 편견을 가진 사람이다. 어쨌건 그는 내 고객이며 내겐 특별한 사람이다.
- 방어적으로 대하지 말아야 하는 사람이다. 그가 잘못했더라도 그의 실수에 대해서는 간접적으로, 정중하게 말해야 한다.
- 때때로 도전이다.

- 아주 특별한 사람이다. 그는 단 몇 분 간 내 고객이나 나는 그의 요구에 100% 맞추고자 노력해야 한다.
- 무언가 좀 더 노력해야 하는 상대이다. 그가 느끼던, 느끼지 못하던, 평범과 뛰어난 것의 차이는 10%밖에 안 된다.

고객으로 인해 비즈니스가 이루어지기도 하고 깨지기도 한다. 고객이 화나면 직원들과 다른 고객들에게까지 스트레스와 긴장을 초래한다. 문제를 신속히 전문적으로 해결하는 것은 직원들의 직무 수행 및 고객이 조직에 대해 갖는 이미지에 커다란 차이를 두게 한다. 고객을 만족시키고 더 나아가 감동시키는 것은 반드시 필요하며 이러한 고객 관리에서의 성패 여부는 비즈니스 성과에 결정적인 영향을 미치게 된다. 따라서 고객과의 관계에서 커뮤니케이션의 중요성은 그 무엇에도 견줄 수가 없다.

11.2 고객과 커뮤니케이션할 때의 기본 자세

창구에서 고객을 응대할 때에는 항상 미소띤 밝은 얼굴로 대하며 예의바르게 깍듯한 경어를 사용해야 한다. 다음은 고객을 대할 때 중요한 역할을 하는 언어 표현 이외에 구비해야 할 요소들이다.

1 개인적인 외모

고객을 응대할 때 기본적으로 갖추어야 하는 것 중의 하나가 외모이다. 고객을 대면할 때 허술한 표정과 적절하지 않은 복장을 하고 정신없는 느낌을 갖게 한다면 고객은 무시당한 느낌을 갖게 되어 불쾌해질 수 있다. 다음 사항은 결여되었을 경우 사람을 기분 나쁘게 하거나 부정적인 영향을 주는 요인이다. 자신의 상태를 확인할 필요가 있다.

- 깨끗하고 정리된 머리 모양
- 자신에게 어울리는 적절한 화장
- 잘 맞는 사이즈의 옷차림과 깔끔하고 단정한 복장
- 깨끗한 손과 손톱
- 손톱은 깔끔하게 잘라 정리정돈
- 콧수염이나 턱수염은 깨끗하게 면도
- 스타킹은 전선이 가지 않은 단정한 것을 착용
- 기분 좋은 향기

우리는 사람을 만나면 우선 그들의 외모, 느껴지는 첫인상으로 상대방을 평가하고 나도 평가받게 된다. 몇몇 전문가들은 사람을 만나서 처음 4초 안에 모든 인상이 결정된다고 주장하기도 한다.

알렉산더(Bay Alexander)는 다음과 같이 말한다. "화가 나거나 불만 있는 고객을 상대할 때 자신의 이미지를 하나의 효과적인 도구로 이용할 수 있는 기회이다. 사람은 자신의 이미지를 무기로 사용할 수 있다. 이것은 그 사람의 능력 또는 권한, 통제력, 지식, 침착함까지 모든 것을 말해준다. 만약 자신의 위치에 어울리지 않는 옷을 입거나 자신의 업무나 역할에 신중하지 않고 소홀히 한다면 고객은 좀 더 자기의 입장과 방식으로 밀어붙일 것이다. 즉, 자기가 들은 응답이나 대답에 확신을 갖지 못하고 좀 더 높은 위치의 누군가를 불러 강하게 대응하게 된다."

누구나 자신이 고객이었을 때, 자신의 외모나 행동의 힘에 대해 경험해 보았을 것이다. 깔끔한 복장의 고객과 찢어진 청바지에 더러운 티셔츠를 입은 고객 중 누가 쉽게 물건을 반환하고 보상받기 쉬울까 생각해 보자.

2 비언어적 커뮤니케이션

(1) 얼굴 표정

고객과 대화를 할 때 자신의 표정에 대해 알아야 한다. 친구나 동료 혹은 상사에게 자신의 평소 표정과 혹시 고객과의 대화를 귀찮아하는 표정은 아닌지 물어보자.

고객과 이야기할 때 귀하는 어디를 보고 있는가? 즉, 눈동자를 굴리지는 않는가?

얼굴을 찡그리는가? 부적절하게 웃고 있지는 않는가?

고객은 차분하면서 진심으로 이해하고 최선을 다하는 표정을 원하게 될 것이다. 따라서 고객을 이해하고 걱정한다는 것을 보여 주자. 어떤 사람은 당황하거나 어쩔 수 없을 때 웃어버린다. 그러나 고객이 화가 났을 때는 절대 웃지 말아야 한다. 당신이 웃으면 고객은 자신은 화가 나는데 당신은 진지하지 않게 대한다고 느낄 수 있다.

(2) 몸가짐, 자세

고객들은 직원의 자세가 곧고 반듯한가를 늘 주의 깊게 보고 있다. 구부정한 자세로 늘어져 있거나 기대어 있는 것을 본다면 그들은 그 직원이 업무에 무관심하고 태만하다고 생각한다. 적극적인 자세와 협조적인 자세를 유지한다. 고객과는 일정한 거리를 두고 서 있도록 하고 우르르 몰려 있지 않도록 한다. 이것은 고객에게 좋지 않은 인상을 줄 수 있다.

(3) 행 동

고객은 그들이 필요한 것을 재빠르고 신속하게 응답해 주고 처리해 주기를 원한다.

이것은 단지 몸동작만을 빠르게 움직이거나 분주해 하라는 것이 아니다. 열심히 노력하고 있다는 것을 보여 주어 그들의 시간과 기분을 뺏지 말라는 것이다.

(4) 몸 짓

서 있거나 앉아 있을 때 팔짱을 끼고 있는가? 머리 위에 손을 올리고 있지는 않은가?

팔짱을 끼고 있다는 것은 마음을 닫고 상대방의 말을 귀담아 들으려 하지 않는 것으로 일반적으로 이해된다. 따라서 화난 고객과 대화할 때, 팔짱을 끼지 않음으로써 상대방의 말을 듣고 있고 마음을 열고 있다는 것을 보여 주는 것이 좋다.

(5) 흡 연

고객의 앞에서는 절대로 흡연해서는 안 된다. 만약 귀하의 상사나 고용주가 흡연을 허락했다면 작업장 밖에서 흡연하도록 하고, 고객이 담배를 핀다고 하더라도 직원은 절대 고객과 함께 담배를 피워서는 안 된다.

(6) 접 촉

고객과의 몸 접촉은 피하는 것이 좋다. 특히 고객이 잠정적으로 격해 보일 때에는 이것은 그의 격함을 더욱 두드러지게 할 수 있다. 몸의 접촉은 친한 사람과의 친밀함을 표현하는 행동이므로 고객과의 관계에서는 적절하지 않은 행동이다.

(7) 껌을 씹거나 오물거리는 행동

여러 사람의 이목이 집중되는 공공 장소나 혹은 전화를 하는 중이라도 껌을 씹거나 입에 무엇을 넣고 있으면 안 된다. 비록 상사나 고용주가 허락하는 상황이더라도 이것은 고객들에게 성의 없는 행동으로 보일 수 있다.

(8) 목소리 억양

몸짓만큼이나 목소리는 그 사람의 태도를 말해 준다.

반드시 기억해야 할 것은 고객을 도와 주는 것은 자신의 일이고, 직업이다. 만약 고객을 도와 줄 수 없다면 귀하는 다른 직업을 구해야 하며 직업을 바꿔야 할 것이다. 따라서 항상 "내가 할 수 있는 최선을 다해 고객을 돕기 위해 존재한다"고 생각해야 한다.

• 목소리에 짜증이 섞여 있지 않은가?
• 목소리를 말끝이 올라가 고조되게 말하지 않는가?

사람들은 상대가 말하는 내용보다 어떻게 말하는가에 더 강하게 반응한다. 직원이 힘없고 성의 없는 목소리로 대답하고 응대하면 고객은 불쾌하고, 직원이 힘있고 확신에 찬 목소리로 크게 응대한다면 고객은 그 직원이 일에 대해 잘 알고 있다고 여겨 일을 해결하기가 더 쉬워진다. 문장 끝에서 목소리가 올라가면 질문하는 것같이 들리게 된다. 자신의 목소리를 녹음해 끝부분에서 올라가는지 들어보자. 만약 그렇다면 한결같이 고른 톤을 유지하도록 연습하거나 낮게 끝나도록 연습하라. 그러면 자신감 있게 할 수 있을 것이다.

차분하고 안정된 목소리로 배려하며 부드러운 목소리 톤을 유지하자.

(9) 한 숨

한숨은 종종 참을 수 없을 만큼 불쾌하게 보여진다. 고객 앞에서는 절대 한숨을 쉬지 않도록 한다.

(10) 악 담

비록 고객이 욕을 하거나 악담을 하더라도 직원은 절대 같이 맞서서 욕하면 안 된다. 많은 욕을 하거나 모욕을 주더라도 자신이 프로라는 직업 의식을 되새기자. 자신을 최고로 만드는 것은 자기 자신이다. 고객이나 혹은 누군가 당신에게 욕을 하고 모욕을 주더라도 차분하고 인내심을 갖고 대응해야 한다. 이것은 약한 것이 아니라 오히려 강함을 의미한다.

11.3 고객의 입장 이해

고객과의 커뮤니케이션 중 가장 많은 부분을 차지하며 그 중요성이 높은 경우가 문제가 발생한 상황에서이다. 문제가 발생하지 않은 경우에는 커뮤니케이션하는 데에 큰 어려움이 없을 수도 있다. 따라서 이러한 문제가 발생할 경우를 중심으로 효율적이며 효과적인 커뮤니케이션 방안을 모색해 보고자 한다.

고객과의 원활한 커뮤니케이션을 하기 위해서는 우선 고객의 입장을 이해하는 것이 필요하다. 고객은 여러 이유에서 기분이 상하고 불만을 쌓기 시작한다. 가끔은 그들이 화를 내는 것에 대해서 납득이 되지 않는 경우도 있다. 또한 가끔은 그들의 불만 사항을 처리하느라 하루를 보내는 경우도 있다.

고객과 커뮤니케이션할 때 갖추어야 할 마음가짐은 다음과 같다.

- 고객의 입장과 기분을 이해하려는 마음
- 신속 · 정확하게 최선을 다해 봉사하려는 마음
- 업무에 관한 지식을 향상시키려는 마음

1 불만 해소의 중요성

고객의 불만 사항은 그리 유쾌한 일은 아닐 것이다. 그러나 이것은 반드시 필요한 것이다. 만약 불만 사항을 회사 측에 제의하지 않고, 계속 쌓아가면서 주위 사람들을 교란시키고, 서로 불만만을 폭로하게 되면 그들은 더욱 기분이 나빠지고, 다시는 그 회사와 관계하고 싶지 않게 된다. 결국 그 오해와 불만들을 중재할 수 있는 기회조차 없어지면서 오히려 회사와 직원들을 더 당황시키고, 망가뜨릴 수도 있다. 즉, 고객이 그 회사에 실망을 하고 불편함을 겪고 항의하지 않았다면 그 고객은 더 이상 미래의 우리 고객이 아니라고 볼 수 있다.

만약 회사에서 고객들의 불만 사항을 정중하고 친절하게 응답하고, 고객을 서로 분담해 신속하게 불만 사항을 접수하고 충분히 대화를 시도한다면 그 조직에 대한 평판은 빠르게 퍼지기 시작할 것이다. 고객이 큰소리를 치거나 고함을 질러 불만을 토로할 때, 이것은 종종 나타나는 일이지만, 이러한 소동은 불만 사항이 무엇이건 조직으로부터 빠른 행동을 요구할 때 주로 나타나는 동작이다.

불평 불만 고객 재방문 비율

- 별다른 불만 없는 고객: 9%(91%는 재방문하지 않았다)
- 불만에 대해 아무런 조치를 취하지 않은 고객: 19%(81%는 재방문하지 않았다)
- 불만 신고를 결심한 고객: 54%(46%는 재방문하지 않았다)
- 빠른 불만 신고 고객: 82%(18%는 재방문하지 않았다)

제시되고 있는 %를 볼 때, 고객 불만 사항을 신고한 고객의 대부분이 다시 재방문한 것을 알 수 있다.

출처: U.S. OCA/White House National Consumer Survey

최근의 고객 센터들은 전자 고객 서비스의 벤치마킹에서 다음과 같은 조사 결과를 알아냈다.

부족한 일손으로 온라인 접수를 만들어 냈으나 온라인으로 접촉한 고객들은 오히려 더 만족하지 못했다. 온라인 고객 센터를 이용한 고객들 중 만족스럽다는 고객에 비해 불만족스럽다는 고객이 두 배 이상 높게 나타나고 있었다. 그들은 오프라인과 온라인 모두에서 불만족스러운 경험을 하게 된 것이다.

일반적으로 고객의 96%는 만족하지 않는 물건에 대해 불평하거나 불평 접수를 하지 않는다고 한다. 이것은 모든 불평 접수를 사업적으로 활용해 이익을 창출해야 한다는 것이다. 불평을 드러내지 않는 그들은 아마도 하루종일 기분 나쁜 잠정 고객일 것이다.

또한 고객들은 불평, 불만 사항을 신고하는 접수만으로도 8%의 만족을 얻으며, 만약 그들의 문제가 더 이상 없다면 그 회사에 대한 충성도가 더욱 생기게 된다고 한다.

그러므로 고객들의 불평과 불만들은 그들이 또다시 그 기업을 찾겠다는 의사 표시이며, 이러한 행동은 좀 더 좋아지기를 희망하며 발전되어 계속적으로 충성도 높은 고객이 되겠다는 표시로 설명될 수 있다.

누구나 기분이 상하거나 흥분한 고객과 최악의 경우로 충돌하게 되는 상황을 바라지 않을 것이다. 이러한 모든 상황을 막고 다른 고객들의 노여움을 예방하기 위해 다음과 같은 습관 그대로 성공적인 고객 관리를 위해 연습해 보자.

- 참을성을 가져라. 인내심을 갖고 그들의 불평 사항을 끝까지 들어라.
- 문제점을 정식 절차에 의해 명확하고 구체적으로 확인해라. 그리고 끝까지 인내해야 한다. 고객의 입장에서는 더 귀찮고 성가실 수 있다.
- 자신을 개선, 향상시키고 변화시켜라. 귀하의 행동과 습관이 고객을 짜증스럽게 만들 수도 있다.
- 신뢰를 주어라. 귀하의 그러한 신용을 믿고 고객은 불만을 말하게 되고, 의뢰하게 된다. 직원 자신이 불확실하고 확신이 없을 때 화가 나거나 당황한 사람들은 더 혼란스러워질 수 있다.
- 사람들의 노여움을 진정시켜라. 귀하는 그들의 기분을 안정시킬 수 있는 기술이 필요하다.

2 고객 불만 요인

다음은 고객들이 화나게 되는 경우들이다.

- 너무 오래 기다리게 하는 경우
- 이미 다른 일이나 다른 사람들에 의해 기분이 나빠진 상태
- 피곤하거나 스트레스로 인해 기분이 가라앉은 상태
- 자기만 손해 본다고 생각하는 차별 대우
- 자신이 옳고, 잘못된 것에 대한 용서를 증명해 보이고자 할 때
- 조직에서 누군가가 고객 자신에게 무례하게 대하거나 혹은 냉대나 무관심하다고 느꼈을 때

- 하나의 문제로 여러 직원들에게 차례로 같은 말을 되풀이해야 할 때
- 직원에게 불만 사항이나 잘못된 점을 말하였으나 그것이 잘못 처리되었을 경우
- 자신의 이야기를 귀담아 듣지 않을 때
- 직원을 부정직하다고 생각하거나 의심하면서 조직 전체를 불신하는 경우
- 조직이 부적절한 행위(독점이나 탈취 등)를 한다고 확실한 증거 없이 믿어버리는 경우
- 재빠른 도움이나 대답을 원할 경우
- 고객의 동의 없이 다른 데로 혹은 전화로 옮겨지는 경우
- 전화 연결이 되지 않는 경우
- 무언가 잘못된 부정확한 사항으로 인해 당황하거나 난처해진 경우
- 문제 상황에서 직원들이 빠르고 정확하게 대처하지 못할 경우

이러한 상황별 고객의 불만 사항들은 다음 세 가지 중의 한 가지 문제로 볼 수 있다. 즉, 직원 개개인, 회사, 또는 고객 중의 하나이다. 불만의 80%는 최하 두 부문 간의 해결로 마무리될 수 있다.

일반적으로 하찮고 성가신 일에 대해서는 그냥 묵인해 버리거나 참고 넘어가게 된다. 화를 참을 수 없어 발산한 것은 인내심이 컨트롤되지 않았다는 것이다. 하지만 주의 깊은 행동 하나로 불쾌하고 곤란한 상황을 피할 수도 있게 된다. 고객이 왜 화가 났는가에 관심을 두면 된다.

11.4 고객과의 문제 해결

1 고객의 불만을 해소시키기

지금까지 직원의 설명, 몸동작, 목소리, 단어 선택이 고객을 불쾌하게 할 수 있는 이유에 대해 살펴보았다.

고객이 화난 이유에 상관없이, 일단 화가 난 고객을 진정시키기 위해

서는 다음의 사항들을 고려해야 한다.

고객의 불만을 해소시키기 위한 고려 사항

- 고객이 원하는 것 파악
- 불만을 가진 고객을 다루는 단계
- 경청하기
- 사용에 유의해야 할 표현들
- 기타 유의 사항들
- 전화 응대 시 유의할 것
- 이메일 회신에서 유의할 것

2 고객이 원하는 것

(1) 신중한 응대

고객은 "농담하지 마세요", "설마요……"와 같은 반응을 원하지 않고 고객의 관심에 신중하게 대답하고, 신뢰할 수 있는 전문가적 모습을 원한다.

(2) 존중해서 대해 주기

고객들은 직원이 생색내거나 무례하게 행동하는 것을 원하지 않고, 존중해서 대해 주기를 바란다. 고객에게 명백한 잘못이 있는데 회사를 비난하는 상황은 대처하기가 매우 까다롭다.

(3) 즉각적인 조치

고객은 그들의 문제를 다음달, 다음주 심지어 내일로도 미루는 것을 싫어하며, 지금 당장 처리하는 것을 원한다. 아무리 피곤해도 빠르게 움직이는 것을 보여 주어야 한다.

(4) 체계적인 문제 해결

고객들은 문제점에 대한 해결이 제대로 이루어지고 있는지 알고 싶어

한다. 이러한 문제점들이 상사에게 보고되어 해결된다는 것을 고객에게 알려주어야 한다.

(5) 불평을 잘 들어 주는 것

화난 고객들은 불평을 잘 들어 주는 것을 원한다. 긴장된 상황에서 차분하게 들어 주는 것은 어려운 일이다. 특히 효과적인 청취 습관이 훈련되지 않았다면 더욱 어렵다.

(6) 배 상

고객들은 시간, 불편, 고통으로 인한 피해에 대한 배상을 원한다.

(7) 책임자 처벌

고객들이 책임자 처벌을 원한다면, 사건을 사려 깊고 신중하게 상사에게 보고해 상사가 책임자에게 문제점을 설명함으로써 사건이 재발하지 않도록 조치해야 한다.

3 불만을 가진 고객을 다루는 단계

1. 고객을 진정시키는 부드러운 말로 시작
   "많이 불편하셨겠습니다."
   "사용 설명서가 좀 복잡하지요?"
2. '이해합니다', '잘 알겠습니다', '죄송하지만……' 등의 어휘 사용
   "그렇게 느끼실 만도 합니다. 저도 처음에 그 정책에 관해 들었을 때 고객님과 같이 느껴서 상사에게 여쭤본 결과, 사실은 고객을 위한 정책인 것을 알았습니다. 설명을 드리자면……"
3. 우선 사과할 것
   "죄송합니다. 자세한 상황을 설명해 드리겠습니다."
   "불편을 드린 점 사과드립니다."

4. 도와 드리겠다고 확실히 말한다
"이 상황에 적합한 해결책을 찾겠습니다."
"가능한 한 빨리 조치하겠습니다."

5. 어떤 상황인지 자세히 파악할 것
"다시 한 번 설명해 주시겠습니까?"
"어떤 상황인지 말씀해 주시겠습니까?"

6. 이해한 내용의 반복 확인
"제가 정확하게 알아들었다면……"
"처리하기 전에 제가 이해한 내용이 정확한지 확인해 보겠습니다."

7. 단골 고객 우대
"고객의 문제를 우선적으로 처리하는 신속성에 가장 큰 가치를 둡니다."
"고객님은 특별 고객으로 좀 더 빠른 문제 처리를 위해 노력하겠습니다."

8. 어떻게 처리되기를 원하는지 묻고 선택할 기회를 줄 것
"세 가지 방법이 있습니다. 어떤 선택을 하시겠습니까?"
"이 문제를 해결하기 위해 다음 중 어떤 방법이 적당할까요?"

9. 선택한 방법의 요약 설명
"고객님의 선택에 의한 다음의 통지서를 받으신 후 복사해 팩스로 보내 주시면 담당자와 협의 후 즉시 처리하겠습니다."

10. 기분 좋은 끝마무리
"번거롭게 해드려 죄송합니다. 이렇게 찾아 주신 데 감사드리며 문제 해결을 위해 빠른 조치를 취하겠습니다. 전화 주셔서 감사합니다."

위의 열 가지 단계들은 아래와 같은 행동을 통해서 진행된다.

- 듣기
- 고객과 대면
- 눈을 마주 볼 것
- 얼굴 표정, 목소리, 음량, 마음가짐과 태도를 바르게 할 것
- 논쟁을 야기하는 단어 사용을 피할 것

- 성급하거나 혹은 고객을 내려다보는 태도는 피할 것
- 충분히 공감하고 있음을 보일 것
- 문제 원인을 제거할 것
- 인내할 것
- 명랑한 목소리를 유지할 것
- 고객의 비난을 개인적인 것으로 심각하게 받아들이지 말 것

4 경청하기

대부분의 사람들은 나쁜 청취 습관을 가지고 있다. 타인의 말을 들을 때 사람들이 흔히 저지르는 실수는 다음과 같다.

(1) 말하는 사람의 내용이 아니라 말하는 방법에 신경을 쓰는 것

말하는 사람의 혀 짧은 소리, 더듬는 것, 악센트, 사투리, 문법적 오류, "어……", "저기요……"와 같은 것에 신경을 쓴다면 말하는 사람의 생각, 감정을 놓칠 수 있다.

(2) 고객의 감정을 무시하고, 사실만을 들으려 하는 것

고객은 "나 화났어요"라고 말하지는 않고, 흥분한 큰 목소리로 격한 감정을 표현한다. 감정과 사실을 모두 잘 들어야 한다.

(3) 메모하지 않거나, 반대로 모든 것을 받아 적으려고 하는 것

메모하지 않은 것은 나중에 문제를 일으킬 수 있다. 반대로 고객이 말하는 것을 모두 받아 적으려 하다가는 고객과 눈을 마주칠 수 없다. 날짜, 시간, 내용, 수량과 같은 중요한 사항을 간단하게 메모한다.

(4) 진심으로 주의를 기울이지 않고 꾸며내는 것

고객은 그러한 가짜 배려를 금방 알아챈다. 만일 고객이 흥분한 기색이 보인다면, 이러한 부주의가 그/그녀를 화나게 한 것이다. 고객에게 진

심으로 주의를 기울이도록 한다.

(5) 주의집중하지 않는 것

다른 사람의 말에 신경쓰느라고 산만해지지 말아야 한다. 시각적으로 주의집중을 방해하는 서류나 파일들을 옆으로 치우고, 메모를 할 수 있도록 깨끗한 종이 한 장을 꺼내 둔다. 고객의 말을 집중해서 듣고 가능하면 주의집중을 방해하는 것들을 제거한다.

(6) 혼란스러운 대화를 지속하는 것

고객의 말이 이해가 가지 않을 때는 공손하게 다시 말해 달라고 한다. 한번에 한 가지씩 이해하는 것이 쉬운 방법이다. 메모를 하는 것은 여러 상황을 요약 정리하는 데에 도움을 준다.

(7) 의사 소통을 방해하는 감정적인 단어들(욕설과 같은)을 계속 참고 들어 주는 것

화난 고객들은 직원을 욕하고, 저주하면서 불쾌한 말들을 한다. 객관성을 상실할 정도의 감정적인 말들을 계속 듣고 있는 것은 바람직하지 않다. 문제 해결을 위해서 직원들은 절제된 감정 상태를 유지해야 한다.

(8) 고객의 말에 끼어들거나 중단시키는 것

이미 화난 고객을 더 자극시키는 행위이다.

(9) 외모를 보고 편견을 갖는 것

모든 사람들은 편견과 선입견을 가지고 있다. 고객의 옷 스타일, 머리 모양, 말더듬는 것을 싫어할 수도 있다. 이러한 편견들에 의해 산만해지면 고객의 말을 듣는 것이 어려워진다. 더 잘 듣기 위해 선입견을 없애야 한다.

(10) 말하는 사람을 쳐다보지 않는 것

고객의 눈을 마주보며 듣고 말해야 한다. 고객들은 귀하가 눈을 마주칠 때 그들의 말을 듣고 있다고 생각한다.

(11) 잘 이해하고 있다고 말해 주지 않는 것

고객이 말을 할 때, "말씀하시는 것을 잘 이해하고 있습니다"라고 반복해서 말해 줘야 한다. 하지만 "말씀하려고 하시는 것이 …… 인가요?"라고 고객의 말을 자꾸 고쳐 말하면, 고객은 자신이 무시당하고 있다고 느낄 것이다.

5 고객과 커뮤니케이션할 때 유의할 점

첫째, 불신을 초래할 몸짓, 목소리 톤, 억양 혹은 얼굴 표정을 삼간다.

둘째, 고객으로 하여금 배타적 분위기를 느끼게 하지 마라. 고객을 격하, 비하시키는 말(예: 부랑자, 거짓말쟁이, 사기꾼, 도둑으로 보는 말)이나 행동을 삼간다. 즉, 고객을 위협하지 않도록 한다.

이것은 일을 하면서 자신이 몸으로 표현하는 행동이나 목소리 톤, 억양, 혹은 얼굴 표정 등을 전혀 고려하지 않고 상대방에게 전달될 영향에 대해 유의해야 한다는 것이다. 고객들은 이런 하나의 사소한 행동에서도 불만을 느낄 수 있고, 당연히 불만 신고를 할 수 있다. 그 조직에 관심 없고 게으른 고객은 절대로 불만 신고나 전화를 하지 않고 거짓말과 속임수 등을 절대 쓰지 않는다. 불만을 신고하고 소란을 피우는 고객은 절대 위협적인 고객이 아니다. 나에게 봉급을 제공해 주는 고객인 것이다.

카네기(Dale Carnegie)는 이렇게 말한다. "고객과 논쟁을 가장 잘하는 것은 그것을 피하는 것이다." 고객에 관한 한 이것은 특히 진실이다. 만약 귀하가 고객과 논쟁을 한다면 항상 질 수밖에 없다. 설사 논쟁에서는 이길지라도 다른 무언가를 잃게 된다. 논쟁하는 것을 다른 고객이 목격하는 것 자체가 바람직하지 않다. 고객이 잘못을 했든 안 했든 직원들에 의해 좋지 않게 취급되는 것을 고객들은 원하지 않는다. 고객은 고객편이다.

6 피드백

약속한 사항을 이행하는 것은 전화로든 직접 방문해 만나든 고객을 화나게 하는 것을 피할 수 있는 방법의 하나이다. 비록, 단지 아직도 확인 중이라는 내용의 전화를 걸어야 하는 경우에도 고객은 귀하가 자신의 일을 잊지 않고 있고, 최선을 다하고 있다는 것을 알게 됨으로써 신뢰하게 되고 고마워할 것이다.

다음은 고객과 약속한 후속 조치 및 답변 사항을 정리 확인할 수 있는 양식이다. 이 양식이 각기 상대 고객의 근무 시간에 맞추어 전화 업무를 처리하는 것을 도와줄 수 있을 것이다. 고객과 약속한 사항에 대한 것을

확인 전화 목록

날짜: ________년 ______월 ______일

	성 명	연락처	내 용
8 : 00 이전	______	______	______
9 : 00 이전	______	______	______
10 : 00 이전	______	______	______
11 : 00 이전	______	______	______
12 : 00 이전	______	______	______
1 : 00 이전	______	______	______
2 : 00 이전	______	______	______
3 : 00 이전	______	______	______
4 : 00 이전	______	______	______
5 : 00 이전	______	______	______

이러한 표에 정리해 항상 소지하면서 처리한다면 실수 없이 고객의 요구에 부응해 만족스러운 성과를 거둘 수 있을 것이다.

7 고객과의 대화에 적절하고 적합한 표현

앞에서 고객을 화나게 하는 말이나, 진정시키는 말들을 살펴보았다. 이러한 표현들에 대해 좀 더 구체적으로 살펴보자. 고객과의 관계에서 사용하는 표현이 의사 소통을 도와줄 수도 있고 싸움으로 이어질 수도 있다. 일반적으로 싸움이 되는 말과 문제를 해결하는 말들의 경우를 보자.

(1) 공감 표현

공감을 표현하는 단어들은 직원들이 고객이 불만인 이유를 이해한다는 것을 의미한다. 심리적으로 위안이 되고 공감할 수 있는 단어를 사용한다.

피해야 할 표현	바람직한 표현
미쳤어요. 화난 거 알아요. 당신 많이 흥분했군요! 왜 그렇게 화가 나셨는지 모르겠군요!	무슨 말씀인지 알겠습니다. 어떤 기분이실지 이해가 됩니다. 얼마나 귀찮으신지 알고 있습니다. 많이 화나셨죠! 저라도 화가 났을 겁니다. 불편을 드려 죄송합니다.

(2) '이해합니다', '잘 알겠습니다', '죄송합니다' 등의 어휘 사용

이러한 말들은 고객에 대해 반응을 보충하는 역할을 할 것이다. 고객의 감정을 인정하는 것이 중요하다.

(3) 명확하게 이해

고객의 말은 항상 알기 쉬운 단어로 바꾸어 반복한다. 잘못된 의사 소통은 언제나 비난거리가 될 뿐 아니라 문제 해결을 어렵게 한다. 문제를 해결하고자 한다면 먼저 명확히 이해하도록 노력한다.

피해야 할 표현	바람직한 표현
그건 초점에서 벗어난 말인데요. 말도 안 되는 소리입니다. 완전히 틀린 말씀입니다. 진심이세요?	좀 더 자세한 설명을 해 주시겠습니까? 제가 잘못 이해했는지도 모르겠습니다. 혹시 이것이 맞지 않을까요? 제가 이해한 내용은……

(4) 고객의 편이 되어 줄 것

고객에 대항하는 것이 아니라, 한편이 되어서 문제를 해결한다.

피해야 할 표현	바람직한 표현
우리는 그것을 할 수 없습니다. 문제가 뭡니까?	해결책을 찾도록 도와 드리겠습니다. 문제를 같이 해결해 보도록 하죠!

(5) 객관화하라

고객이 실수를 했을 경우 간접적으로 지적해야 한다. 종종 고객이 실수에 대해 당황해 할 수도 있다. 그것은 고객을 다시 한 번 화나게 할 수 있고, 당신을 비난하게 될 수도 있다. 비난하거나 꾸짖거나 생색내는 말을 해서는 안 된다. 설사 고객이 잘못했더라도 그것을 알리는 데까지 보내는 시간은 유쾌하지 않다.

피해야 할 표현	바람직한 표현
당신은 이것을 제대로 하지 못했군요.	보완해야 할 부분이 몇 가지 있습니다.

(6) 2인칭이 아닌 1인칭으로 직접 "제가"라는 말을 사용한다

고객의 실수를 탓하지 말아야 한다. 고객이 잘못한 경우, 직접적인 지적보다는 우회하면서 가능한 한 자신이 책임을 지도록 한다.

피해야 할 표현	바람직한 표현
저를 헷갈리게 하시는군요. 당신이 잘못했네요.	제가 혼동했습니다. 제가 잘못 알아들었나 봅니다. 제가 다르게 이해를 했네요.

(7) 고객에게 요구하지 말 것

고객은 자신이 선택권을 가지기를 원한다. 어떤 일을 하도록 기분 좋게 부탁하거나 그것이 어떻게 유익한지 설명해 주어야 한다. 사람들은 명령받기를 원하지 않는다. 질문하듯 좀 더 정중하게 다시 설명해 주어야 한다.

피해야 할 표현	바람직한 표현
……게 하셔야 합니다.	……게 하시겠습니까? 어떻게 하시겠어요? 제가 볼 때 이게 더 좋겠는데, 어떠세요? 이렇게 하시는 것이 제일 좋은 것 같은데 어떠세요?

피해야 할 표현	바람직한 표현
이렇게 했어야 했네요.	다음에 방문하실 때는 가능한 좀 더 원활하게 처리하겠습니다. 이렇게 하시면 도움이 될 겁니다.
기다려 보세요.	조금만 기다려 주시면 제가 윗 담당자나 책임자에게 알아보고 오겠습니다.

사람들은 종종 "~해야 한다" 하는 말을 들었을 때 부모나 윗분으로부터 잘못을 지적받는 것을 생각하게 된다. "~했어야 했는데"로 끝내지 말고 다음번에 도움이 될 사항이라거나, 앞으로는 같은 잘못이나 실수가 없도록 미래형으로 말하는 것이 바람직하다.

(8) 책임지기

고객에게 귀하가 할 수 있는 것에 대해 말하고, 할 수 없는 것에 대해 말하지 않도록 한다.

피해야 할 표현	바람직한 표현
저는 ~를 할 수 없습니다.	저는 권한이 없습니다. 하지만 고객을 도울 수 있는 다른 분을 찾아보겠습니다.

만약 귀하가 할 수 없는 일이라면 고객이 원하는 일을 도와줄 다른 누군가를 찾아보아야 한다.

피해야 할 표현	바람직한 표현
이건 제 일이 아닌데요.	도와 드릴 수 있는지 한 번 알아보겠습니다. 이쪽 담당자를 불러 도와 드리도록 하겠습니다.

만약 자신의 영역이 아니거나 책임질 부분이 아니더라도, 고객에게 직접 알아서 하라는 말은 해서는 안 된다. 그것은 그들에게 비난을 사게 되고 화나게 하는 시발점이 된다. 고객을 어떻게 도와줄 것인지를 말하는 것이 좋다.

(9) 싸움을 방지하는 방법

피해야 할 표현	바람직한 표현
당신이 절대적으로 잘못했군요. 당신은 언제나 늦게 오시는군요.	가끔 잘못되는 경우가 있습니다. 종종 늦게 지불되는 경우가 있습니다.

'항상', '절대' 이러한 말은 비판적이며 부적절하다. 대화를 할 때 결정적인 확답보다는 '종종', '가끔'과 같은 말을 사용한다.

피해야 할 표현	바람직한 표현
다 작성하셨군요.	잘 작성하셨군요. 그리고 난 후에……

사람들은 '그러나'라는 말 이전에 나오는 상대방 말은 들으려 하지 않는다. 그 다음에 오는 말에 집중한다. 그들은 '그러나', '하지만'이라는 말보다는 어떤 방안을 제시해 주는 '그리고', '그래서'라는 말을 사용하는 것을 좋아한다. 그래서 전체 문장을 다 듣도록 한다.

피해야 할 표현	바람직한 표현
당신은 비용을 지불해야 합니다.	비용은 ~입니다.

'비용(cost)'이란 말은 부정적으로 들리며 돈 이외에 시간, 불쾌감 등 다른 것들까지 암시한다.

피해야 할 표현	바람직한 표현
문제가 뭡니까?	무슨 일인지 말씀해 주시겠어요?

사람들은 문제가 생기는 것을 원하지 않고 또한 그들의 문제를 다른 사람들이 듣거나 아는 것도 원하지 않는다. 효과적인 대화 방식을 사용해 보자.

8 기타 유의 사항들

(1) 여유 시간 확보

너무 감정적이 될 때는 잠시 시간을 확보하는 것이 좋다. 즉, 고객 때문에 너무 화가 나고 울음이 나오려고 한다면, 그 상황으로부터 잠깐 벗어나 있을 필요가 있다. 잠깐 마음을 가라앉힐 수 있는 시간을 가지도록 한다.

자신이 너무 감정적이 되려고 할 때는 아래와 같이 정중하게 고객에게 양해를 구하도록 한다.

- "문제점에 대해 방법을 찾는 동안 잠깐만 기다려 주세요."
- "문제점에 대해 상사에게 자문을 구하겠습니다."
- "파일에서 확실한 자료를 찾아보겠습니다."
- "문제 해결을 위한 방법을 논의해야 합니다. 잠시만 기다려 주세요."

고객의 문제 해결을 위한 관심을 표현할 수 있는 방법으로 양해를 구한다.

(2) 감정적으로 행동하지 말 것

화난 고객들은 직원들의 노력에 상관없이 감정을 상하게 하는 말을 한다. 고객 앞에서는 절대 감정적으로 격해지지 않도록 한다. 자신의 감정을 그대로 표출해서는 전문가가 될 수 없다.

만약 울음이 나온다면 그 자리를 피하고 화장실로 들어가서 다시 정돈된 모습을 만들어야 한다. 고객과 도저히 대화를 계속할 수 없다고 느껴지면 동료나 상사에게 도움을 구하도록 한다.

(3) 고객의 성명을 불러 줌으로써 주의를 환기시킬 것

고객이 직원에게 설명이나 해명할 기회를 주지 않는다면, 고객의 이름을 부르면서 말을 꺼낸다면, 고객은 좀 더 이성적으로 주의를 기울이게 된다.

(4) 서로 간의 합의점을 모색할 것

고객과 합의점을 찾기가 어려울 경우 아래와 같이 해결책을 찾기 위한 말을 꺼내야 한다.

- "제가 지금 무엇을 도와 드리면 될까요?"
- "이렇게 하는 것이 적절한 방법입니까?"
- "어떤 방법이 고객님을 기쁘게 해 드릴 수 있을까요?"

고객이 제안하는 것이 귀하가 할 수 있는 것이라면 고객의 제안을 들어주도록 한다. 고객이 너무 완강해서, 합의점을 찾는 것이 불가능한 경우에는 상사에게 조언을 구하도록 한다.

(5) 공손하게 반복해서 말하기

고객이 어떤 일을 우기고 강하게 조른다면, 불가능하고 부적합하다는 뜻을 명확히 전하되 공손하게 말한다.

고객: "오늘 바로 그 제품이 필요합니다."
담당자: "죄송합니다, 다음주 화요일에 제품이 들어옵니다."
고객: "하지만, 난 오늘 필요하다구요."
담당자: "죄송합니다. 창고에 제품이 없습니다."
고객: "오늘 필요하다니까요."
담당자: "다음주 화요일에 제품을 전해 드리겠습니다."

그래도 안 되면, 고객에게 나가 달라고 요구할 수 있다. 고객이 응하지 않으면 안전요원이나 경찰을 부를 수 있다.

(6) 폭력적이거나 난폭한 고객 다루기

고객이 폭력적이거나 위협하는 경우가 생길 수 있다. 상황이 해결이 안 될 것 같은 경우, 직관적인 판단을 해야 한다. 고객이 주먹을 쥐거나 입술을 깨물거나 격앙된 목소리, 긴장된 몸짓을 보일 경우 폭력적 상황이 일어날 것을 예측해야 한다. 이럴 때는 음주나 약물을 복용했는지 살펴보아야 한다. 상황이 더 악화되기 전에, 즉시 주위의 도움을 청하거나 경찰을 불러야 한다. 위협을 참고 있어서는 안 된다.

술 취한 사람, 마약 중독자에게 이성을 기대해서는 곤란하다. 음주나 약물에 취하지 않았더라도 폭력적인 조짐이 보이는 경우 경찰을 부르도록 해야 한다. 고객에게 폭행당한 많은 사례가 있다. 어리석게 보이는 것보다 병원에 가는 것이 훨씬 나쁜 일이다. 그러나 음주, 마약 중독자로 보인다고 고객을 의심하고 고발해서는 안 된다. 이는 회사를 곤란한 처지에 빠뜨릴 수 있다. 그보다는 매장에서 고객을 다른 곳으로 갈 수 있게 할 대안을 찾아보도록 한다.

9 전화를 통한 고객 응대

전화상으로는 고객들로부터 고함이나 욕설을 좀 더 쉽게 듣게 된다. 왜냐하면 직접 대면하지 않기에 고객은 귀하가 회사를 대표하는 직원이라고 여기기 때문이다. 여기에서 살펴본 가이드라인들은 대체적으로 전화로 고객을 진정시킬 때에도 적용되지만, 몇 가지 주의를 기울여야 하는 것들이 있다.

통화란 직접적인 대면이 아니기 때문에 목소리로만 대화를 해야 하고, 이는 여러분에게 도전이 될 수도 있다. 조사에 따르면, 전화 통화 시에는 상대방의 목소리 톤이나 어조에 의해 80%, 단어 사용에 의해 20%를 이해한다고 한다. 목소리를 통해 즐거움, 관심, 인내, 이해, 걱정을 표현하는 것은 매우 중요하다. 목소리를 깊게 내는 것도 중요하다. 낮고 깊은 목소리는 성숙, 신용, 절제된 느낌을 표현할 수 있기 때문이다.

자신이 좋은 목소리를 가지고 있는지 알 수 있는 방법이 있다. 첫 번째는 상사, 동료에게 물어보는 것인데, 솔직한 사람을 찾아야 한다. 두 번째는 목소리를 녹음하는 것이다. 녹음된 목소리는 본인이 생각하고 있는 자신의 목소리와 다르게 들릴 수 있기 때문에, 남들에게 내 목소리가 어떻게 들리는지 알아내는 데 매우 좋은 방법이다.

만일 귀하가 통화 중 자리를 비우게 될 경우, 이 쪽에서 다시 전화를 하는 것과 기다리는 것 중 고객이 선택하도록 한다. 고객이 다시 전화 걸어 주는 것을 요구할 경우, 전화를 걸 시간에 통화 가능 여부를 물어보아야 한다. 특별히 전할 내용이 없더라도 약속된 시간에 고객에게 전화해서 고객의 문제를 잊지 않고 있음을 알린다. 고객이 잠시 기다리는 것을 원할 경우 먼저 몇 분이 소요될지 설명해야 한다. 고객이 전화를 끊고 다시 걸 경우에는 자신의 이름을 고객에게 알려 준다. 혹시 연결이 안 될 경우를 대비해서 고객의 전화번호를 알아 놓도록 한다.

이러한 종류의 서비스는 귀하가 고객을 매우 중요시하고 있으며, 귀하의 회사가 차가운 컴퓨터가 아닌 사려 깊고, 친절한 사람들에 의해 운영된다는 모습을 보여 줄 수 있다.

10 이메일을 통한 고객관리

이메일로 고객을 상대할 때에는 더욱 세심한 주의가 필요하다. 이메일 안에 있는 단어, 말투들은 오해받기 쉽다. 고객들에게 이메일로 답장할 경우 매우 신중해야 하며 더 이상 고객들을 화나지 않게 유의한다.

- 자주 반복되는 문제들에 대해서는 상용 어구를 만들어 둔다. 상사와 상의해서 친절하고 오해를 야기할 가능성이 없는 어구들을 만든다. 하지만 이 어구들을 사용해 회신할 때, 해당 고객의 질문과 상황에 적합한지에 유의한다. 자신의 질문에 대한 답과는 거리가 먼 형식적인 편지를 받는 것은 매우 짜증나는 일이기 때문이다.

- 친근하지만 공손한 말투를 사용한다.
- 오타가 나지 않도록 주의한다.
- 문제가 있음을 알려 준 것에 대해, 우선 고객에게 감사하고, 문제를 해결하기 위해 회사가 취할 단계를 알려 준다.
- 고객에게 상황과 감정을 충분히 이해하고 있음을 보여 준다.
- 문제 해결을 위해 필요한 정보를 고객에게 요청한다.
- 고객이 직접 통화를 원할 경우를 대비해서, 직통 전화번호를 남긴다.
- 기술적인 부분을 설명해 줄 때는 고객에게 해당 웹사이트를 직접 찾아 보라고 하기보다는, 관련 정보를 직접 이메일로 알려 주는 것이 좋다.

연습 문제

1. 우리는 왜 화난 고객을 진정시키는 것이 중요하다고 보는가? 또한 불만족스러운 고객들로부터 왜 불만 사항을 받아내야 하는가? 생각나는 대로 자신의 입장에서 서술해 보자.

① 당신에게 화를 내거나 흥분한 고객들을 진정시키는 것이 왜 중요한가?

____

____

____

② 불만족스러운 고객들로 하여금 불만 사항을 표현하게 하는 것이 왜 중요한가?

____

____

____

2. 왜 고객들은 불평과 불만을 토로한다고 생각하는가? 그 이유를 적고 각각 그에 대한 해결 방안을 모색해 보자.

이 유	해결 방안

3. 다음에서 자신이 개선해야 한다고 생각하는 조항은 무엇인가?

- □ 몸으로 말하는 표현력
- □ 몸가짐
- □ 태도
- □ 터치
- □ 목소리 톤
- □ 악담이나 상스러운 욕
- □ 표정
- □ 동작
- □ 흡연
- □ 껌을 씹거나 군것질
- □ 한숨

4. 자신이 고객으로서 화났었던 경험을 기억해 보며 화나게 한 외모나 태도, 언어 표현 등에는 어떠한 것들이 있었는지 나열해 보고 각기 그에 대한 개선책을 제시하시오.

제 4 부

프레젠테이션

제 12 장

프레젠테이션 형태

"모든 프레젠테이션은 내가 하고 싶은 말을 하는 것이 아니라, 청중이 듣고 싶은 이야기를 해 주는 것이다."

프레젠테이션(presentation)이란 한 개인이 여러 사람 앞에서 의견이나 생각을 발표하는 것을 말한다. 세미나, 학회, 국제 회의에서의 발표를 포함해서 직장에서 동료들을 대상으로 하는 브리핑, 상사 및 동료에게 드리는 보고, 학교 수업 시간에 하는 발표, 정견 발표, TV 토론, 국회 연설 등을 모두 포함한다.

프레젠테이션의 대상을 기준으로 분류하면, 소수를 대상으로 하는 프레젠테이션으로는 사내 회의, 간부 회의, 부서 모임, 비공식 회의를 들 수 있고, 다수를 대상으로 하는 프레젠테이션으로는 학회, 시사회, 국제 회의, 공식 회의 등이 있다.

사내 회의, 간부 회의, 부서 모임 등을 포함하는 사내 프레젠테이션의 경우 특정 사실이나. 제안 등을 제시하여, 정보를 공유하거나 의사 결정을 할 수 있도록 하는 것이 일반적이다.

또한 다수를 대상으로 하는 외부 프레젠테이션은 자사 또는 발표자의 서비스 또는 제품의 장점을 기반으로 그 가치를 최대한 높여, 제품의 판매나 기업의 홍보 또는 프로젝트를 수주하는 데 그 목적이 있다.

최근 들어 커뮤니케이션 능력과 중요성이 여러 면에서 강조되고 있다. 특히 프레젠테이션 능력, 다시 말해 상대방에게 자신의 의사를 분명히 전달하면서 동시에 자신의 의도하는 방향으로 이끌 수 있는 설득력이나 협상 능력은 비즈니스 사회에서 무엇보다도 중요시되고 있다.

여기에서는 기업이나 조직에서 주로 사용된 프레젠테이션 형태와 그 주의점에 대해 설명한다.

12.1 개인 간의 일대일 프레젠테이션

일대일 프레젠테이션을 준비할 때 주의할 점은 그냥 대화를 하는 것이 아니라 특정한 목적을 지니고 상대를 설득하는 것이다. 대중을 대상으로 한 프레젠테이션을 준비할 때와 같이 많은 노력을 투입해야 한다. 제한된 시간 내에 상대에게 전달할 사항과 제공할 것을 강조해야 하는 한 번의 기회임을 명심해야 한다.

(1) 얼마만큼의 시간이 주어지는가를 알아두기

정해진 짧은 시간 동안 엄청나게 많은 양의 정보를 전달할 수는 없다. 발표 시간 전에 발표, 토론 내용들의 목표를 써놓아야 한다. 상대에게 할 질문을 포함해서 정해진 시간을 지키는 것이 무엇보다도 중요하다. 때로는 프레젠테이션 진행 중 주제와 상관없는 질문이나 예상하지 못한 상황이 발생되어도 당황하기보다는 최대한 진행 가능한 나머지 시간을 재확인함으로써 사전에 계획한 목표가 달성될 수 있도록 시간 관리를 할 수 있는 지혜가 필요하다.

(2) 회의 의제 준비하기

사전에 회의 주제를 상대방에게 알리지 않고 상대방을 만난다면 대체로 제한된 시간 안에 준비한 의견이나 설명을 효과적으로 전달할 수 없다. 반드시 회의 주제를 상대방이 가장 알기 쉽게 파악할 수 있는 방법을 사전에 고려해서 전달하는 준비 자세가 필요하다.

(3) 사전에 철저히 준비하기

발표할 내용을 효과적으로 전달 및 지원해 줄 연구 자료나 문서들을 철저하게 준비한다. 준비한 자료는 상대가 질문 자료를 준비할 수 있도록 사전에 전달하거나 상대편의 특별한 요청이 없다면 프레젠테이션 때 준비 자료를 준다.

(4) 내용의 반복 연습

사전에 프레젠테이션 연습을 통해 정확한 소요 시간을 측정할 수 있고 스스로 내용을 청취할 수 있어 객관적 입장에서 재정리하는 계기가 된다.

만약 사전 연습 과정에서 다른 사람들로부터 피드백을 받아 수정 및 개선 과정을 거친다면 실전 때 프레젠테이션의 효과를 더 높일 수 있다. 특히 처음 하는 경우일수록 이러한 과정을 거침으로써 자신감을 가지고 프레젠테이션에 임할 수 있게 된다.

(5) 질문에 대한 답을 모를 경우

이 경우 당황하여 회피하려 하지 말고 상대에게 솔직하게 "죄송합니다만 질문하신 내용에 대해 성실히 답변해 드릴 수 있도록 연락처를 남겨 주시면 최대한 빨리 대답해 드리겠습니다. 죄송합니다"라고 말한다. 또한 그 약속은 반드시 준수해야 상대로부터 신뢰성을 인정받을 수 있다.

질문을 받고 나서 해서는 안 되는 세 가지

1. 방어하지 말 것

방어적으로 대응하면 질문한 사람을 반대하는 것으로 비춰진다. 특히 많은 사람들 앞이라면 자신 없어 보이거나 수세에 몰린 듯한 인상을 준다.

2. 논쟁하지 말 것

누가 질문했다. 거기에 대답했다. 그런데 또 그 사람이 질문했고 결국 논쟁같이 되어 버리면서 발표는 이상한 방향으로 흘러가 버린다. 그런 길어질 것 같은 토론은 뒤로 미루는 게 좋다. 예를 들어, “아주 좋은 지적입니다. 그런데 자세한 이야기는 이 발표가 끝난 뒤 따로 했으면 합니다”라는 식으로 대응한다.

3. 깔보지 말 것

조금 어이없고 전혀 중요하지 않으며 핵심에서 비껴 가는 질문을 받은 경우가 있다. 그러나 질문한 사람에게는 중요한 문제일 수도 있다. 그러므로 “그런 말도 않되는 질문에 대답할 시간은 없습니다”, “그런 질문을 왜 하신 거지요?”(바보같은 질문이라는 뜻으로)라는 식의 대답을 해서는 안 된다.

출처: 래니 어레돈도(2003), 『커뮤니케이션의 기술』. 하지현 옮김. 지식공작소. p.243.

(6) 면접 시험에 응시할 경우

특정 기업이나 조직에의 면접 시험을 준비한다면 사전에 그 회사에 대해 충분하기 조사해야 한다. 자료만을 준비할 수도 있고 좀 더 효과적인 대응을 위해 회사에 대한 소견이나 질문을 사전에 준비해 둔다. 이런 행동은 그 회사와 회사의 업무에 제대로 이해하고 있다는 것을 면접관에게 간접적으로 나타내 준다.

또한 지원 동기는 그 회사의 비전(vision)을 바탕으로 자신의 개성을 살릴 수 있도록 독특하게 준비한다. 아울러 인터뷰를 효과적으로 대비하기 위해 서점, 도서관, 인터넷을 통해 관련된 정보를 검색하고, 이를 정리해서 수시로 읽는다.

최근에는 컴퓨터나 스마트폰 등 스마트 기기를 이용하여 기사 검색은 물론 모바일 어플리케이션을 통해 SNS 및 커뮤니티 활동 등 다양한 정보를 확보하는 것이 훨씬 수월해졌다. 따라서 다양한 경로를 통해 지원하는 회사의 기업 이념, 특히 경영진이 연초에 발표한 신년사나 사업 방향, 비전 등의 기사를 사전에 익히고 키워드 등을 기억하여 면접에 응하는 자세가 필요하다.

특히 면접 당일 시사적인 정보를 유념하도록 신문, 뉴스를 반드시 탐독해야 한다. 필요하다면 이력서나 입사 지원서에 면접할 회사에 대한 소견을 첨부해서 제출할 수 있다. 면접을 효과적으로 실천하기 위해 사전에 친구, 가족, 기존 취업자들 앞에서 모의 면접을 통해 목소리 톤, 시선 처리, 얼굴 표정 등 개선점을 지적받아 보완하는 것도 도움이 된다. 이와 같이 사전에 철저한 준비를 한다면 면접 당일의 긴장을 다소나마 줄일 수 있다.

(7) 분위기에 적합한 복장과 머리 스타일인지 확인

정중한 비즈니스 옷차림은 상대에게 내용을 전달하고 설득하는 데 영향을 미친다. 언어적인 커뮤니케이션 요소뿐 아니라 비언어적인 커뮤니케이션 요소에 따라서도 상대는 전달자를 평가할 수 있다. 중요한 무역거래를 위해 상대방에게 프레젠테이션을 하고 있을 때 캐주얼 스타일로 입은 사람과 정장을 한 사람의 경우 대부분 사람은 정장 차림의 발표자 내용을 더 신뢰할 것이다.

12.2 그룹 또는 직원 회의에서의 프레젠테이션

그룹, 부서 회의, 다른 부서 직원들과 회의를 가질 때 프레젠테이션의 진행 능력은 내용의 신뢰성, 상대의 평가와 아울러 경력 관리에 중요한 영향을 미칠 수 있다. 효과적으로 프레젠테이션을 할 수 있는 방법은 다음과 같다.

〈사진 출처: pixabay.com〉

(1) 회의 준비

회의를 준비하기 전 회의 주제를 사전에 구체적으로 파악하고 관련된 자료를 가능하다면 많이 다양한 상황을 고려해서 준비한다. 특별한 주제에 대해 기존 관련 자료가 없는 상황에서 프레젠테이션을 해야 할 때 주제에 대해 사전에 철저한 준비가 있다면, 참석자에게 전달할 내용을 효과적으로 전달할 수 있다. 회의 주제가 정해지면 그 회의의 리더를 사전에 결정해야 하고, 그 리더는 주제와 참가자들을 파악해야 한다.

회의 의제(agenda) 관련 항목들

- 회의 목적:
- 회의 장소:
- 시작 시간과 끝나는 시간:
- 휴식 시간:
- 리더의 이름:
- 참가자들의 이름:
- 발표자의 이름과 함께 논제에 대한 요약:
- 각 논제에 할당된 시간:
- 논제의 범위(결정, 정보 혹은 토론):
- 회의 기록자의 이름:
- 회의 준비의 요령, 그리고 지참해야 할 자료들에 대한 지시 사항

회의 리더는 참석자들에게 미리 주제를 분할해서 할당하고 준비하도록 회의 통지서를 보내야 한다. 준비 없는 회의 진행은 효과적으로 의사 결정을 내릴 수가 없기 때문이다.

(2) 공식적인 회의 프레젠테이션을 진행하는 리더의 경우

- 사전에 참석자들이 기대하는 내용을 세밀하게 확인한다.
- 사전에 합당한 목표를 세우고 결정할 사안들을 준비한다.
- 사전에 안건들에 대한 세부적인 결정 내용 및 질문 내용을 준비한다.
- 회의 장소를 선정할 때는 사전에 프레젠테이션에 필요한 기기 사용

그림 12-1 회의 통지서 서식

회의 통지서

수신자: [참 가 자]
발신자: [리 더]
날 짜: [통지 날짜]
날 짜: [회의 날짜]
시 간: 시작 : 종료:
장 소:

의 제

주제: 대상: 발표자: 시간:

회의 목적:

회의 전 준비 사항:

특별한 사항:

기록자: ______________________

이메일을 통해 '회의 공지하는 경우의 예'

보내기(S)	제목(U)	[공지/주요] '차주 프로젝트 진행 사항 점검' 관련 회의 진행의 건

안녕하세요. ○○○ 프로젝트 1팀 XXX입니다.

현재 진행 중인 ○○○ 프로젝트와 관련하여, 아래와 같이 점검 회의를 진행하고자 합니다.

1. 안건: '○○월 ○○주 현재 프로젝트 진행 이슈 사항' 점검
2. 일시: ○○○○년 ○○월 ○○일 (수), 14 : 00~
3. 장소: 본사 22층 4A 회의실
4. 참석 대상: 메일 수신자 전체

여부를 확인하고, 사용 가능한 장소를 지정한다.

- 참석자 확인, 회의장에 필요한 기기 점검 등 관련 사항을 세밀하게 점검한다.
- 회의 전 참석자들에게 다시 한 번 참석여부와 회의 의제를 확인시킨다.
- 목적과 주제 및 결정 사항과 회의 규칙을 명확히 한다.
- 시간 규정을 잘 지킨다.
- 회의 내용은 회의록에 기재하도록 담당자를 지정한다.
- 회의록을 비치하고, 참석자들에게 내용을 재정리해서 배포한다.

또한 리더가 프레젠테이션을 결정할 때, 아래의 질문들과 목적들에 유의한다.

- 각 부분을 위해 얼마만큼의 시간이 주어지는가?(할당된 시간 확인)
- 주제에 대해 무엇을 지원해야 할까?(주제에 맞는 정보 수집)
- 누가 프레젠테이션의 발표자로서 적합한가?(적임자 모색)
- 리더로서 질문과 대답 부분을 요약하고 이끌어 나가야 한다(전체 내용 확인).

그림 12-2 회의록 서식

회의록

회의 날짜: ______________________________

시작/종료 시간: ______________________________

회의 목적: ______________________________

취해야 할 조치	책임자	최종 시한	진행 여부

주요한 논의점들: ______________________________

____

____

____

____

전 회의의 미결 사항 점검: ______________________________

____

____

____

다음 회의 일정: ______________________________

예정 논의 사항: ______________________________

____

____

____

____

____

참가자 리스트 첨부

• 리허설과 수정 등을 위해 할당된 적절한 시간을 확인한다(최종 점검).

(3) 개인적인 의견만을 말할 경우

발언할 내용을 적절한 시간에 타당하게 논의할 수 있도록, 그 주제를 연구한다. 비록 특별한 안건을 생각할 수 없었다 해도 회의 주제를 도출할 확률이 높다. 회의를 통해 또 다른 개선점이나 전략을 제시할 수 있기 때문이다. 비록 준비 없이 회의에 참석했다면 그 상황에 적절하게 개인적인 의견을 가능한 한 단순하게 제시하는 것이 바람직하다.

(4) 회의 의제에 관해 특별한 안건이 없을 경우

사전에 준비할 수 있을 만큼의 정보를 일단 찾고자 노력한다. 가능하다면 유사한 의제에 참석한 사람에게 조언을 구할 수도 있다.

(5) 갑자기 발표하는 상황에 두려움이 많을 경우

회의 진행 동안에 틈틈이 자신의 생각들을 써놓고 발표할 차례가 되면 적어 놓은 것을 참고해서 말한다. 만약 아무런 의견도 제시하지 않고 회의에 계속 참석한다면 오히려 다른 참석자에게 그 회의에 대한 부정적인 이미지를 지닌 것으로 오해하게 하거나 무능하게 보인다. 최소한 마지막에라도 질문이나 의견을 준비해서 발표한다.

(6) 회의 주제를 미리 알지 못한 상태로 준비 없이 참석한 경우

회의 진행에 방해되지 않도록 상황에 적합하게 진행자에게 회의 의제에 관해 재차 발표를 요청할 수 있다.

(7) 비슷한 의제로 회의를 다시 진행할 경우

지난 토의 내용 일부가 다시 토의 의제로서 마련될 경우 가능하면 재차 참여하도록 한다. 이 경우에는 지난 토의 내용의 반복을 피하도록 일전에 작성된 회의록을 준비한다.

이와 같이 회의에서 발표할 기회를 부여 받았다면, 회의 전에 주제와 주요 관점에 대해 간단한 개요를 회의 주최자에게 제출할 경우도 있다. 프레젠테이션 기회를 잊지 않을 정도로 주제와 관련된 개요와 요약 내용

을 확실하게 정리해 둔다.

특히 자료를 준비할 때, 누가 참석할지를 파악해야 한다. 이 참석자들의 필요성들을 바탕으로 주제를 정리해야 하기 때문이다. 예를 들어, 만약 교사로서 다른 선생님들을 위한 회의에서 말하게 된다면 발표 내용은 참신하면서 새로운 시도 등 교육 관련 내용을 선정해야 참석자들의 주목을 끌 수 있을 것이다.

다음과 같이 청중을 읽는 법을 참조해서 발표하는 것이 더욱 효과적일 것이다.

청중을 읽는 법

- **잘 받아들이거나 마음에 드는 사람**
  - 시선을 마주친다.
  - 마음이 편하고 솔직한 태도로 때때로는 앞으로 기대어 앉는다.
  - 토론에 참여한다.
  - 고개를 끄덕이거나 얼굴 표정을 통해 동의를 표한다.
- **지루해 하거나 실망한 사람**
  - 초점 없이 쳐다본다.
  - 안절부절 못한다.
  - 머리를 감싸고 앉아 있다.
  - 머리를 빗거나 뒷목을 만진다.
- **적대적이거나 부정적인 사람**
  - 팔짱을 끼고 다리를 흔든다.
  - 발표자들을 쳐다보지 않는다.
  - 얼굴을 찌푸리거나 불쾌한 얼굴을 한다.

12.3 고객 회의에서의 프레젠테이션

의뢰인 회의는 의뢰자의 위치에 따라 두 가지로 분류할 수 있다. 한 가지는 외부에서 특정 기업에 새로운 임무들을 의뢰하거나 파악하기 위해 관련 업체 의뢰인 또는 고객의 요구에 이해 시작하게 되는 회의가 있다. 이에 반해 내부에서 현재 시행 중인 프로젝트에서 발생되는 문제점들을 논의하기 위해 프레젠테이션을 의뢰하는 경우가 있다. 그 주요 내용으로는 현재 비즈니스에 대한 갱신, 새로운 사업의 타당성을 검토하기 위해 또는 문제점을 해결하는 것이 주로 해당된다.

한 번의 프레젠테이션을 통해 담당자가 얼마나 많은 시간을 맡은 부분을 준비하는 데 할애했는지 그 여부를 참석자는 파악할 수 있다. 때때로 의뢰인으로부터 질문에 대해 충분하게 답을 한 것으로 의뢰인은 그 발표자를 신용하고 거래가 성사될 수도 있는 만큼 철저한 정보와 내용의 준비가 필요하다. 충분히 검토하고 세밀히 준비했다면 질문들에 적절한 대답을 할 수 있다. 만일 질문에 대해 정확한 답을 제시할 수 없거나 질문 내용을 파악하지 못했다면 어설프게 대답하지 않도록 한다. 오히려 다음 기회에 의뢰인과 고객에게 정보를 찾아 보내 주겠다고 약속하고 그 약속을 반드시 지키는 자세가 더욱더 상대에게 신뢰를 줄 수 있다.

경우에 따라 의뢰인을 상대로 즉흥적인 프레젠테이션이 필요할 수도 있다. 이때 프레젠테이션을 회피하기보다 잘 알고 있는 내용을 정리해서 확실하게 언급한다. 생각들을 정리할 시간이 필요할지도 모르므로 즉흥적으로 말할 때 어려움을 겪을 수 있지만 프로 직장인답게 소신껏 기회에 최선을 다한다면 즉흥적인 것을 상대방도 이해하고 있으므로 위기를 현명하게 대처할 수 있을 것이다.

즉흥적인 프레젠테이션을 할 경우에 대비해서 다음 내용을 알아 두면 도움이 될 것이다.

(1) 시작하기 전에 잠시 중단하고 생각을 정리한다

이렇게 함으로써 말하고 싶어하는 것을 구성할 수 있는 약간의 시간을 가질 수 있다. 의뢰인들의 이해를 도모하고자 의뢰된 내용의 본론을 발표하기 전에 그에 관련된 내용이나 배경 설명을 먼저 함으로써 참석자의 이해력을 높일 필요가 있다. 예를 들면, "귀하께서 올해 판매가 저조한 이유를 설명하도록 요청했습니다. 괜찮으시다면 지난 분기부터 판매 상황을 설명하겠습니다." 이것은 질문에 대한 답변이 즉흥적으로 단순하게 이루어진 것이 아님을 알리고 신뢰성을 높이는 계기가 될 것이다.

(2) 본론에 대해 말한다

해당자의 프레젠테이션 전에 관련 내용이 다른 참석자들에게 의해 이미 발표될 수도 있고 다른 발표자들의 언급에 대해 재차 해설하는 식으로 즉흥적인 프레젠테이션을 해야 할 경우도 있다. 이 경우 어떤 안건에 대해 첨가하는 방식이 될 수도 있지만 확실하게 자신이 갖고 있는 내용의 본론을 발표해야 한다. 이때가 참석한 의뢰인에게 본론을 명확하게 전달할 수 있는 기회이다.

그러나 새롭거나 특이한 사항에 대해 발표할 내용이 없거나 발표 준비가 제대로 되지 않았다고 판단이 되면 마무리 차원에서 다른 발표자들의 의견을 정리하는 식으로 발표하는 편이 바람직하다.

(3) 적극적, 긍정적으로 생각한다

경우에 따라서 즉흥적으로 프레젠테이션 내용을 준비하지 않을 경우도 있다. 이런 경우 현명한 태도가 중요하다. 절대로 프레젠테이션 자체를 거부하거나 회피하는 행동은 피해야 한다. 의뢰인이 완전한 생각을 기대하지 않을 수도 있고 때로는 갑자기 프레젠테이션이 준비될 수 없다는 상황을 이해할 수도 있다. 상황을 솔직하게 말하는 편이 무조건 피하는 것보다 바람직하다. 결코 회의 분위기나 진행을 방해하는 행동은 피한다.

(4) 간단히 말한다

언급하고 싶은 내용을 가능한 한 간단 명료하게 말한다. 두서 없이 말하고 오랜 시간을 지연한다면 이미 언급한 내용조차 불신할 수 있기에 프레젠테이션할 때는 정확하게 정리된 내용을 언급해야 한다.

(5) 정확하게 설명한다

형식적인 프레젠테이션을 하지 않는다 해도 가능하면 똑바로 선 자세로 진행하거나 똑바로 의자에 앉은 자세로 조금은 권위 있는 목소리로 정확하게 준비한 내용을 설명, 발표한다. 때로는 발표하는 동안에 참석자들의 반응을 파악하기 위해 눈을 마주치면서 발표하는 자세가 필요하다. 강조할 내용은 잠깐 중지하고 목소리 톤을 높여 또박또박 강조하면서 설명한다.

12.4 판매 목적의 프레젠테이션

자사에서 영업할 제품 및 서비스를 소비하고 있는 과거, 현재, 미래에 예상되는 고객을 대상으로 프레젠테이션을 하는 것이다. 다시 말해, 기존 고객 관리 및 신규 고객을 얻기 위해 증가하는 사업 기회를 생성하는 것으로부터 현재 실적을 파악해서 향후 예상되는 판매 추이를 발표하는 것을 포함한다. 판매 프레젠테이션들은 심지어 매주, 매달, 매해의 같은 시간에 같은 장소에서 하는 규칙적인 회의일 수도 있다. 형식면에서 판매 프레젠테이션은 고객과 1 : 1일 수도 있고, 공식적인 형식을 갖춘 프레젠테이션들일 수도 있고, 다수의 참석자들을 대상으로 하지만 전혀 형식이 없는 극단적인 것일 수도 있다. 경우에 따라 방해자가 있어도 회의를 무리 없이 진행할 수 있어야 한다. 제출하는 방법과 형식은 참석자의 상황에 따라 결정되며, 다음을 참조하여 진행한다.

(1) 시간을 파악한다

상담이나 계약을 성사시키도록 하는 데에는 무한정의 시간이 할애된 것이 아니므로 주어진 시간이 얼마인지 미리 알고 있어야 한다. 이런 상황과 제약들을 고려해 자료를 구성하고 반드시 참석자들이 질문할 수 있는 시간을 남겨 두어야 한다.

예를 들어, 당초 주어진 시간이 30분이었으나, 상황에 따라 20분 또는 10분으로 줄어들 경우는 늘 발생한다. 따라서 각 시간에 맞도록 30분, 20분, 10분, 5분 분량의 내용을 별도로 준비하여, 사전에 익히도록 한다. 주어진 시간보다 짧아질 경우, 미리 준비한 다양한 분량의 내용을 준비했다면 중요한 내용을 중심으로 전달하고자 하는 핵심 내용을 전달할 수 있다.

만일 효과적인 설득을 위해 시각적인 교재들을 사용할 계획이라면, 필요한 장비를 이용할 수 있도록 어울리는 회의장을 마련하고 사전에 점검해 두어야 한다.

(2) 주제에 따라 대화할 순서를 정한다

긍정적인 내용과 부정적인 내용이 있다면 가능하면 부정적인 내용을 먼저 언급하고 나중에 긍정적인 내용을 언급한다. 참석자에게 나쁜 소식을 전해야 할 경우 적당한 시기에 솔직히 말한다. 즉, 판매 실적이 떨어지거나 제품에 하자가 있다면 반드시 고객에게 알려야 한다. 긍정적인 소식이 있다면 나쁜 소식을 말하고 난 뒤에 긍정적인 소식을 말하는 것이 좋다. 고객에게 오래 기억되는 상담 내용은 최우의 것이 기억될 확률이 높기 때문이다.

(3) 준비 자료는 이해가 쉽도록 작성한다

프레젠테이션에 관련된 유인물은 참석자들이 최소한의 노력으로 이해할 수 있도록 쉽게 만든다. 특히 일반인 대상의 경우 가급적 전문 용어는 피하는 것이 좋다. 전문 용어에는 별도로 설명을 덧붙인다. 준비 자료는 기업 문화와 부합하는 것이어야 한다.

(4) 예상되는 질문과 그 해결책을 미리 준비한다

질문에 정확한 답을 갖고 있지 않다면, 그 질문자의 연락처를 파악해 두거나 발표자의 연락처를 전달한다. 질문자는 연락을 기다리고 있다는 점을 잊지 말아야 하며, 반드시 끝까지 확실히 마무리하는 자세가 절대적으로 필요하다. 마무리까지 확시한 자세만이 고객의 신뢰를 받을 수 있다.

12.5 비디오, 화상 회의에서의 프레젠테이션

전화, 컴퓨터 등은 비즈니스 통신에서 주요한 방법들로 사용되며, 화상 회의는 특정 장소의 원탁 회의보다 원격 지역까지, 즉 거리와 공간에 제한 없이 청취자들을 포함해 회의를 진행할 수 있으므로 최근에 기업을 비롯한 여러 조직에서 많이 사용되고 있다. 세계 어느 곳에 있는 누군가와도 직면해 이야기할 수 있다. 이를 위해서는 사전에 비디오, 화상 회의 시설을 보유하고 있어야 하며, 시설을 보유하지 않은 경우는 임대 시설들을 이용할 수도 있다.

비디오 회의, 화상 회의의 방식은 직접 대면 접촉을 할 수 있는 회의 방식이나 프레젠테이션과는 차이가 있으므로, 별도의 준비가 필요하다.

스크린에 비치게 되는 자신을 상상한다. 아마 말하는 사람으로서 클로즈업되어 나타날 것이며 시각 교재들은 또 다른 기기를 통해 상대에게 보여질 것이다. 그것들을 볼 때 영상 기술자와 함께 주의를 기울이지 않는다면 회의 진행에 혼란을 초래할 수도 있음을 유의해야 한다. 시각적으로 훌륭한 회의 진행을 원한다면 미리 철저한 연습과 준비가 필요하다.

화상 프레젠테이션을 준비할 때 사진기 세트 장비에 유의하고 어떻게 준비해야 할지 자신이 없으면 미리 실제의 비디오 회의 샘플이나 어떻게 진행되는지 설명하는 것을 보여 줄 프로그램 설치 업자를 만나 조언을 구한다.

■ 화상 회의를 위한 조언

① 화면, 세트 장소와 크기를 확인한다.

② 비디오 회의가 진행되지 않을 경우를 대비해 다른 시설을 준비한다. 비디오 회의가 어렵다면 오디오 회의 등 다른 방법을 사전에 모색해 둔다.

③ 회의 진행 방법을 소개한다. 인터넷을 사용할 경우 접속 사이트를 명확하게 알려 준다.

④ 회의가 제대로 진행되고, 안건이 진행되고 있음을 확인하기 위해

필요하다면 지원, 조언자를 미리 선임한다.

⑤ 실제 회의를 진행할 때는 모니터상에 있는 자신을 너무 의식하지 말고 상대방이 계속 주시하고 있는 것을 기억하고 자연스러운 목소리와 자세로 진행한다.

⑥ 화면에 적합한 복장을 선택한다. 화상 회의에의 참석은 자신의 모습을 시각화하는 것임을 잊지 말아야 한다. 너무 밝은 복장이나 짙은 화장, 화려한 액세서리 등은 피하는 것이 좋다.

⑦ 기타 화상 회의에 필요한 사항을 점검해 둔다. 보통 목소리 톤으로 말하고 잘 들리는지 여부를 확인한다. 대부분의 비디오 회의 시스템에는 오디오와 사이트 사이에 약간 지연되는 것이 있는 만큼 상대편의 발표 내용이 끝난 후 조금 기다리는 자세가 필요하다. 다른 누군가의 발표 중에 말하는 것은 혼란을 일으킬 수도 있다.

실제 화상 회의를 진해아기 전에 다음 사항을 참조한다면 좀 더 효과적인 화상 회의를 진행할 수 있을 것이다.

① 5분 정도 프레젠테이션을 하고 그 영상을 녹화한다. 녹화된 영상을 반복해서 보고, 스스로 평가한다. 만일 계속 같은 실수들을 반복한다는 것을 알면, 다시 녹화할 때 주의를 집중해서 수정하도록 한다.

② 모니터에 비친 모습이 어색하다면 많은 연습 과정을 거쳐 자연스럽게 행동할 수 있도록 노력해야 한다.

③ 화상 회의에서 가장 중요한 것은 전달할 메시지를 가장 정확하게

표현하는 방법을 연구하고 실천하는 것이다. 상대에게 보여지는 모습보다도 내용이 더욱 중요하다는 사실을 잊지 말아야 한다.

④ 때때로 외모와 옷차림이 전달할 메시지를 효과적으로 표현하는 도구가 될 수 있다. 모니터를 통한 모습을 상대는 기억하고 판단에 영향을 미칠 수 있기 때문이다. 남성들과 여성들은 밝은, 일시적으로 화려한 색과 큰 넥타이는 피하는 것이 좋다. 단조로운 보석은 무관하다. 남성들은 화면을 흐트릴 수 있는 폭이 좁은 줄무늬 넥타이를 피하는 것이 좋다.

연습 문제

1. 실제로 앞의 여러 가지 프레젠테이션 형태 중 한두 개를 선정하여 학생들 앞에서 실습을 해 보시오.

2. 또한 나머지 학생들은 실시된 프레젠테이션 내용 발표자 태도 등을 지적해 주면서 실습에 참여하시오.

낯설고 어색할 수밖에 없다. 프레젠테이션 말이다. 대부분 프레젠테이션은 아는 사람이 아닌 모르는 사람 앞에서 하게 된다. 정해진 시간 내에 나를 설명하고, 내 제안을 이야기하고, 나의 사업으로 설득한다는 것이 쉽지 않다. 이렇게 불편하고 긴장될 수밖에 없는 프레젠테이션이건만, 세상 모든 일이 그렇듯 이들 역시 남들보다 더 잘하는 사람이 있다. 그들은 어떤 비법을 가진 것일까? 여기 일본 리쿠르트에서 25년간 일했던 저자가 말하는 '프레젠테이션 시 유념해야 하는 세 가지'를 정리해 보았다. 프레젠테이션은 쉽진 않아도 잘만 하면 짜릿하다.

1. 프레젠테이션은 '사고의 총집합'이다

프레젠테이션은 무대 체질일 필요도, 말솜씨가 유창할 필요도 없다. 프레젠테이션은 내가 가진 사고력을 총 동원하는 작업이다. 저자는 이를 네 가지로 분류한다. '시뮬레이션', '커뮤니케이션', '로지컬 씽킹', 그리고 '롤플레잉'이다. 듣는 사람이 원하는 바가 무엇이며 어떻게 채울 수 있을까를 상상하고 이에 맞는 정보를 조합하는 '시뮬레이션', 반응을 살펴가며 이야기를 적절히 풀어내는 '커뮤니케이션', 어떤 질문에도 자신의 논리를 방어할 수 있는 '로지컬 씽킹', 상대방이 원하는 이미지를 적절히 연출해내는 '롤플레잉' 모두가 가능해야 성공적인 프레젠테이션이 가능하다.

"프레젠테이션에서 가장 중요한 포인트는 무엇입니까?"

만약 여러분이 이런 질문을 한다면 나는 이렇게 대답하겠다.

"지금까지 설명한 모든 것입니다."

왠지 모르게 얼버무린다고 느낄지 모르겠지만, 이것은 사실이다. 프레젠테이션은 총력전이다. 지금까지 설명한 '시뮬레이션', '커뮤니케이션', '로지컬 씽킹', '롤플레잉'의 모든 것이 필요하다"(『완벽하지 않은 스무 살을 위한 진짜 공부』. 후지하라 가즈히로 저).

2. 스토리가 중요하다

다른 말로 하면 '계속 듣고 싶게 만들며 듣고 난 이후에도 기억에 남길 수 있는 모든 장치'가 된다. 사실 사고력이 뛰어났던 모든 사람들이 프레젠테이션을 잘했던 건 아니다. 쇼펜하우어(A. Schopenhauer)는 베를린 대학 교수를 하며 강의가 폐강되는 치욕을 겪기도 했고, 뉴턴(I. Newton)은 아무도 없는 빈 강의실에서 강의를 하기도 했다. 상대방의 흥미를 고려하지 않고 자기 세계에만 빠진 말하기로는 세상 없이 훌륭한 내용도 전달하기 힘들다는 사실을 알려주는 사례이다.

저자는 같은 내용을 더 궁금하고 흥미롭게 꾸미는 방법을 다양한 엔터테인먼트 콘텐츠들을 통해 배워보라고 조언한다. 소설, 영화, 만화, 게임, 개그, 광고 등등 나의 흥미를 끈 주변의 콘텐츠들에 대해 '왜 내 흥미를 끌었을까?'를 질문하고 사람들과 논의하는 과정을 거쳐봐야 한다. 이를 통해 짧은 시간 속에 담아낸 그들의 치밀한 계산을 파악하고 스스로 체화하는 과정에서 프레젠테이션 실력은 늘 수밖에 없다.

"…… 여기서 중요한 한 가지를 추가하지 않으면 아무도 여러분의 이야기를 들어주지 않을 것이다 …… 무엇이 필요한가? …… 없어서는 안 될 마지막 요소는 바로 '스토리'이다 …… 매력적인 스토리가 없으면 사람들은 이야기에 귀 기울이지 않는다 …… 듣는 쪽이 '그게 뭐야?'라고 조바심을 내는 것, 또는 …… '그래서 어떻게 되었어?'라고 설레게 하는 것, 이러한 구성이나 전개상의 수단을 여기서는 스토리라고 부른다 …… 스토리를 만드는 데 교과서가 되는 것은 엔터테인먼트의 세계에서 많이 볼 수 있다 …… '왜 내가 재미있다고 느꼈는가?'를 생각해보는 습관을 가져보길 바란다. 그러면 15초 동안의 텔레비전 광고도 …… 상당하고 치밀한 계산에서 디자인된 것임을 알 수 있다"(『완벽하지 않은 스무 살을 위한 진짜 공부』. 후지하라 가즈히로 저).

3. 결점은 또 다른 어필 포인트이다

결점이 또 다른 어필 포인트가 될 수 있는 이유는 그것 자체가 스스로에 대한 신뢰와 자신감의 표현이기 때문이다. 프레젠테이션에서 결점을 말하는 것은 사람들 앞에서 고해를 하라는 의미는 아니다. 자신을 가볍게 망가뜨리는 행위가 상대방에게 '적'이 아니라는 느낌을 심어주기 때문에 활용하라는 의미이다. 대부분 프레젠테이션은 대결이 아닌 '함께 해 보자'는 권유의 메시지를 담기 때문이다.

오히려 숨기려 들수록 커질 수 있는 의심을 미연에 방지하기 위해 미리 자신의 결점을 가볍고 유머러스하게 밝히는 것이 도움이 된다. 또 이를 스스로 어떻게 극복했는지, 혹은 어떻게 완화시켰는지를 밝혀 자신이 발전 가능한 존재임을 알릴 수도 있다. 이런 점에서 보면 프레젠테이션은 종합적인 사고력과 스스로에 대한 자신감의 결합인 셈이다.

"…… 프레젠테이션이란 상대방을 내 편으로 만드는 행위라고 했다. 내 편으로 만들어야 하는데 내가 파이팅 포즈를 취하고 있다면 상대방은 방어 태세를 취할 것이다. 정말로 상대를 내 편으로 만들고 싶다면 우선 '나는 당신의 적이 아니다'라는 사인을 보내지 않으면 안 된다 …… 다른 사람들 앞에 서서 이야기하는 것이 어려운 사람일수록 의식해야 하는 포인트가 있다. 그것은 일부러 약점을 '노출'하는 것이다 …… 감추고 싶고 드러내고 싶지 않은 이야기를 일부러 앞에 내세운다.

물론 심각하고 진지하게 하는 것이 아니라 가벼운 느낌으로 말이다 …… 사람은 누구나 잘 보이고 싶다든가 …… 치부를 감추고자 하는 마음이 있다 …… 하지만 그런 생각에만 옭매어 있다 보면 사람들은 마음을 닫고 경계심을 갖게 된다. 상대방 입장에서는 좀처럼 진심을 보여주지 않고 숨기는 것이 많은 사람으로 보이기 때문이다" (『완벽하지 않은 스무 살을 위한 진짜 공부』. 후지하라 가즈히로 저).

출처: 허프북스 게시됨(2017.2.12).
http://www.huffingtonpost.kr/2017/02/12/story_n_14634410.html

제 13 장

프레젠테이션의 필수 점검 사항

13.1 목 적

프레젠테이션의 필수 점검 사항 가운데 가장 중요한 것은 목적이다. 비즈니스 프레젠테이션의 목적은 다음 중 하나일 것이다. 다시 말해, 유익하게 말하기, 설득력 있게 말하기, 특별한 기회에 특별한 내용을 강조하는 차원에서 마련된 프레젠테이션 등이다.

1 유익하게 말하기

유익하게 말하는 것, 즉 참석자에게 유익한 내용을 전달하는 것을 주된 목적으로 진행하는 프레젠테이션이다. 이는 내용면에서 정보들 간의 연관성을 강조한다. 목적을 분명하게 해 주고, 효과적으로 연관시켜 줄 정보들을 구성하고 수립해야 한다. 이 정보는 청취자의 주의를 끌 만큼 충분히 흥미 있어야 하고 청취자가 이 정보를 중요하게 기억하기를 기대한다.

이런 목적을 지닌 프레젠테이션의 내용들은 유익한 내용으로 구성된다.

그 예로, 사내 판매 현황을 전달할 때나 신제품을 기획하는 주위 사람들에게 중요한 영향을 미칠 수 있는 내용일 수도 있고, 때로는 직장 생활을 시작할 신입 사원들에게 향후 그 직장 생활에 필요한 정서적 · 기술적 향상을 위한 내용에 대해 발표하는 등등 뭔가 청취자들에게 유익한 내용을 전달하는 목적으로 구성된 프레젠테이션이다.

2 설득력 있게 말하기

설득력 있게 말하는 것, 즉 참석자를 설득하기 위한 프레젠테이션은 참석자의 행동 변화 등 태도나 행동에 영향을 주기 위해 내용이 구성된 것이다. 설득력 있게 말하는 것은 논리적인 내용 구성으로 청취자의 감정에 호소하기 위해 이성뿐 아니라 참석자들의 감정에 적절하게 호소할 수 있도록 구성되어야 한다.

설득력 있게 말하는 사례는 다음과 같은 경우이다.

- 상사를 설득해 능력에 적합하게 보수를 책정하도록 할 때
- 부서 직원들을 설득해 주말 연장 근무도 신나게 할 수 있도록 할 때
- 이직을 생각하고 있는 부서 직원을 설득해 이직하지 않도록 할 때
- 교육위원회에서 더 많은 자금을 지원하도록 결정을 설득할 때
- 불만 고객을 설득해 그 회사 제품을 계속 사용하도록 설득할 때 등등

비언어적 커뮤니케이션의 중요성

사람은 '말'보다 눈빛 · 표정 · 몸짓에 감동, 비언어적 의사 소통, 인간관계 형성 도움

강준 고려대 학제 간 정서 신경과학 연구실 연구원은 "보고된 연구 결과에 따르면 비언어적 정서 표현에 뛰어난 영업 사원이 더 높은 성과를 올렸고, 비언어적 정서 표현을 더 정확히 지각하는 관리자가 상사와 부하 직원 모두에게 좋은 평가를 받았다"고 했다. 그는 "의료 현장에서도 비언어적 소통 능력이 뛰어난 의료진이 환자들에게 높은 평가를 받는 것으로 조사되었다"고 덧붙였다.

비언어적 의사 소통 능력의 중요성을 입증한 사람이 버락 오바마(Barack Obama) 전 미국 대통령이다. 오바마 전 대통령은 2011년 애리조나 총기난사 사건 추모 연설 도중, 아홉 살 희생자 소녀를 언급하다 울음을 애써 참느라 51초 간 눈을 깜빡이는 등 '침묵'했다. 이 연설로 오바마 전 대통령은 국민과 소통하는 대통령 이미지를 각인시켰다. 그는 임기 동안 적극적으로 비언어적 의사 소통 능력을 발휘해 레임덕 없이 임기를 마친 대통령으로 남았다.

이영랑 한국이미지리더십센터 대표는 "미국 사회학자 엘버트 메라비언(A. Mehrabian) 연구에 따르면 타인과 의사 소통 시 언어적 요소는 7%, 비언어적 요소는 93%로 조사되었다."

출처: 한국일보. '사람은 '말'보다 눈빛 · 표정 · 몸짓에 감동 중'
(http://www.hankookilbo.com/v/bbbc64b716ef4326a9854263baf6fdab)

3 특별한 기회에 특별한 내용을 강조할 때

특별한 기회에 프레젠테이션을 할 때도 있다. 환영사, 소개사, 연회사, 시상식, 개회사, 신규 프로젝트 안건에 대한 발표 등등 이는 이벤트성 프레젠테이션이다. 이 경우 각각 상황에 적합한 내용과 태도로서 특별하게 마련된 기회의 효과를 높여야 할 것이다.

프레젠테이션의 타입을 결정했다면 참석자를 확인하고 프레젠테이션의 목적과 내용을 구성하기 위해 다음 〈표 13-1〉에 제시한 것과 같은 프레젠테이션 계획표를 만든다.

표 13-1 프레젠테이션 계획표

■ 프레젠테이션을 실시하는 목적

① 목 적:

② 참석자: 특성 및 인원 수

③ 구 성:

서론(호기심 유발, 개요)

본론(중요한 요점 및 세부 설명)

결론(중요한 진술 정리)

■ 참석자가 얻게 되는 장점

■ 서론에서 활용할 아이디어, 소재, 화제 등

■ 핵심 내용

■ 핵심 내용을 강조하는 데 도움이 되는 사례, 사실 등

■ 결말 부분에서 재강조점과 향후 대책 등

13.2 참석자의 특성 파악

프레젠테이션을 준비할 때 목적이 파악되었다면 그 다음 단계는 참석자에 대한 정보를 파악해야 한다. 그들이 기대하는 것은 무엇인가? 다시 말해, 프레젠테이션 내용을 작성하기 하기 전에 청중들의 프로필을 확인해야 한다. 모든 참석자는 제각각 개성이 다르기 때문에 프레젠테이션이 제대로 효과를 발휘할 수 있도록 사전에 참석자에 대한 몇몇 중요한 정보를 가지는 것이 매우 중요하다.

만일 참석자가 프레젠테이션할 주제나 내용에 흥미가 없으면 의도한 효과를 얻어내기 힘들다. 예를 들어, 노인 건강보험 제도 개선안에 대해 사회 생활을 시작하는 대학 졸업생들을 대상으로 프레젠테이션을 실시했다면 그 프레젠테이션에 관심을 갖는 참석자들은 노인을 대상으로 했

을 때보다는 적을 것이다.

참석자에 관해서 정보를 얻을 수 있는 최고의 정보원은 그 프로그램 기획 담당자이다. 사전에 참석자에 대해 그 프로그램 기획 담당자에게 질문하거나 전에 같은 경험이 있는 사람들에게 물어볼 수 있다.

참석자들 특성을 제대로 파악하지 못하고 프레젠테이션을 준비한다면 노력한 것에 대해 효과를 제대로 거두기 어렵다. 그러므로 성공적인 프레젠테이션을 기대한다면 참석자에 대한 정보를 파악하는 것이 필수적이다.

참석자들에 대한 정보는 다음과 같이 인구 통계학적 자료, 라이프 스타일(생활 양식), 태도를 포함하는 참석자 프로필과 아울러 프레젠테이션 내용에 대한 주요 의사 결정자에 대한 스타일과 관련 사항을 정리하고 이해하는 것을 필요로 한다.

1 인구 통계학적 자료

인구 통계학적 요소는 참석자들의 나이, 교육 수준, 직업, 사회경제적인 지위, 결혼 여부 같은 인구 통계학적인 특징을 포함한다. 이 요인들은 프레젠테이션에 사용할 언어 수준, 발표할 내용에 포함될 사례, 그리고 유머를 사용하는 방향 및 방법과 관련이 있다. 인구 통계학적 요소는 참석자를 이해하고 공감대를 형성하는 데 필수적인 요인들이다.

비즈니스 상황에서도 참석자에 대해 파악해야 한다. 회사의 간부급이 참석할 것인지? 여러 부서와 여러 직위가 참석할 것인지? 각자 안건을 가지고 참석하는 것인가? 전문가 집단인지 또는 비전문가 집단인지? 참석자들을 제대로 파악하지 않고 진행되는 프레젠테이션은 참석자를 실망시킬 수도 있고 노력에 비해 결과가 효과적이지 않을 수도 있다.

인구 통계학적인 요소

- 성별 구성
- 나이의 수준
- 수입의 정도
- 교육의 정도
- 그들이 어디에 사는가?
- 그들이 어디에서 일을 하는가?
- 결혼 여부와 가족 상황 등등

2 라이프 스타일의 파악

참석자의 라이프 스타일, 즉 생활 양식을 확인하는 것이다. 이 특징들은 참석자의 프로필과 프레젠테이션 내용을 기획, 구성하는 데 도움을 줄 수 있다.

라이프 스타일 프로필 파악 요소

- 참석자의 화제 중심은 무엇인가?
- 새로운 것, 행동의 변화를 일으킬 수 있는 것은 무엇인가?
- 유사한 화제에 대한 프레젠테이션에 참석한 적이 있는가?
- 희망, 포부, 꿈, 목표는 무엇인가?
- 현재 최대의 관심 사항은 무엇인가?
- 취미나 여유 시간에는 무엇을 하는가?
- 사회나 정치적 이슈에서 반대, 지지하는 내용은 무엇인가? 등등

3 의사 결정자 스타일 및 관련 사항 파악

사장, 감독자, 최고 책임자 등 주요한 의사 결정자의 참석 여부를 미리 파악하는 것이 프레젠테이션 내용 구성과 발표 방법에 영향을 미친다. 의

사 결정자는 발표 내용뿐 아니라 전달 방법, 참여 분위기, 진행 과정 등을 통해 프레젠테이션 내용을 평가하고 신뢰도를 확인하기 때문이다. 때로는 의사 결정자와 자연스럽게 쌍방향적인 분위기를 연출하고 참여를 유도하는 것도 프레젠테이션 효과 상승을 위해 필요하다.

특히 직급이 낮은 과장 이하의 대상자일 경우, 차장, 부장 및 팀장급의 중간 관리자를 대상으로 할 경우, 그리고 임원진이나 대표 및 회장 등을 대상으로 할 경우 각각의 참석 대상에 따라 프레젠테이션의 방법과 강조하는 부분이 달라야 한다.

이는 각 직급별로 조직에서 처한 상황과 같은 사안을 두고 이해하는 측면이 다르기 때문이다. 예를 들어, 직급이 낮을수록 제안된 프레젠테이션의 내용이 자신의 업무에 미치는 직접적 영향에 대해서 고민한다면, 직급이 상대적으로 높아질수록 경쟁사와의 차별점, 시장의 상황, 그리고 실제 집행 가능한 예산의 규모 및 적정성에 대해 고민할 수 있기 때문이다.

13.3 준비에서 마무리까지 과정 점검

프레젠테이션을 계획하고 실시하면서 예외적인 상황 발생에 긴장을 하지 않도록 사전에 철저하게 세부 사항 등을 준비하고 점검하는 과정이 반드시 필요하다. 예를 들면, 프레젠테이션 시간이 점심 식사 이후로 정해졌다면, 참석자들의 식곤증을 생각해서 내용을 좀 더 간단 명료하게 정리해서 발표해야 할 것이다.

(1) 언제?

프레젠테이션에 예정된 시간이 얼마인가? 발표하기 전 또는 후에 누가, 어떤 내용이 일정에 계획되었는지? 다른 참여 연설자들의 예정 소요 시간은 얼마 정도인지? 만일 발표자가 주어진 시간보다 더 많은 시간을 사용하는 일이 생길 경우 대책은 무엇인가? 차례 순서가 처음 또는 마지막인지 여부를 확인하는 것이 필요하다.

여러 발표자가 발표를 하는 경우, 내가 준비한 자료와 직·간접적으로 중복되는 부분이 있는지 여부를 사전에 확인하는 것이 중요하다. 만약 앞에 발표하는 발표자가 내가 준비한 내용과 유사한 내용 또는 사례를 이미 발표했고, 이를 사전에 인지하지 못하고, 준비한 대로만 발표를 한다면 내용의 신선함이 결여되고 전달력은 상당히 줄어들 것이다.

(2) 어디서?

발표는 어디서 하는가? 프레젠테이션 장소 및 회의장의 크기와 이용할 수 있는 장비와 그것을 작동하는 방법 등 사전에 사용법을 파악해 둔다. 사용할 기기에 대한 사용법을 모를 경우는 사용하지 않는 편이 낫다. 프레젠테이션 장소의 정확한 위치와 휴식 시간에 불필요한 시간 소모를 줄이기 위해 미리 휴게실, 세면실 등의 위치를 파악해 둔다.

만약 프레젠테이션 장소에 비치된 노트북이나 컴퓨터가 출시가 오래되어 빔프로젝터와 직접 연결이 안되는 경우가 있을 수 있다. 특히 오래된 노트북이나 컴퓨터의 경우 HDMI 단자가 없는 경우가 있다. 이럴 경우에는 RGB를 HDMI로 변환시켜주는 젠더 케이블이 필요하다. 반대로 프로젝터에 HDMI 포트가 없는 경우도 있다. 이럴 경우는 HDMI를 RGB로 변환시켜주는 변환 케이블을 사용해야 한다.

또한 준비된 파일은 USB 메모리나 웹하드에 저장해서 발표장에 가는 경우가 많은데, 이런 경우 작성한 폰트가 해당 장소의 컴퓨터나 노트북에 설치가 되어 있지 않아, 애써 깔끔하게 만들어 놓은 발표 자료의 글씨가 깨지는 경우가 있을 수 있다. 따라서 기본적으로 발표 자료의 폰트는 기본 폰트를 사용하되 불가피한 경우, 폰트 파일도 함께 저장해두는 철저함이 필요하다.

이는 문서의 폰트뿐 아니라, 영상이나 오디오 파일의 경우도 마찬가지다. 대부분의 경우 인터넷이 연결되어 있는 컴퓨터나 노트북이 일반적일 것이라 생각하고 준비하는데, 이럴 경우 상당히 당황스러울 수 있다. 갑작스럽게 인터넷 연결이 되지 않거나, 또는 보안이 철저한 회사 특히 은행, 카드사 등 외부망의 연결이 근본적으로 차단되어 있는 회사에서 프레

〈컴퓨터나 노트북을 빔프로젝트 등으로 연결시켜 주는 젠더 케이블의 모습〉

젠테이션 할 경우가 그 예이다.

따라서 이런 상황을 대비하여 사전에 여러 상황을 고려하여 발표 자료를 준비하는 습관을 기르는 것이 좋다. 경우에 따라서는 자신이 지참한 본인 회사 또는 본인의 노트북을 사용하면서 "이번 발표에서는 제 것을 사용하도록 하겠습니다"라고 이야기하는 모습이 더욱 전문가스러운 인상을 줄 수도 있다.

발표 장소에 대해 사전에 파악하는 것은 필수

회의실의 형태를 미리 파악하는 것이 필요하다

회의실의 크기와 좌석 수, 그리고 참석자의 수에 따라 프레젠테이션의 형태 및 강조해야 하는 부분에 큰 차이가 있다.

(3) 누가?

누가 참석하는지? 참석 시간이 어느 정도인지? 그 밖에 누가 발표하는가? 다른 발표자들이 무엇에 관해 전달하고 소요되는 시간은 어느 정도인지? 이것은 만약 유사한 주제로 발표할 때 반복되는 내용 발표로 참석자의 집중을 저해하는 요소를 줄일 수 있다. 만약 주제가 같다면 사전에 유사한 주제를 발표할 사람과 정보를 교환하거나 가능하다면 발표 내용을 사전에 확인해 둔다. 이 과정은 자신의 프레젠테이션 효과를 최대한 발휘하도록 점검해야 할 사항이다.

(4) 어떻게?

프레젠테이션을 어떻게 할 것인가? 주어진 시간은 얼마인지? 거기에서 얼마나 길게 질문을 하고 대답할 것인지? 등등 진행에 필요한 세부 사항들을 알고 있는 것은 프레젠테이션을 진행하다가 발생할 수 있는 여러 위험 요소를 줄일 수 있다.

어떻게 진행할지 여부는 준비하는 유인물 부수, 사용할 기기의 크기, 필요한 장치 및 공간 등에 영향을 미친다. 마이크로폰을 사용하거나 사용하지 않더라도 별도로 마이크로폰을 사용할 수 있도록 사전에 준비한다. 당황할 수 있는 상황과 가장 나쁜 상황에서도 프레젠테이션이 성공할 수 있도록 사전에 철저하게 준비하는 태도가 중요하다.

표 13-2 프레젠테이션 계획 점검표

■ 전체 분위기 파악 ■ 실내 구성 스타일 ■ 참석자 특성 시작 시간, 끝나는 시간 휴식 시간 관심도 기타 ■ 시각 교재 준비 유인물 슬라이드 플립 차트 ■ 원고 준비 목표 개요 행동 연설 노트 배정 시간

연습 문제

1. 프레젠테이션의 필수 점검 사항의 세 가지 요소에 대해 간단하게 정리하고 추가적으로 필요한 사항에 대해 팀별로 토의한 후 발표하시오.

2. 주위에서 있었던 프레젠테이션의 사례를 대상으로 성공 요인과 실패 혹은 보완할 요인을 찾아 각기 설명하시오.

“내가 발표 달인? 연설 과목 C 받기도”

어릴 땐 대중 앞에서 늘 긴장, 대학 영어 서클서 자신감 키워

“성공적 PT? 연습밖에 없어…… 두려울 땐 청중만 생각하라”

“영어로 프레젠테이션(PT)할 때는 쑥스러워하지 말고 강조하고 싶은 단어에 확실하게 강세를 넣어주세요. 영어는 한국어보다 억양과 리듬의 중요성이 커서 강조해야 할 부분을 똑똑하게 강조하고, 쉬어야 할 대목에서 제대로 쉬기만 해도 PT 효과를 훨씬 높일 수 있습니다.”

‘더반의 여왕’ 나승연이 귀띔한 영어 PT 실력 키우기 노하우는 의외로 거창하지 않았다. 그는 작년 7월 남아공화국 더반에서 열린 IOC 총회에서 유창한 영어·프랑스어 PT를 진행해 평창동계올림픽 유치 성공을 이루는 데 크게 기여했다.

평창 PT 이후 눈 깜짝할 사이 유명인이 된 나씨의 연설 실력은 15년여의 노력과 훈련을 토대로 만들어진 것이라 했다. 1996년 아리랑 TV 공채 1기로 입사해 7년 남짓 기자·아나운서·MC 등을 두루 거쳤다. 2003년에는 영어 PT 컨설팅 회사 ‘오라티오’를 세워 현재까지 운영하고 있다. 이렇게 수많은 실전을 통해 쌓인 경험을 바탕으로 나씨는 최근 『세계를 감동시킨 나승연의 프레젠테이션』(21세기북스)을 발간했다. “요즘은 직장생활에서 PT를 할 일이 많잖아요. 제가 가장 잘 아는 것, 잘할 수 있는 기술을 전해 드리고 싶었어요.”

나씨는 “나도 원래 대중 앞에서 말하는 데 어려움이 있던 학생이었다”는 의외의 말을 했다. 수줍음 많고 내성적 성격 탓이라 했다. 캐나다에서 고등학교에 다닐 때는 ‘대중연설(public speaking)’ 과목에서 C를 받은 적도 있다고 했다. 학창 시절 유일한 C였다고 한다. “충격이 컸어요. 어릴 때부터 방송 활동을 하고 싶다는 꿈이 있었거든요. 그런데 사람들 앞에 설 때면 두렵고 긴장되어서 ‘아, 난 안 되는구나’라고 포기했죠.”

하지만 이화여대 다니던 시절 영어 말하기 서클에서 활동한 것을 계기로 자신감을 찾았다. 5분 연설 준비를 위해 2~3개월 전부터 일주일에 2시간 이상씩 훈련을 시킬 만큼 규율이 센 곳이었다. 혼자 있을 때조차 중얼중얼 연설 연습을 하다 보니 주변 사람들 시선도 점차 덜 부담스럽게 느껴졌다. “그렇게 준비를 한 뒤 서클 토론대회에서 우승했어요. 영미권에서 살다 온 친구들이 많아서 다들 영어를 잘했는데, 우승하고 나니 ‘아, 나도 그렇게 형편없지는 않구나. 하면 되는구나’ 하는 자신감이 생겼죠.”

나씨는 “성공적 PT를 위해선 철저한 준비가 필수”라 했다. PT의 목적은 물론이

거니와 청중 성격과 배경 파악하기, 적절한 옷차림, 청중이 관심을 집중할 수 있도록 PT 안에 주제와 관련 있는 자신만의 스토리를 녹이는 일도 모두 여기에 포함된다. 아침에는 경쾌하게, 점심 직후일 때는 청중이 졸지 않도록 유머를 섞어서, 저녁에는 부드럽고 여유 있게 진행하는 등 시간에 따라 PT 방식에 변화를 주는 것도 좋다.

물론 철저한 사전 예행 연습은 필수이다. 스스로 PT를 녹음해 들으면서 부족한 부분을 고치고, 객관적으로 평가해 줄 수 있는 사람 앞에서 연설해 보는 것도 좋다. 연습 외에는 왕도가 없다는 게 나씨의 신념이다. 어린 시절 12년 간 해외에서 살았지만, 그녀는 지금도 영어 연설을 위해 매일 하루 15분 이상씩 영어책과 뉴스를 소리 내 읽는 연습을 한다고 했다.

대비를 충분히 했음에도 여전히 연단에 서는 게 두렵다면 어떻게 해야 할까. "때로는 너무 '나'만 생각하는 이기심 때문에 긴장하는 게 아닐까 싶어요. '내'가 저 앞에서 바보처럼 보이면 어떡하나, 말도 안 되는 실수를 하면 어떡하나 걱정하면서 말이죠. 나보다 '청중'이 어떻게 하면 즐거워하고 내 말에 공감해 줄까를 생각하면 두려움이 사라지곤 해요."

출처: 조선일보(2012.3.9).
http://news.chosun.com/site/data/html_dir/2012/03/09/2012030900065.html

제 14 장

프레젠테이션의 구성

성공적인 프레젠테이션을 계획하고 준비하는 데는 많은 노력과 시간이 소요된다. 다음 단계를 거쳐 프레젠테이션을 준비한다면 효과적인 결과를 얻을 수 있다.

14.1 구성 단계

1 1단계: 주제를 선택한다

참석할 청중들을 위해 그 주제가 적당한지 여부를 확인한다. 대체로 주제는 주최자에 의해 지정되는 경우가 많고 주어진 주제 틀 속에서 프레젠테이션을 담당할 사람이 프레젠테이션의 목적, 청중 특성 등을 파악해서 프레젠테이션 내용을 기획하고 준비한다.

2 2단계: 하나의 중심 테마로 주제를 제한한다

전달될 내용의 효과면을 고려한다면 많은 내용에 대해 조금씩 말하는 것보다 적은 내용에 대해 많이 말하는 것이 효과적이다. 프레젠테이션을 진행할 시간과 참석자의 이해 수준을 고려해서 주제를 제한하고 중심 내용 위주로 전달한다.

3 3단계: 정보를 수집한다

해당 주제에 대해 아는 모든 것을 두서 없이 일단 기재한다. 그리고 나서 프레젠테이션 내용을 고려해서 다시 한 번 정리한다. 재차 이 과정을 반복하면서 내용을 좁혀 나간다. 경우에 따라 내용을 효과적으로 전달하기 위해 일화, 사례, 인용, 유머 등 관련 자료를 많이 수집한다.

4 4단계: 프레젠테이션 형태를 선택한다

프레젠테이션의 목적과 관련해서 프레젠테이션 타입에 적합한 형태나 방법을 선택한다.

5 5단계: 주요 포인트를 정한다

중심 테마를 지지할 수 있는 내용을 강조하기 위해 3~5개 정도로 주요 요점을 정리해 둔다.

6 6단계: 보조할 자료 및 기기를 준비한다

내용을 이해하기 쉽고 효과적으로 전달하기 위해 참석자의 흥미와 시선을 끌 수 있도록 회의장에 적합하게 시각 청각적인 자료 및 기기를 사용한다. 고성능 시청각 기기를 사용함으로써 참석자들의 관심과 이해를 높일 수 있고 전달할 내용을 오래 기억시키는 데 도움을 준다.

또한 발표자에게 혼란이 생기는 것을 방지해 주며 배포 문서나 자료, 즉 유인물을 포함한 시청각 자료에 관련된 기기 활용에 대해 다음 면에 제시한 특징을 참조하도록 한다.

7 7단계: 정확하게 파악한다

중심 주제를 제한하고 주요 요점을 발전시키는 것을 확실하게 하고, 강조할 내용을 정확하게 예상되는 질문에 대한 답을 준비한다.

8 8단계: 서론을 구성한다

무엇을 청취자를 위한 것인지, 관심을 유발할 수 있도록 프레젠테이션의 핵심 내용을 간략하게 서론에 구성한다.

9 9단계: 강한 결말을 유도한다

서론에 유의해서 본문은 핵심 내용을 구체적으로 전개하고 전체 내용 중 핵심이 정리되어 기억되도록 강한 결말을 유도할 수 있도록 내용을 구성한다.

10 10단계: 프레젠테이션 초안을 만든다

발표할 자료에 프레젠테이션의 윤곽을 그린다. 가능한 강하게 기억될 수 있도록 짧은 어구를 사용한다. 긴 문장을 쓸 수도 있으나 지루하게 계속 긴 문장을 쓰면 주의 집중을 방해한다.

11 11단계: 프레젠테이션을 연습한다

큰 소리로 전체 내용을 참석자 앞에서 어색해 하지 않고 자연스럽게 발표할 수 있을 때까지 많은 연습이 필요하다. 매번 각각 다르게 말해 보고 효과적인 방법을 찾아본다. 만약 처음 프레젠테이션을 하는 경우라면 연습 내용을 테이프에 녹음하고 어떤 점을 고쳐야 할지 점검하고 개선하는 자세가 필요하다.

12 12단계: 프레젠테이션을 반복해서 연습한다

11단계까지 완벽하다고 느낄 때까지 연습하고 완벽하지 않다면 계속해서 반복 연습한다. 반복된 연습만이 성공적인 프레젠테이션을 유도할 수 있다.

"처칠(W. Churchill)은 발표 전에 1시간, 스티브 잡스(Steve Jobs)도 중요한 발표의 경우 수주 전부터 연습을 했다. 평창의 우리 프레젠테이션 팀도 연설 전 100번이나 연습했다"며 "연습할 때는 조용히 읽어선 안 되고, 소리내어 읽거나 청중 앞에서 읽어야 한다"(나승연 전 평창동계올림픽유치위원회 대변인 언론 인터뷰 중).

실제로 프레젠테이션의 대가인 스티브 잡스는 1페이지 분량의 발표를 위해 90시간을 준비한다는 이야기가 전해지기도 한다.

13 13단계: 프레젠테이션 평가

프레젠테이션을 실시한 후에는 내용 평가 및 개선 사항에 대해서 다음 〈표 14-1〉과 같이 평가서를 작성 배포해 참석자들의 의견을 반영한다.

표 14-1 프레젠테이션 평가표

• 프레젠테이션 제목:

• 프레젠테이션 발표자: 날짜:

프레젠테이션 참석을 감사드리며 바쁘신 시간에 잠시라도 다음 항목에 따라 귀하의 고견을 작성해 주신다면 반영하고 더욱더 노력하겠습니다.

• 전체적인 프레젠테이션에 대해 평가하신다면?
① 아주 만족한다 ② 만족하는 편이다 ③ 보통 수준이다
④ 만족하지 않는 편이다 ⑤ 전혀 만족하지 못한다

• 이 프레젠테이션은 주제를 명확하게 전달했다고 생각하십니까?

• 프레젠테이션 내용 중에서 가장 이해가 되지 않은 것은 무엇입니까?

• 이 프레젠테이션을 통해 새롭게 인식한 것이나 기억에 남은 것은 무엇입니까?

• 발표자의 장점과 단점은 무엇이라고 생각하십니까?
장점:
단점:

• 향후 프레젠테이션의 향상을 위한 개선점에 대해 생각나는 대로 적어 주십시오 (주제, 장소나 유인물, 시각적 기기 등).

14.2 구성 내용

『세계를 감동시킨 나승연의 프레젠테이션』(21세기북스)에서 저자는 IT계의 두 거물 스티브 잡스(Steve Jobs)와 빌 게이츠(Bill Gates)의 프레젠테이션을 비교하면서 프레젠테이션의 내용 구성과 발표 방법의 차이를 설명하고 있다.

"대표적인 예로 스티브 잡스의 PPT와 빌 게이츠의 PPT를 비교해 보자. 빌 게이츠의 PPT는 좀 더 우리에게 익숙한 기업 스타일인 반면, 스티브 잡스의 슬라이드에는 텍스트가 거의 없으며, 있다 해도 핵심 메시지를 담은 단어나 숫자로 구성된 경우가 많다.

〈사진 출처: https://www.davidtan.org/comparing-steve-jobs-and-bill-gates-presentations-style/〉

빌 게이츠의 프레젠테이션 슬라이드에는 강조된 텍스트가 너무 많다. 심지어 프레젠터인 빌 게이츠가 슬라이드 앞을 가로 막고 서 있다.

〈사진 출처: https://eebatou.wordpress.com/2011/12/03/presentations-steve-jobs-vs-bill-gates/〉

그림은 있지만 너무 잡다하게 많다. 글자 역시 많아서 메시지가 무엇인지 한눈에 들어오지 않으므로 청중의 시선이 여기저기 분산된다. 이번에도 빌 게이츠가 슬라이드 앞에 서서 청중의 시야를 가리고 있다.

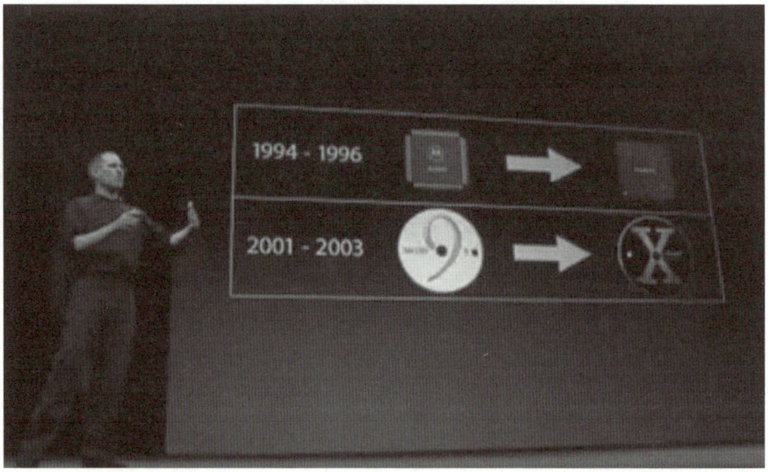

〈사진 출처: https://weblogs.asp.net/guybarrette/the-presentation-secrets-of-steve-jobs〉

스티브 잡스는 옆으로 비껴 서서 슬라이드가 잘 보이도록 한다. 슬라이드의 그림은 매우 단순한 이미지로 그 의미를 알기 위해서는 프레젠터의 말에 집중해야 하지만 그림만 보아도 달라진 기술이나 트렌드에 대해 설명하고 있다는 것을 짐작할 수 있을 정도로 훌륭한 보조 역할을 하고 있다.

〈사진 출처: https://www.davidtan.org/comparing-steve-jobs-and-bill-gates-presentations-style/〉

스티브 잡스는 가끔 아무 것도 없는 화면을 보여주기도 한다. 이는 청중이 자신에게 좀 더 집중하도록 하기 위함인데, 말하고 있던 상대방이 문득 말을 멈추면 청자는 그가 다음에 할 말에 더 집중하게 되듯이, 텅 빈 화면을 보여줌으로써 청자가 다음에 제시될 슬라이드에 더 집중하게끔 하는 것이다."

1 서론 내용

무엇에 대해 프레젠테이션을 하는지에 따라 프레젠테이션을 시작할 때 목소리 톤을 결정해야 한다. 두 번째 기회는 없다는 사실을 명심해야 한다. 비록 서론 부분에서 참석자들의 주의를 끌지 못했어도 당황하지 말고 나머지 시간을 잘 활용해서 주의를 다시 한 번 집중시키고 목적을 재차 설명해야 한다. 서론은 전체 연설 시간 가운데 10% 이상은 넘지 않도록 한다. 서론을 효과적으로 진행하기 위해 참석자들의 관심을 유발하고, 참석자에게 유익한 기회임을 상기시키고, 주제가 무엇인지 알 수 있도록 확실히 한다.

서론에서 참석자의 관심을 유도하기 위해 다음의 방법을 참조할 수 있다.

(1) 질문을 한다

만약 학생들에게 특이한 방학 경험을 소개할 프레젠테이션을 하고자 하면 "학생은 방학 때 캠프를 갔다 왔나요?" 혹은 "학생은 해변에서 캠프한 적이 있나요?" 등의 질문을 통해 참석자가 보이는 반응을 파악하고 다음을 준비한다.

(2) 신기한 사실을 열거한다

방학 경험을 소개할 때 참석자의 호기심을 유발하려 한다면 여러 사람이 경험한 것을 소개하는 식으로 다양한 방학 경험을 열거하고 그 중 특정한 사실로 집중한다. 이때 통계적인 수치를 사용하는 것도 관심을 유발할 수 있다.

"평균적으로 한 학급에 30% 이상의 학생이 여름 방학에 캠프를 다녀왔다는 통계 자료를 봤답니다. 저 역시 그들 중 한 명입니다."

(3) 비교와 사례를 통해 이야기한다

주제와 관련된 이야기를 할 때 칠판에다 그림을 그리면서 관심을 유발한다. 참석자들에게 이것이 호기심을 줄 수 있고 특별한 사실을 전할 수 있다. 예를 들어, "지난 여름 방학에 가족들과 함께 보내 캠프 경험은 잊을 수 없는 추억입니다. 캠프 마지막에 있었던 멋진 추억을 잊을 수 없는 추억입니다. 별이 무수히 떠 있는 밤에 활활 타오르는 캠프 파이어의 광경, 여러분들도 멋진 여름 방학 추억을 간직할 수 있게 다음 기회에 꼭 여름 캠프에 참여해 보세요."

(4) 인용문을 사용한다

사람의 마음을 끄는 억양과 인용문은 주의를 끄는 데 효과적일 수 있지만 너무 남용하지 말고, 정확한 인용문을 찾기 위해 서적을 읽고 새로운 인용문과 색다른 사람의 인용문을 여러 문서나 인터넷 등을 통해 검색해서 정리해 둔다. 많은 사람들이 수긍하는 말을 인용하면 발표 내용의 신뢰성을 높일 수 있다.

(5) 유머를 사용한다

유머로 시작한다면 참석자도 여유를 가지고 주목하게 된다. 유머는 적절하게 사용하고 편안한 분위기를 연출하도록 재미있어야 한다.

"연설에 유머를 포함하기 전에 다음의 질문을 해보자.

- 유머가 정말 재미있는가?
- 내가 이 유머를 편안하게 전달할 수 있는가?
- 유머가 스피치의 분위기와 잘 맞아 떨어지는가?
- 유머가 스피치의 목적에 잘 부합하는가?
- 청중이 유머를 이해할 수 있을 것인가?
- 청중이 유머에 공감하고 좋아하겠는가?
- 유머에 품위가 있는가?

만일 위의 질문에 '아니오'라는 답이 하나라도 있다면 그 유머는 과감하게 포기해야 한다."

출처: 『세계를 감동시킨 나승연의 프레젠테이션』. 21세기북스. p.214

(6) 주제를 간단히 정리해서 다시 말한다

참석자가 프레젠테이션의 주제를 알고 있을 수도 있지만, 다시 한 번 발표자를 통해 확인하고 싶은 마음이 있으므로 본론을 설명하기 전에 간단히 정리해서 주목시키는 과정이 필요하다.

계속해서 어떤 중요한 것들이 소개되는가를 말해 줌으로써 기대감을 갖게 한다. 이때 너무 많은 것을 언급하는 것도 피한다. 기대할 만한 것도 아닌데 기대감만 부풀린다면 발표 주제의 신뢰성을 상실할 우려도 있으므로 적당한 선에서 조정한다.

2 본론 내용

본론에서는 중요한 요점과 이에 관련된 자료들을 제시한다. 프레젠테이션 시간의 80%를 본론에 배정한다.

본론은 발표 목적에 적합해야 하며 참석자들에게 유익한 메시지를 전달해야 한다. 주제를 선택하면 프레젠테이션을 위해 관련될 수 있는 다양한 자료를 수집해야 한다. 업무에 따라 자주 프레젠테이션할 기회가 있다면, 효과적인 시간 관리를 위해 관련 주제별로 데이터 파일을 관리하는 자세가 필요하다.

즉, 신문, 잡지 기사나 기억하고 싶은 무엇인가를 들 때마다, 그것을 데이터 파일에 정리해 둔다. 기억력만을 신뢰하고 정리하지 않는 자료는 정말 필요할 때는 찾을 수 없기 때문이다.

프레젠테이션을 할 때 모아진 자료와 정보의 정확성을 점검해야 한다. 정확한 자료들은 회의적인 청취자들의 생각을 바꿀 수도 있다.

요점은 3~5개 정도로 정하며, 주요 요점을 입증할 증거를 제시하면서 발표한다.

다음과 같은 방법으로 자료를 사용해서 입증하는 것이 효과적이다.

- 사례: 흥미를 높일 수 있는 것을 선택한다.
- 이야기: 관중에게 색다른 경험을 들려 준다.
- 인용: 적절한 인용문을 이용함으로써 내용의 신뢰도를 높인다.
- 명확: 이해하기 쉬운 요점을 제공함으로써 이해력을 높일 수 있다.
- 비교: 유사한 내용과 비교해서 결정을 용이하게 한다.

• 대조: 완전히 다른 것과 대조한다.
• 통계: 수학적인 사실과 숫자를 제안한다.

참석자들이 청취하고 이해할 수 있는 능력이 한정되어 있으므로 전달할 주요 요점을 구체적으로 제시한다.

3 결론 내용

결론은 메시지를 요약하고 넓은 맥락에서 이해하게 메시지를 자기의 것으로 받아들이고, 앞으로 구체적인 행동으로 옮기도록 하는 역할을 수행한다.

가장 좋은 기회는 참석자에게 정리된 내용을 요약하게 하며, 질문을 유도한다. 효과적인 결론을 내리기 위해서는 결론 발표 초기에 요점 몇 가지를 재차 강조한다. 만약 신제품 프레젠테이션을 한다면 결론적으로 상품의 소개뿐 아니라 고객에게 유익한 장점을 줄 수 있는 제품 특성을 강조하는 것으로 결론을 맺어야 할 것이다. 결론은 서론과 같이 전체의 약 10% 정도로 시간을 할애해야 한다.

효과적인 결론을 구성하기 위해 다음의 내용을 참조한다.

(1) 요점의 재정리

• 주요 요점을 재정리한다.
• 의도를 간략하게 말한다.
• 청중에게 유익한 점을 알려 준다.
• 독특한 표현으로써 최후 진술을 기억하게 한다.

(2) 최후의 진술

• 미래 가능성을 제시한다.
• 메시지를 듣고 어떤 행동을 취하도록 한다.

(3) 효과적인 결말을 위한 제시

- 결론은 연설의 10% 정도로 할당한다.
- 연설에 일관성이 있어야 한다.
- 결론을 안정적으로 유도한다.

연습 문제

1. 프레젠테이션을 예상하여 주제를 선정하고 구성 단계와 구성 내용을 참조하여 팀별로 프레젠테이션 내용을 만들어서 발표하시오. 발표 내용을 서로 평가하면서 개선점을 지적하시오.

2. 주변에서 행해지는 프레젠테이션에서 친구들과 같이 참석한 후 각기 프레젠테이션 구성 요소별로 평가한 후 그 결과의 공통점과 차이점에 대해 논의해 보시오.

누구나 한 번쯤 프레젠테이션을 해야 하는 순간이 온다. 프레젠테이션을 어떻게 할지 고민해 본 분이라면 스티브 잡스의 프레젠테이션 또한 한 번쯤 경험해봤을 것이다.

그는 프레젠테이션의 마술사로 불렸다. 신제품을 발표하는 자리에서 그는 마술을 부린 것처럼 청중들을 매료시키곤 했다.

아이폰을 공개하는 자리에서 스티브 잡스는 아이폰의 인터넷 기능을 사용해 회의장에서 가장 가까운 스타벅스를 검색했다. 그리고는 그곳으로 전화를 걸어 전화를 받은 점원에게 다음과 같이 말했다.

"4천 개의 커피라떼를 주문하고 싶습니다."

참고로 4천 개의 숫자는 그날 회의장에 참석한 청중들의 숫자였다. 잡스는 곧바로 농담이라는 말을 붙이며 통화를 마무리하였지만, 장난 전화로 아이폰의 뛰어난 성능을 보여준 그의 프레젠테이션은 큰 화제를 불러 일으켰다. 스티브 잡스의 프레젠테이션에 힘입어 아이폰은 출시되자마자 일부 매장에서 매진 사태가 발생할 정도로 높은 판매량을 보였고, 이러한 인기는 아이폰을 개발한 애플에 큰 수익을 안겨 주었다.

사실 스티브 잡스가 마술을 부린 것처럼 발표장에 참석한 청중들을 매료시킨 것은 청중들에게 새로 개발된 기술의 특징을 보다 쉽게 전달하기 위해 노력한 덕분이기도 했다. 지금부터 스티브 잡스처럼 프레젠테이션을 효과적으로 전하기 위한 다섯 가지 방법을 소개한다. 아래 방법을 통해 멋진 프레젠테이션에 성공하길 바란다.

1. 눈앞의 청중을 이용하라

프레젠테이션에서 주연은 당신이라고 생각하는가? 당신도 중요한 역할을 해야 하지만, 결국 정말 중요한 주인공은 당신 앞에 있는 청중들이다. 그들이 함께 공감하고 흥미를 보이지 않는다면 관객 없는 모노 드마라일 뿐이다.

괜히 멋지게 보이려고 '수사적인' 질문은 하지 마라. 실질적인 질문을 하라. 그리고 당신에게 답을 할 때까지 기다려라. 만약 그들이 답을 하지 않는다면 다시 질문하라.

청중들이 지루한 슬라이드 쇼를 보러 왔다고 생각하면 오산이다. 청중을 이용하는 방법으로 깜짝 선물을 준비해도 좋다. 기업의 예산이 허락한다면 청중들 좌석 밑에

(대략 20% 정도) 선물을 감춰두는 것도 좋은 아이디어이다.

시작할 때 사람들의 주의를 집중하게 한다면 이미 프레젠테이션의 절반은 성공한 셈이다.

2. PT에 재미(유머)가 빠지면 기억에 남는 것도 없다

오래도록 잊을 수 없는 PT의 공통된 특징을 꼽으라면 바로 '재미(유머)'이다. 하지만 사람들은 이 부분을 제일 두려워한다.

"저는 재미가 없어요", "저는 배우가 아니에요. 그렇게 할 수 없어요."

이렇게 말하는 사람을 많이 봤을 것이다. 쉽지 않은 도전일 수 있겠지만, 사전에 완벽하게 계산된 유머 코드와 대사를 통해 어느 정도 성과를 올릴 수 있다.

당신이 타고난 개그맨이 아니라면 즉흥적인 대사로 사람을 웃게 할 사람은 손으로 꼽힌다. 그렇다. 준비하고 대본을 만들고 치밀하게 예측된 멘트로 재미를 줘야 한다. 이런 부분은 PT를 준비할 때 주변 지인들에게 도움을 받을 수 있고 전문가의 코칭도 받을 수 있다.

오랜 준비와 연습으로 압박감을 완화할 수 있으며 그런 노력은 PT를 더욱 성공적으로 만들어 줄 것이다. 스티브 잡스도 완벽하게 연습한 뒤에야 청중들 앞에 섰다는 사실은 널리 알려진 사실이다.

잊지 말자. 연습만이 살길이다.

3. 음악이나 댄스 등의 시청각 효과를 사용하라

우리는 수많은 기조 연설과 파워포인트 슬라이드 쇼를 보아 왔다. 무엇이 진정으로 기억에 남는 프레젠테이션을 만든다고 생각하는가?

새롭지 못한 요소에 의존하지 마라. 무대는 쇼를 위한 공간이고 당신은 음악과 댄스 등을 PT에 도입할 수 있다. 물론 준비와 비용이 들어갈 수 있다. 하지만 그 효과는 당신이 투자한 비용의 수십 배를 능가할 것이다. 특히 처음부터 음악과 쇼를 도입하지 말고 관객의 집중력이 떨어지는 PT 중반 이후에 새로운 등장 인물을 활용하는 것도 좋다.

이러한 PT는 전문가들에게만 해당하는 것은 아니다. 기업체 PT는 물론이고 대학교(대학원) 기말 PT에서도 활용할 가치가 있다. '남들과 같아서는 절대로 남들을 앞설 수 없다'는 사실을 명심하라.

4. 슬라이드를 잘 활용하지 못할 것 같으면 그냥 사용하지 말라

우리는 슬라이드를 이용한 프레젠테이션을 너무 많이 보아 왔다. 같은 방법으로 모든 사람 또한 사용하고 있다. 가령 스티브 잡스는 아이폰을 처음으로 공개할 때 슬라이드를 통해 멋지게 PT를 했다. 아이팟(음악)과 전화기(통화), 그리고 인터넷(통신) 세 가지의 아이폰이 하나로 합쳐지면서 아이폰으로 변한 것이다. 또한 슬라이드 프레젠테이션에 약간의 코미디를 삽입할 수도 있다. 물론 때때로 슬라이드가 전혀 필요 없는 경우도 많다.

5. 모든 성과를 남들에게 돌려라

이 부분이 가장 중요한데 사람들은 간과한다. 왜냐하면 스스로 잘난 맛에 PT를 하고 자아도취에 빠져서 무대를 내려오는 경우가 태반이다.

설득력 있게 이야기를 하고 난 뒤에 청중들이 '그래서 당신이 잘났다 이 말이군…….' 이렇게 생각하게 해서는 안 된다.

스티브 잡스는 PT가 끝나면 모든 공을 남에게 돌린다. 우선 직원들과 PT를 진행해 준 스태프들에게 감사 인사를 하는 게 좋다. 거기서 끝나서는 안 된다. 절정의 순간은 마지막까지 함께 해 준 청중의 몫으로 돌려야 한다.

들어준 청중, 자리를 만들어 준 사람에게 감사하는 모습은 PT의 감동을 배가시킨다. "당신들이 있었기에 지금 이 무대가 있었다"고 말하는 순간 당신에게 적대적인 생각을 하고 있던 사람들까지 설득할 수 있다.

PT는 한 편의 공연이다. 어설픈 공연이 관객에게 조롱을 받는 것처럼 PT 역시 최선을 다해 열심히 준비해서 무대에 올려야 한다. 그런 고민을 한 뒤에 준비한 PT는 기존의 새롭지 못한 PT들에 비해 놀라울 정도로 설득력이 높을 것이기 때문이다.

출처: 아띠에터 서정욱(2015.11.11).
http://www.munhwanews.com/news/articleView.html?idxno=8642

제 15 장

설득 차원의 프레젠테이션

15.1 구 성

프레젠테이션의 여러 형태 중 특히 설득 차원에서 구성할 프레젠테이션 내용 중심으로 상세하게 살펴보고자 한다. 설득 차원의 프레젠테이션을 실시하기 위해 일반적 프레젠테이션 내용인 어떤 정보를 전달하는 차원보다 참석자들의 참여와 감동을 필요로 하는 것으로, 내용 구성은 독창성, 단순성, 일관성, 상호 작용을 바탕으로 작성되어야 한다.

그 예로, 최근 국내·외 많은 기업들이 자신들이 개발한 신제품, 신기술, 그리고 향후 기업의 비전 등을 발표하는 행사를 온·오프라인으로 진행하는 경우가 많아지고 있다.

〈사진 출처: techcrunch.com/페이스북 F8〉
페이스북의 개발자 컨퍼런스 'F8'의 모습. 2007년 페이스북이 스타트 업이었던 시절부터 시작해, 페이스북의 중요 발표가 있을 때마다 열림. 페이스북 창업 초기 8시간씩 하던 '해커톤' 행사 때문에 F8이라는 이름이 붙었다.

〈사진 출처: http://m.etnews.com/20170913000003〉
애플, 2017년 9월 13일, 애플 신사옥에서 아이폰 8과 8 플러스, 아이폰 X 공개.

(1) 독창성

참석자들의 관심을 유도하기 원한다면 참석자들에게 현실에서 유익한 메시지를 줄 수 있는 독특한 아이디어를 제시해야 한다. 발표자나 진행자에게 한 편의 드라마처럼 감동을 줄 수 있는 독창성을 발휘해야 한다.

(2) 단순성

주어진 시간에 너무 많은 정보를 주는 것보다 가장 명확하고 간결한 정보를 전달할 수 있는 내용 구성과 방법을 선택해야 한다.

"애플의 제품 발표회에서는 항상 대형 화면에 인상적인 문구들이 소개된다. 아이팟(iPod)은 '1,000곡의 노래를 당신의 주머니 속에', 맥북 에어 MacBook Air는 '세계에서 가장 얇은 노트북', 아이패드(iPad)는 '가장 발전된 기술로 만들어진 매력적이고 혁명적인 기기를 놀라운 가격에'라는 문구를 사용했다. 간결하지만 광고 카피처럼 감각적인 문구들이다. 애플이 지향하는 특징을 한눈에 보여주는 콘셉트라 할 수 있다."

"한 번 들으면 절대 잊혀지지 않는 짧고 강렬한 말은 귀에 착착 감긴다. 어려운 현상을 쉽게, 장황한 것을 간단하게 하는 것이 매혹적인 말이다. 텔레비전 등 영상 미디어를 그냥 흘려 보지 않고 그들의 카피를 벤치마킹하면

이 방법을 어렵지 않게 배울 수 있다.

최근 뇌 과학자들이 밝힌 바에 따르면, 인간의 두뇌는 검색어 단위로 끊어 기억하고 반응한다고 한다. 광고 카피처럼 말하려면 말을 아끼고 불필요한 말을 생략하는 습관을 가져야 한다. 하고 싶은 말을 모두 적은 다음 간결하게 압축하는 훈련을 해 보는 것도 좋다."

출처: 이정숙(2014). 『이제는 매혹적인 대화법이 이긴다: 왜 그 사람의 말은 행동하게 할까?』. 나무생각

(3) 일관성

참석자들에게 말하고자 하는 내용들이 기억되길 원한다면 서론에서 제시된 것을 본론에서 일관된 내용으로 사례를 제시하거나 세부 사항을 설명하며 마무리하기 전에 재차 강조점을 반복 정리해 기억 회상도를 높인다.

(4) 상호 작용

일방적인 정보 전달 차원이 아니므로 단순하게 발표자 위주로 내용을 진술하기보다는 참석자들의 참여를 유도하고 의견 교환은 시간을 배정해서 주제를 설명한다.

설득 차원의 프레젠테이션이 효과적으로 진행되도록 하기 위해서 다음에 제시된 사항을 참조하기 바란다.

설득 프레젠테이션 성공 비결

- 프레젠테이션 참석자와 대화할 시간을 가진다. 시작 전이나 휴식 시간을 이용해 참석자들에 대한 유용한 정보 수집 및 참석자와 공감대를 형성한다.
- 참석자들에게 어떠 이익과 혜택을 줄 것인지 항상 유념한다.
- 내용 준비가 완벽하고 충분한 반복 연습을 했어도 자만하지 않고 마지막 순간까지 최선을 다한다.
- 발표나 연설에서 목적에 대해 어떻게 생각할지를 생각한다.

- 참석자들에게 호소력 있게 감동시킬 방법을 모색한다.
- 사례나 에피소드가 내용 전달에 효과적인지 확인한다.
- 참석자들의 참여를 유도할 만한 아이디어에 대해 생각한다.

15.2 종 류

설득 차원에서 프레젠테이션의 구성 종류에는 다음 네 가지가 있다.

① 제안 내용 증명
② 문제 해결 차원
③ 대체안 선정
④ 사기 진작 차원

1 제안 내용을 증명할 때

프레젠테이션의 여러 구성 방법 중 제안된 내용의 증명을 목적으로 실시되는 프레젠테이션을 말한다. 주로 주요 책임과 역할은 발표자에게 우선권이 주어진다. 효과적으로 설득하기 위해 발표자는 제안 내용을 3~5가지로 요점에 대해 정확하면서 타당성 있게 증명하는 것이 효과적이다.

참석자는 발표자가 증명하는 진술이 타당하고 신뢰할 만하다면 감동을 받는다. 경우에 따라서 증명된 내용이 참석자들의 기존 사고와 행동에 새로운 변화를 초래할 수도 있다. 하지만 이 스타일은 참석자가 제안 주제에 대해 호감이 있거나 어느 정도 공감대를 형성할 수 있을 경우에 내용 전달이 훨씬 효과적이다. 만약 참석자들이 주제에 관심이 전혀 없는 사람들, 내용에 비판적인 태도를 가진 사람들, 적대적인 감정을 지닌 사람들, 참석자들 간에 공감대가 형성될 수 있는 요소가 아무것도 없는 사람들이 참석했다면 기대에 비해 효과를 바랄 수 없다.

프레젠테이션을 실시하기 전에 다음 계획표 〈표 15-1〉을 참조해서

표 15-1 프레젠테이션 계획표(1)

제안 내용을 증명할 경우
▪ 중심 주제: 고려 사항(목표, 참석자, 세부 점검 사항) ▪ 제안 내용: ▪ 증명 내용: ▪ 서론 구성 호기심 유발 내용 근거 신뢰성 참석자에게 주는 혜택 개 요 ▪ 결 론 요약 정리 기억할 만한 중요한 진술 및 행동 지침

작성하기 바란다.

2 문제 해결 차원

이 경우의 프레젠테이션은 발표자가 문제점을 진술하고 해결책에 대한 발표자의 견해를 말한다. 대개 참석자들은 문제를 인정하고 그 문제가 해결될 수 있다는 의견에 동의한다면 좀 더 효과적으로 내용을 전달할 수 있다. 이에 반해 그 문제점에 참석자들이 관심이 없거나 별로 중요하게 생각하지 않는다면 참석자들의 흥미나 관심을 유도하기 힘들고 내용 전달에 효과를 기대하기 어렵다.

만약 제시 문제가 복잡하고 참석자들의 공감대를 필요로 한다면 그 문제를 해결하기 위해 충분한 시간을 배정하고 상세하게 설명함으로써 참석자들을 이해시켜야 한다.

문제 해결 차원의 설득 프레젠테이션이 제대로 효과를 발취하기 위해서는 참석자들이 문제는 인정하되 해결책을 찾지 못하고 고민하고 있을 때 무엇보다도 해결책을 발표자가 제시하는 시기 적절성이 가장 중요하다.

효과적인 구성 방법은 문제에 대한 해결책을 3~5개 수준으로 정한다. 문제를 명확하게 설명하고 그 문제에 대한 해결책을 지원 가능한 자료와 사례로 제시해야 한다. 기억하기 쉽게 발견한 점을 요약 정리해 참석자들의 수준을 고려해서 설명한다.

효과적인 프레젠테이션을 실시하기 바란다면 다음 계획표 〈표 15-2〉

표 15-2 프레젠테이션 계획표(2)

문제 해결 차원일 때

- 중심 주제:
  고려 사항(목표, 참석자, 세부 점검 사항)
- 문제 정의:
- 해결책 제안:
- 서론 구성
  호기심 유발 내용
  근거 신뢰성
  참석자에게 주는 혜택
  개 요
- 결 론
  요약 정리
  기억할 만한 중요한 진술 및 행동 지침

를 참조해서 작성, 실천하기 바란다.

3 대체안 선정

이 구성 내용은 문제점을 정의하고 해결책을 발표자가 제시하는 문제해결 차원과 유사하게 내용이 구성된다. 주요한 차이점은 해결책을 발표자가 제시하기보다 발표자와 참석자들이 함께 대체안을 제시하고 선정하는 과정이 포함되어 있다는 것이다.

표 15-3 프레젠테이션 계획표(3)

문제 및 대체안 선정
■ 중심 주제: 고려 사항(목표, 참석자, 세부 점검 사항) ■ 문제 정의: ■ 가능한 해결책 평가: 1안 제시안(긍정적인 면 · 부정적인 면) 2안 제시안(긍정적인 면 · 부정적인 면) 3안 제시안(긍정적인 면 · 부정적인 면) ■ 서론 구성 호기심 유발 내용 근거 신뢰성 참석자에게 주는 혜택 개 요 ■ 결 론 요약 정리 기억할 만한 중요한 진술 및 행동 지침

대체안을 선정하는 기준이 객관적이며 타당성을 지녀야 한다. 대체안 선정은 문제점 해결에 중점을 두어 장점 위주로 선정할 수도 있고, 문제점을 제거할 수 있는 방법 위주로 선정할 수도 있다.

주의할 것은 발표자의 중심 과제나 발표 진행 시에 신뢰성과 독특성을 가지지 못한다면 발표자가 제시하는 대체안들이 참석자들로부터 지지를 받을 수 없다.

때때로 참석자들은 발표자가 지지하는 대체안에 대해 의구심을 가질 수도 있으므로 대체안을 선정할 때 비평이나 평가 기준을 명확히 제시하고 긍정적인 면, 부정적인 면을 간단 명료하게 정리, 설명하면서 설득시켜야 한다.

이 방법은 제안 내용을 증명하는 차원에 비해 참석자들이 발표자의 주제에 비판적인 시야를 지니고 뭔가 분석하고 규명하려는 자세를 지닌 사람들을, 즉 비판적인 의식의 소요자들로 문제를 세밀하게 규명하고 해결 가능한 대체안의 선정부터 결정 과정까지 참여한다. 또한 참석자 자신의 의견이 반영된 대체안을 선정하고, 선정된 대체안을 실천하는 데 만족감을 느끼는 참석자들을 대상으로 프레젠테이션을 실시하면 효과적이다.

4 사기 진작 차원

이 방법은 주로 영업에 관련된 참석자를 대상으로 실시할 때 효과적인 방법이다. 참석자 행동 변화나 의식 개혁을 실천하도록 자극할 때 주로 사용된다. 다시 말해 참석자들에게 참의성을 부여하기도 하고, 그 필요성을 인식시키고, 자신감을 부여하면서 문제점을 공유하고 스스로 신뢰할 수 있는 분위기를 형성해 지향하는 바에 호소할 필요가 있을 때 효과적이다. 사기 진작 차원에서 하나의 사례를 제시한다.

(1) 주의 및 주제

유능한 직장 경력 개발을 위해 현재 귀하는 무엇을 하고 있습니까?

(2) 필요성

탁월한 영업 사원은 자신의 제품이나 서비스를 고객에게 간단 명료하면서 고객이 쉽게 이해할 수 있게 설명함으로써 결국은 고객의 구매를 유도한다. 고객을 설득하기 위해서는 적극적인 커뮤니케이션 능력을 갖추어야 한다.

표 15-4 프레젠테이션 계획표(4)

사기 진작 차원
■ 중심 주제: 고려 사항(목표, 참석자, 세부 점검 사항)
■ 문제 및 필요성:
■ 만족 사항 및 변화 모습
■ 서론 구성 호기심 유발 내용 근거 신뢰성 참석자에게 주는 혜택 개 요
■ 결 론 요약 정리 기억할 만한 중요한 진술 및 행동 지침

(3) 만 족

만약 귀하가 탁월한 영업력을 향상하기 위해 커뮤니케이션 능력을 교육 받았을 때 만족스러운 점은,

- 자신의 아이디어를 조직화해서 정보로 활용하고,
- 주어진 시간 내에 효과적으로 고객의 마음을 읽고,
- 상대방에게 자신의 의견을 당당하게 표현할 수 있고,
- 안정적으로 침착하게 상대방의 질문에 대처할 수 있고,
- 사회적 지위와 경제적인 보상을 받을 수 있다.

(4) 변화 모습

탁월한 영업 관리자로 변모한 자신의 모습을 상상해 보자.

(5) 행동 연구

변화를 원한다면 지금 바로 교육에 참여하자.

연습 문제

1. 설득 차원의 프레젠테이션 종류 중 한 개를 선정해 계획표를 작성해서 발표하시오.

2. 설득 차원의 프레젠테이션에 참여한 후 그 진행 과정에 대해 평가하고 개선점을 제시하시오.

스티브 잡스의 스탠포드 연설

〈사진 출처: http://sixminutes.dlugan.com/video-critique-steve-jobs-stanford-2005/〉
2005년 6월 12일, 캘리포니아주, 스탠포드 대학교에서 애플 CEO 스티브 잡스의 연설은 세상을 바꾼 명연설로 꼽힌다.

스티브 잡스(Steve Jobs)의 스탠포드 대학교의 프레젠테이션을 살펴보면 크게 다섯 가지의 특징을 알 수 있다.

첫 번째, 본인만의 스토리로 독창성을 가지고 있다. 개인사를 기반으로 출생의 비밀과 젊은 시절 대학 교육과 Mac의 탄생 비화, 그리고 자신이 창업한 회사에서 쫓겨난 아픔 등 본인이 아니면 이야기할 수 없는 본인만의 독특한 스토리를 가지고 있다.

두 번째, 유머와 역설(아이러니)을 찾아볼 수 있다. 평범한 대학을 중퇴한 스티브 잡스가 스탠포드라는 명문대 졸업식에서 연설을 한다는 상황이나, 윈도우즈가 Mac을 카피했다는 내용, 그리고 자신이 창업한 회사에서 자신이 해고당했다는 아이러니 등을 이야기함으로써 자신의 이야기를 유머를 통해 전달한다.

세 번째, 자신의 탄생과 죽음으로 이어지는 일관된 구조를 통해 자신의 이야기를 이어간다. 스티브 잡스를 입양하기로 한 부부가 딸이 아니라 아들이란 이유로 거부한 이야기, 그리고 양부모에게 대학을 보내 주겠다는 약속을 받고 친부모가 스티브 잡스를 입양시킨 이야기로 시계열로 자신의 이야기를 자연스레 이어간다.

네 번째, 3단 구조로 짜여진 스티브 잡스의 프레젠테이션 특징을 알 수 있다. 1부 'Connecting the dots', 2부 'Love and loss', 3부 'Death'로 구성되어 있는데, 1부에서는 이제 막 대학을 졸업하는 젊은이들에게 중요한 공부와 노력, 그리고 성공에 대한 이야기를 전달하고, 2부에서는 30~40대에 사회적인 성공과 개인적인 삶의 성공을 위한 열정에 대해서 이야기한다. 끝으로, 3부에서는 이제 성숙한 나이에 들어서 자신의 삶을 되돌아보며 삶과 죽음의 근원적인 물음과 인생의 가치에 대해서 이야기하는 것으로 이야기를 전개한다.

다섯 번째, 마지막에 인상적인 문장을 통해 메시지를 명확하게 한다. 프레젠테이션의 마지막에 "stay foolish, stay hungry"라는 쉬운 단어로 참신하고 은유적인 표현으로 본인의 메시지를 명확히 한다.

〈스티브 잡스 스탠포드 대학교 졸업 연설문 전문, 출처: 유튜브〉

I am honored to be with you today at your commencement from one of the finest universities in the world. I never graduated from college. Truth be told, this is the closest I've ever gotten to a college graduation. Today I want to tell you three stories from my life. That's it. No big deal. Just three stories.	먼저 세계 최고의 명문으로 꼽히는 이곳에서 여러분들의 졸업식에 참석하게 된 것을 영광으로 생각합니다. 저는 대학을 졸업하지 못했습니다. 태어나서 대학교 졸업식을 이렇게 가까이서 보는 것은 처음이네요. 오늘 저는 여러분께 제가 살아오면서 겪었던 세 가지 이야기를 해 볼까 합니다. 별로 대단한 이야기는 아닙니다. 딱 세 가지만 말씀드리고자 합니다.
The first story is about connecting the dots.	먼저 인생의 전환점에 관한 이야기입니다.
I dropped out of Reed College after the first 6 months, but then stayed around as a drop-in for another 18 months or so before I really quit. So why did I drop out?	전 리드 칼리지에 입학한지 6개월 만에 자퇴했습니다. 그래도 일 년 반 정도는 도강을 듣다, 정말로 그만뒀습니다. 왜 자퇴했을까요?
It started before I was born. My biological mother was a young, unwed college graduate student, and she decided to put me up for adoption. She felt very strongly that I should be adopted by college graduates, so everything was all set for me! to be adopted at birth by a lawyer and his wife.	그것은 제가 태어나기 전까지 거슬러 올라갑니다. 제 생모는 대학원생인 젊은 미혼모였습니다. 그래서 저를 입양보내기로 결심했던 거지요. 그녀는 제 미래를 생각해, 대학 정도는 졸업한 교양있는 사람이 양부모가 되기를 원했습니다. 그래서 저는 태어나자마자 변호사 가정에 입양되기로 되어 있었습니다.
Except that when I popped out they decided at the last minute that they really wanted a girl. So my parents, who were on a waiting list, got a call in the middle of the night asking: "We have an unexpected baby boy, do you want him?" They said: "Of course."	그들은 여자 아이를 원했던 걸로 알고 있습니다. 그들 대신 대기자 명단에 있던 양부모님들은 한밤중에 걸려온 전화를 받고: "어떡하죠? 예정에 없던 사내 아이가 태어났는데, 그래도 입양하실 건가요?" "물론이죠."

My biological mother later found out that my mother had never graduated from college and that my father had never graduated from high school. She refused to sign the final adoption papers. She only relented a few months later when my parents promised that I would someday go to college.	그런데 알고 보니 양어머니는 대졸자도 아니었고, 양아버지는 고등학교도 졸업 못한 사람이었습니다. 어머니는 입양 동의서 쓰기를 거부했습니다. 친어머니는 양부모님들이 저를 꼭 대학까지 보내주겠다고 약속한 후 몇 개월이 지나서야 화가 풀렸습니다.
And 17 years later I did go to college. But I naively chose a college that was almost as expensive as Stanford, and all of my working-class parents' savings were being spent on my college tuition.	17년 후, 저는 대학에 입학했습니다. 그러나 저는 멍청하게도 바로 이 곳, 스탠포드의 학비와 맞먹는 값비싼 학교를 선택했습니다. 평범한 노동자였던 부모님이 힘들게 모아뒀던 돈이 모두 제 학비로 들어갔습니다.
After six months, I couldn't see the value in it. I had no idea what I wanted to do with my life and no idea how college was going to help me figure it out. And here I was spending all of the money my parents had saved their entire life.	결국 6개월 후, 저는 대학 공부가 그만한 가치가 없다는 생각을 했습니다. 내가 진정으로 인생에서 원하는 게 무엇인지, 그리고 대학 교육이 그 것에 얼마나 어떻게 도움이 될지 판단할 수 없었습니다. 게다가 양부모님들이 평생토록 모은 재산이 전부 제 학비로 들어가고 있었습니다.
So I decided to drop out and trust that it would all work out OK. It was pretty scary at the time, but looking back it was one of the best decisions I ever made. The minute I dropped out I could stop taking the required classes that didn't interest me, and begin dropping in on the ones that looked interesting.	그래서 모든 것이 다 잘될 거라 믿고 자퇴를 결심했습니다. 지금 뒤돌아보면 참으로 힘든 순간이었지만, 제 인생 최고의 결정 중 하나였던 것 같습니다. 자퇴를 하니 평소에 흥미 없던 필수 과목 대신 관심 있는 강의만 들을 수 있었습니다.
It wasn't all romantic. I didn't have a dorm room, so I slept on the floor in friends' rooms, I returned coke bottles for the 5¢ deposits to buy food with, and I would walk the 7 miles across town every Sunday night to get one good meal a week at the Hare Krishna temple. I loved it. And much	그렇다고 꼭 낭만적인 것만도 아니었습니다. 전 기숙사에 머물 수 없었기 때문에 친구 집 마룻바닥에 자기도 했고 한 병당 5센트씩 하는 코카콜라 빈병을 팔아서 먹을 것을 사기도 했습니다. 또 매주 일요일, 맛있는 음식을 먹기 위해 7마일이나 걸어서 헤어 크리슈나 사원의 예배에 참석하기도 했습니다. 맛있더군요. 당

of what I stumbled into by following my curiosity and intuition turned out to be priceless later on.	시 순전히 호기와 직감만을 믿고 저지른 일들이 후에 정말 값진 경험이 되었습니다.
Let me give you one example:	예를 들면,
Reed College at that time offered perhaps the best calligraphy instruction in the country. Throughout the campus every poster, every label on every drawer, was beautifully hand calligraphed.	그 당시 리드 칼리지는 아마 미국 최고의 서체 교육을 제공했던 것 같습니다. 학교 곳곳에 붙어 있는 포스터, 서랍에 붙어 있는 상표들은 너무 아름다웠고요.
Because I had dropped out and didn't have to take the normal classes, I decided to take a calligraphy class to learn how to do this. I learned about serif and san serif typefaces, about varying the amount of space between different letter combinations, about what makes great typography great.	어차피 자퇴한 상황이라, 정규 과목을 들을 필요가 없었기 때문에 서체에 대해서 배워보기로 마음먹고 서체 수업을 들었습니다. 그때 저는 세리프와 산 세리프체를 배웠는데, 서로 다른 문자끼리 결합될 때 다양한 형태의 자간으로 만들어지는 굉장히 멋진 글씨체였습니다.
It was beautiful, historical, artistically subtle in a way that science can't capture, and I found it fascinating. None of this had even a hope of any practical application in my life.	'과학적'인 방식으로는 따라 하기 힘든 아름답고, 유서 깊고, 예술적인 것이었고, 전 그것에 흠뻑 빠졌습니다. 사실, 이때만 해도 이런 것이 제 인생에 어떤 도움이 될지는 상상도 못했습니다.
But ten years later, when we were designing the first Macintosh computer, it all came back to me. And we designed it all into the Mac. It was the first computer with beautiful typography.	그러나 10년 후 우리가 매킨토시를 처음 구상할 때, 그것들은 고스란히 빛을 발했습니다. 우리가 설계한 매킨토시에 그 기능을 모두 집어넣었으니까요. 아마 아름다운 서체를 가진 최초의 컴퓨터가 아니었나 생각합니다.
If I had never dropped in on that single course in college, the Mac would have never had multiple typefaces or proportionally spaced fonts. And since Windows just copied the Mac, its likely that no personal computer would have them.	만약 제가 그 서체 수업을 듣지 않았다면 매킨토시의 복수 서체 기능이나 자동 자간 맞춤 기능은 없었을 것이고, 맥을 따라한 윈도우도 그런 기능이 없었을 것이고, 결국 개인용 컴퓨터에는 이런 기능이 탑재될 수 없었을 겁니다.

If I had never dropped out, I would have never dropped in on this calligraphy class, and personal computers might not have the wonderful typography that they do. Of course it was impossible to connect the dots looking forward when I was in college.	만약 학교를 자퇴하지 않았다면, 서체 수업을 듣지 못했을 것이고 결국 개인용 컴퓨터가 오늘날처럼 뛰어난 인쇄술을 가질 수도 없었을 겁니다. 물론 제가 대학에 있을 때는 그 순간들이 내 인생의 전환점이라는 것을 알아챌 수 없었습니다.
But it was very, very clear looking backwards ten years later. Again, you can't connect the dots looking forward; you can only connect them looking backwards. So you have to trust that the dots will somehow connect in your future.	그러나 10년이 지난 지금에서야 모든 것이 분명하게 보입니다. 달리 말하자면, 지금 여러분은 미래를 알 수 없습니다.; 다만 현재와 과거의 사건들만을 연관시켜 볼 수 있을 뿐이죠. 그러므로 여러분들은 현재의 순간들이 미래에 어떤 식으로든지 연결된다는 걸 알아야만 합니다.
You have to trust in something—your gut, destiny, life, karma, whatever. This approach has never let me down, and it has made all the difference in my life.	여러분들은 자신의 배짱, 운명, 인생, 업보 등 무엇이든지 간에 '그 무엇'에 믿음을 가져야만 합니다. 이런 믿음이 저를 실망시킨 적이 없습니다. 언제나 제 인생의 고비 때마다 힘이 되어 주었습니다.
My second story is about love and loss.	두 번째는 사랑과 상실입니다.
I was lucky I found what I loved to do early in life. Woz and I started Apple in my parents garage when I was 20. We worked hard, and in 10 years Apple had grown from just the two of us in a garage into a $2 billion company with over 4,000 employees. We had just released our finest creation—the Macintosh—a year earlier, and I had just turned 30. And then I got fired.	저는 운 좋게도 인생에서 정말 하고 싶은 일을 일찍 발견했습니다. 제가 20살 때, 부모님의 차고에서 스티브 워즈니악과 함께 애플의 역사가 시작되었습니다. 차고에서 2명으로 시작한 애플은 10년 후에 4,000명의 종업원을 거느린 2백억 달러짜리 기업이 되었습니다. 제 나이 29살, 우리는 최고의 작품인 매킨토시를 출시했습니다. 그러나 이듬해 저는 해고당했습니다.
How can you get fired from a company you started? Well, as Apple grew we hired someone who I thought was very talented to run the company with me, and for the	내가 세운 회사에서 내가 해고 당하다니! 당시, 애플이 점점 성장하면서, 저는 저와 잘 맞는 유능한 경영자를 데려와야겠다고 생각했습니다. 처음 1년은 그런대로 잘 돌아갔습니다.

first year or so things went well.	
But then our visions of the future began to diverge and eventually we had a falling out. When we did, our Board of Directors sided with him. So at 30 I was out. And very publicly out.	그런데 언젠가부터 우리의 비전은 서로 어긋나기 시작했고, 결국 우리 둘의 사이도 어긋나기 시작했습니다. 이때 우리 회사의 경영진들은 존 스컬리의 편을 들었고, 저는 30살에 쫓겨나야만 했습니다. 그것도 아주 공공연하게.
What had been the focus of my entire adult life was gone, and it was devastating. I really didn't know what to do for a few months. I felt that I had let the previous generation of entrepreneurs down—that I had dropped the baton as it was being passed to me. I met with David Packard and Bob Noyce and tried to apologize for screwing up so badly. I was a very public failure, and I even thought about running away from the valley.	저는 인생의 초점을 잃어버렸고, 뭐라 말할 수 없는 참담한 심정이었습니다. 전 정말 말 그대로, 몇 개월 동안 아무 것도 할 수가 없었답니다. 마치 달리기 계주에서 바톤을 놓친 선수처럼, 선배 벤처 기업인들에게 송구스런 마음이 들었고 데이비드 패커드(HP의 공동 창업자)와 밥 노이스(인텔 공동 창업자)를 만나 이렇게 실패한 것에 대해 사과하려했습니다. 저는 완전히 '공공의 실패작'으로 전락했고, 실리콘밸리에서 도망치고 싶었습니다.
But something slowly began to dawn on me? I still loved what I did. The turn of events at Apple had not changed that one bit. I had been rejected, but I was still in love. And so I decided to start over.	그러나 제 맘 속에는 뭔가가 천천히 다시 일어나기 시작했습니다. 전 여전히 제가 했던 일을 사랑했고, 애플에서 겪었던 일들조차도 그런 마음들을 꺾지 못했습니다. 전 해고당했지만, 여전히 일에 대한 사랑은 식지 않았습니다. 그래서 전 다시 시작하기로 결심했습니다.
I didn't see it then, but it turned out that getting fired from Apple was the best thing that could have ever happened to me. The heaviness of being successful was replaced by the lightness of being a beginner again, less sure about everything. It freed me to enter one of the most creative periods of my life.	당시에는 몰랐지만, 애플에서 해고당한 것은 제 인생 최고의 사건임을 깨닫게 되었습니다. 그 사건으로 인해 저는 성공이란 중압감에서 벗어나서 초심자의 마음으로 돌아가 자유를 만끽하며, 내 인생의 최고의 창의력을 발휘하는 시기로 갈 수 있게 되었습니다.
During the next five years, I started a company named NeXT, another company	이후 5년 동안 저는 '넥스트', '픽사', 그리고 지금 제 아내가 되어준 그녀와 사랑에 빠져버렸

named Pixar, and fell in love with an amazing woman who would become my wife. Pixar went on to create the worlds first computer animated feature film, Toy Story, and is now the most successful animation studio in the world.	습니다. 픽사는 세계 최초의 3D 애니메이션 토이 스토리를 시작으로, 지금은 가장 성공한 애니메이션 제작사가 되었습니다.
In a remarkable turn of events, Apple bought NeXT, I retuned to Apple, and the technology we developed at NeXT is at the heart of Apple's current renaissance. And Laurene and I have a wonderful family together.	세기의 사건으로 평가되는 애플의 넥스트 인수와 저의 애플로 복귀 후, 넥스트 시절 개발했던 기술들은 현재 애플의 르네상스의 중추적인 역할을 하고 있습니다. 또한 로렌과 저는 행복한 가정을 꾸리고 있습니다.
I'm pretty sure none of this would have happened if I hadn't been fired from Apple. It was awful tasting medicine, but I guess the patient needed it. Sometimes life hits you in the head with a brick. Don't lose faith.	애플에서 해고당하지 않았다면, 이런 엄청난 일들을 겪을 수도 없었을 것입니다. 정말 독하고 쓰디 쓴 약이었지만, 이게 필요한 환자도 있는가 봅니다. 때로 세상이 당신을 속일지라도, 결코 믿음을 잃지 마십시오.
I'm convinced that the only thing that kept me going was that I loved what I did. You've got to find what you love. And that is as true for your work as it is for your lovers.	전 반드시 인생에서 해야만 할 일이 있었기에, 반드시 이겨낸다고 확신했습니다. 당신이 사랑하는 일을 찾아보세요. 사랑하는 사람이 내게 먼저 다가오지 않듯, 일도 그런 것이죠.
Your work is going to fill a large part of your life, and the only way to be truly satisfied is to do what you believe is great work. And the only way to do great work is to love what you do.	'노동'은 인생의 대부분을 차지합니다. 그런 거대한 시간 속에서 진정한 기쁨을 누릴 수 있는 방법은 스스로가 위대한 일을 한다고 자부하는 것입니다. 자신의 일을 위대하다고 자부할 수 있을 때는 사랑하는 일을 하고 있는 그 순간 뿐입니다.
If you haven't found it yet, keep looking. Don't settle. As with all matters of the heart, you'll know when you find it. And, like any great relationship, it just gets	지금도 찾지 못했거나, 잘 모르겠다 해도 주저앉지 말고 포기하지 마세요. 전심을 다하면 반드시 찾을 수 있습니다. 일단 한 번 찾아낸다면, 서로 사랑하는 연인들처럼 시간이 가면 갈

better and better as the years roll on. So keep looking until you find it. Don't settle.	수록 더욱더 깊어질 것입니다. 그러니 그것들을 찾아낼 때까지 포기하지 마세요. 현실에 주저앉지 마세요.
My third story is about death.	세 번째는 죽음에 관한 것입니다.
When I was 17, I read a quote that went something like: "If you live each day as if it was your last, someday you'll most certainly be right." It made an impression on me, and since then, for the past 33 years!, I have looked in the mirror every morning and asked myself.	17살 때, 이런 문구를 읽은 적이 있습니다. 하루하루를 인생의 마지막 날처럼 산다면, 언젠가는 바른 길에 서 있을 것이다. 이 글에 감명받은 저는 그 후 50살이 되도록 거울을 보면서 자신에게 묻곤 했습니다.
"If today were the last day of my life, would I want to do what I am about to do today?" And whenever the answer has been "No" for too many days in a row, I know I need to change something. Remembering that I'll be dead soon is the most important tool I've ever encountered to help me make the big choices in life.	오늘이 내 인생의 마지막 날이라면, 지금 하려고 하는 일을 할 것인가? 아니오!라는 답이 계속 나온다면, 다른 것을 해야 한다는 걸 깨달았습니다. 인생의 중요한 순간마다 '곧 죽을지도 모른다'는 사실을 명심하는 것이 저에게는 가장 중요한 도구가 됩니다.
Because almost everything? all external expectations, all pride, all fear of embarrassment or failure—these things just fall away in the face of death, leaving only what is truly important.	왜냐구요? 외부의 기대, 각종 자부심과 자만심, 수치스러움과 실패에 대한 두려움들은 '죽음' 앞에서는 모두 밑으로 가라앉고, 오직 진실만이 남기 때문입니다.
Remembering that you are going to die is the best way I know to avoid the trap of thinking you have something to lose. You are already naked. There is no reason not to follow your heart.	죽음을 생각하는 것은 무엇을 잃을지도 모른다는 두려움에서 벗어나는 최고의 길입니다. 여러분들이 지금 모두 잃어버린 상태라면, 더 이상 잃을 것도 없기에 본능에 충실할 수밖에 없습니다.
About a year ago I was diagnosed with cancer. I had a scan at 7 : 30 in the morning, and it clearly showed a tumor on my pancreas.	저는 1년 전쯤 암진단을 받았습니다. 아침 7시 반에 검사를 받았는데, 이미 췌장에 종양이 있었습니다. 그전까지는 췌장이란게 뭔지도 몰랐

I didn't even know what a pancreas was.	는데요.
The doctors told me this was almost certainly a type of cancer that is incurable, and that I should expect to live no longer than three to six months. My doctor advised me to go home and get my affairs in order, which is doctor's code for prepare to die.	의사들은 길어야 3개월에서 6개월이라고 말했습니다. 주치의는 집으로 돌아가 신변 정리를 하라고 했습니다. 죽음을 준비하라는 뜻이었죠.
It means to try to tell your kids everything you thought you'd have the next 10 years to tell them in just a few months. It means to make sure everything is buttoned up so that it will be as easy as possible for your family. It means to say your goodbyes.	그것은 내 아이들에게 10년 동안 해 줄 수 있는 것을 단 몇 달 안에 다 해치워야 된단 말이었고, 임종 시에 사람들이 받을 충격이 덜하도록 매사를 정리하란 말이었고, 작별 인사를 준비하라는 말이었습니다.
I lived with that diagnosis all day. Later that evening I had a biopsy, where they stuck an endoscope down my throat, through my stomach and into my intestines, put a needle into my pancreas and got a few cells from the tumor.	전 불치병 판정을 받았습니다. 그날 저녁 위장을 지나 장까지 내시경을 넣어서 암세포를 채취해 조직 검사를 받았습니다.
I was sedated, but my wife, who was there, told me that when they viewed the cells under a microscope the doctors started crying because it turned out to be a very rare form of pancreatic cancer that is curable with surgery. I had the surgery and I'm fine now.	저는 마취 상태였는데, 후에 아내가 말해주길, 현미경으로 세포를 분석한 결과 치료가 가능한 아주 희귀한 췌장암으로써, 의사들까지도 기뻐서 눈물을 글썽였다고 합니다. 저는 수술을 받았고, 지금은 괜찮습니다.
This was the closest I've been to facing death, and I hope its the closest I get for a few more decades. Having lived through it, I can now say this to you with a bit more certainty than when death was a useful but purely intellectual concept. No one	그때만큼 제가 죽음에 가까이 가 본 적은 없는 것 같습니다. 또한 앞으로도 가고 싶지 않습니다. 이런 경험을 해 보니, '죽음'이 때론 유용하단 것을 머리로만 알고 있을 때보다 더 정확하게 말할 수 있습니다. 아무도 죽길 원하지 않습니다. 천국에 가고 싶다는 사람들조차도 당

wants to die. Even people who want to go to heaven don't want to die to get there.	장 죽는 건 원치 않습니다.
And yet death is the destination we all share. No one has ever escaped it. And that is as it should be, because Death is very likely the single best invention of Life. It is Life's change agent. It clears out the old to make way for the new.	우리 모두는 언젠가는 다 죽을 것입니다. 아무도 피할 수 없죠. 삶이 만든 최고의 작품이 '죽음'이니까요. 죽음이란 삶의 또 다른 모습입니다. 죽음은 새로운 것이 헌것을 대체할 수 있도록 만들어줍니다.
Right now the new is you, but someday not too long from now, you will gradually become the old and be cleared away.	지금의 여러분들은 '새로움'이란 자리에 서 있습니다. 그러나 언젠가는 여러분들도 새로운 세대들에게 그 자리를 물려줘야 할 것입니다.
Sorry to be so dramatic, but it is quite true.	너무 극단적으로 들렸다면 죄송하지만, 사실이 그렇습니다.
Your time is limited, so don't waste it living someone else's life.	여러분들의 삶은 제한되어 있습니다. 그러니 낭비하지 마십시오.
Don't be trapped by dogma—which is living with the results of other people's thinking.	도그마—다른 사람들의 생각—에 얽매이지 마십시오.
Don't let the noise of other's opinions drown out your own inner voice.	타인의 잡음이 여러분들 내면의 진정한 목소리를 방해하지 못하게 하세요.
And most important, have the courage to follow your heart and intuition.	그리고 가장 중요한 것은 마음과 영감을 따르는 용기를 가지는 것입니다.
They somehow already know what you truly want to become. Everything else is secondary.	이미 마음과 영감은 당신이 진짜로 무엇을 원하는지 알고 있습니다. 나머지 것들은 부차적인 것이죠.
When I was young, there was an amazing publication called The Whole Earth Catalog, which was one of the bibles of my generation. It was created by a fellow	제가 어릴 때, 제 나이 또래라면 다 알만한 『지구 백과』란 책이 있었습니다. 여기서 그리 멀지 않은 먼로 파크에 사는 스튜어트 브랜드란 사람이 쓴 책인데, 자신의 모든 걸 불어넣은

named Stewart Brand not far from here in Menlo Park, and he brought it to life with his poetic touch.	책이었지요.
This was in the late 1960's, before personal computers and desktop publishing, so it was all made with typewriters, scissors, and polaroid cameras. It was sort of like Google in paperback form, 35 years before Google came along.	PC나 전자 출판이 존재하기 전인 1960년대 후반이었기 때문에, 타자기, 가위, 폴라로이드로 그 책을 만들었습니다. 35년 전의 책으로 된 구글이라고나 할까요.
It was idealistic, and overflowing with neat tools and great notions. Stewart and his team put out several issues of The Whole Earth Catalog, and then when it had run its course, they put out a final issue.	그 책은 위대한 의지와 아주 간단한 도구만으로 만들어진 역작이었습니다. 스튜어트와 친구들은 몇 번의 개정판을 내놓았고, 수명이 다할 때쯤엔 최종판을 내놓았습니다.
It was the mid-1970's, and I was your age. On the back cover of their final issue was a photograph of an early morning country road, the kind you might find yourself hitchhiking on if you were so adventurous.	그 때가 1970년대 중반, 제가 여러분 나이 때였죠. 최종판의 뒤쪽 표지에는 이른 아침 시골길 사진이 있었는데, 아마 모험을 좋아하는 사람이라면 히치하이킹을 하고 싶다는 생각이 들 정도였지요.
Beneath it were the words: "Stay Hungry. Stay Foolish." It was their farewell message as they signed off. Stay Hungry. Stay Foolish.	그 사진 밑에는 이런 말이 있었습니다: 배고픔과 함께, 미련함과 함께 그것이 그들의 마지막 작별 인사였습니다. 배고픔과 함께, 미련함과 함께.
And I have always wished that for myself. And now, as you graduate to begin anew, I wish that for you.	저는 이제 새로운 시작을 앞둔 여러분들이 여러분의 분야에서 이런 방법으로 가길 원합니다.
Stay Hungry. Stay Foolish.	배고픔과 함께. 미련함과 함께.
Thank you all very much.	고맙습니다.

참고문헌

고바야시 스에오, 사내 커뮤니케이션, 미래사, 1993.

이종화, 커뮤니케이션과 조직관리론, 전예원, 1990.

최윤희, 글로벌 비지니스맨과 이문화 관리, 영풍문고, 1997.

홍순이 · 홍용기, 커뮤니케이션론, 한올출판사, 1996.

Angell, P. & Rizkallah, T., *Business Communication Design*, Irwin, 2004.

Argyris, C., *Harvard Business Review on Effective Communication*, Harvard Business School Press, 1997.

Bell, A. H., *Business Communication: Toward 2000*, South−Western Publishing Co., 1992.

Bone, D., *The Business of Listening*, Crisp Publications, Inc., 1994.

Brantley, C. P. & Miller, M. G., *Effective Communication for Colleges*, Tenth Edition, Thomson, South−Western, 2005.

Brody, M., *Speaking Your Way to the Top*, Allyn and Bacon, 1998.

Chen, G. M. & Starosta, W. J., *Foundations of Intercultural Communication*, Boston: Allyn and Bacon, 1998.

Contractor, N. S. & Pisenberg, E. M., "Communication Networks and New Media in Organizations," in J. Fulk & C. Steinfield(eds.), *Organizations and Communication Technology*, Newbury Park: Sage, 1990.

Cooper, P. J., Calloway−Thomas C. & Simonds, "*Intercultural Communication*": *A Text with Readings*, Pearson Education Inc., 2007.

Deal, T. E. & Kennedy, A. A., *Corporate Cultures: The Rites and Rituals of Corporate Life*, Mass.: Addison−Wesley, 1982.

Denison, D. R., *Corporate Culture and Organizational Effectiveness*, John Wiley

& Sons, 1990.

Dourish, P., Adler, A., Bellotti, V., & Henderson, A., "Your place or mine? Learning from long-term use of audio-video communication," *Computer Supported Cooperative Work: The Journal of Collaborative Computing*, 5: 33-62.

Gilbert, M., *Communication Miracles at Work*, Conari Press, 2002.

Harris, J. A., *Listening in the global marketplace, EarPiece: Magazine of the International Listening Association*, I(1): 24-27, 2002.

Hellriegel, D., Slocum, Jr. J. W., & Woodman, R. W., *Organizational Behavior*, Singapore: Harper & Row Publishers, 1989.

Heydebrand, W., "New organizational forms," *Work and Occupations*, 16: 323-357, 1989.

Himstreet, W. C. & Baty, W. M., *Business Communications*, PWS-KENT Publishing Co., 1990.

Hinds, P. & Kiesler, S., "Communication across boundaries: Work, structure, and use of communication technologies in a large organization," *Organization Science*, 6: 373-393, 1995.

Hofstede, G., *Culture's Consequences*, Sage Publications, 1984.

Huczynski, A., *Influencing Within Organizations*, Prentice Hall, 1996.

Kuga, L. A., *Communicating In A Diverse Workplace*, Richard Chang Associates. Inc., 1996.

Lesikar, R. V., *Business Communication*, Irwin, R. D. Inc., 1991.

McKay M., Davis, M. & Fanning, P., *Messages: The Communication Book*, New Harbinger Publications, 1983.

McLeod, P. L., Baron, R. S. Marti, M. W., & Yoon, K., "The Eyes Have It: Minority Influence in Face-to-Face and Computer Mediated Communication," *Journal of Applied Psychology*, fourthcoming, 1997.

O'Hair, H. D. & O'Rourke, J. S. & O'Hair, M. J., *Business Communication*, South-Western College Publishing, 2001.

Parace, R. V., Monge, P. R. & Russell, H. M., *Communicating and Organizing*, Reading, MA: Addison-Wesley, 1977.

Qubein, N. R., *How to Be a Great Communicator*, John Wiley & Sons, Inc., 1997.

Quintanilla, Kelly M. & Wahl, S. T., "Business and professional communication: keys for workplace excellence, SAGE, 2011.

Satterwhite, M. L. & Olson-Sutton J., *Business Communication at Work*, 2nd ed.

Glencoe McGraw Hill, 2003.

Speicher, B. L., Interesthnic conflict: Attribution and cultural ignorance. Howard Journal of Communication, 5(3): 195–213, 1994.

Varner I. & Beamer L., *Intercultural Communication in the Global Workplace*, 5th ed. McGraw Hill, 2011.

Yates, J. & Orlikowski, W. J., "Genres of organizational communication: A structurational approach to studying communication media," *Academy of Management Review*, 17: 299–326, 1992.

찾아보기

ㅈ

ㅊ

ㅋ

ㅌ

ㅍ

저자 소개

홍순이

- 경영학 박사(인사 · 조직 전공) – 이화여자대학교
- 현) 커리어 · 커뮤니케이션 연구소 대표
- 현) 대림대학교 비서사무행정과 명예교수
- 현) 한국산업인력공단 일학습병행제 과정평가위원
- 현) 대한상공회의소 국가기술자격검정 출제위원, NCS 및 신직업자격 개발위원
- (주)유공/Credit Agricole Indosuez/Lehman Brothers Inc. 근무
- 전) 한양여자대학 영어과 강사
- 전) 대림대학교 국제사무행정과 교수/학과장/신문방송국 주간
- 전) 한국비서학회 회장
- 전) 대전대학교 일반대학원 융합컨설팅학과 대우교수
- 전) 전북대학교 산학협력단 겸임교수
- 교육부장관 표창(2016.2)

최유성

- 연세대학교 언론홍보대학원 저널리즘 전공
- 현) (주)케이티하이텔 미디어서비스팀장
- 전) 대림대학교 국제사무행정학과 겸임교수
- 전) 서울시 포토 콘테스트(UCC 공모전) 심사위원
- 전) KISTI 경영전략 컨설팅 서비스부분 외부 자문위원
- 전) 문화체육관광부 온라인 정책 홍보 평가위원

제3판
비즈니스 커뮤니케이션 실무론

펴낸날 제1판 제1쇄 2001년 6월 30일
제2판 제1쇄 2007년 7월 30일
제3판 제1쇄 2018년 2월 28일
지은이 홍순이 · 최유성
펴낸이 임춘환
펴낸곳 도서출판 대영문화사
주소 서울특별시 용산구 청파로 61길 5(청파동 1가) 제일빌딩 2층 (㊄ 04308)
등록 1975년 12월 26일 제3-16호
전화 (02)716-3883, (02)714-3062
팩스 (02)703-3839
홈페이지 http://www.dymbook.co.kr

ISBN 978-89-7644-708-1
값 19,000원